# 地域創生の産業システム

もの・ひと・まちづくりの技と文化

十名直喜=編著

池上 惇
納富 義宝
太田 信義
藤田 泰正
庵原 孝文
程 永帥
井手 芳美
杉山 友城
白 明
古橋 敬一

水曜社

目次

はしがき

序章　21世紀型産業システムへの視座
　　　──持続可能な循環型発展モデルの創造に向けて──
　　　……………………………………………………………………… 19
　1　はじめに ……………19
　2　20世紀型産業システムをどう捉えるか ……………20
　　2.1　100年の大計に適う21世紀型システムの構想・設計 ……………20
　　2.2　20世紀型産業システムの歴史的把握 ……………20
　　2.3　日本型産業システムにみる問題の顕在化 ……………22
　　2.4　21世紀型産業システムの創造に向けて ……………23
　3　産業システムを捉え直す──「現代産業論」の講義と研究の歩み── ……………23
　　3.1　産業システムアプローチ ……………23
　　3.2　産業の基盤・土台への視座 ……………24
　　3.3　産業システムの新たな視点と枠組み ……………26
　4　21世紀に適う産業システムの創造 ……………29
　　4.1　3世代協働のハイブリッドモデル ……………29
　　4.2　現代産業を捉え直す ……………30
　　4.3　21世紀型産業システムの5つの柱 ……………32
　5　本書の構成と各章のポイント ……………36
　　5.1　本書の構成 ……………36
　　5.2　各章のポイント ……………36

# 第1部 ものづくり産業の技術と経営

## 第1章 素形材産業と基盤的技術 ……………………… 46

1 はじめに ……………46
2 転換期における素形材産業 ……………47
 2.1 素形材産業の概念と産業構造 ……………47
 2.2 素形材産業の重要性 ……………48
 2.3 素形材産業を取り巻く外部環境の変化 ……………49
 2.4 鋳造業にみる高い専業比率と古い企業群 ……………50
3 素形材産業の技術と変容 ……………50
 3.1 古くて新しい技術 ……………50
 3.2 変わるものづくり現場 ……………51
 3.3 3Dプリンターの定義と概念 ……………51
4 素形材産業に内在する問題と課題 ……………52
 4.1 産業集積地の衰退と展望 ……………52
 4.2 主要産業にみる構造変化と素形材産業の対応 ……………53
 4.3 「取引慣行」の見直しと新たな課題の出現 ……………55
 4.4 縮小する銑鉄鋳物業 ……………56
5 伝統技術の新たな展開 ……………56
 5.1 職人技が切り開く地場産業 ……………56
 5.2 伝統技術は世界に向かう ……………57
 5.3 柔軟な対応で消費者の心をつかむ ……………58
 5.4 地球環境にやさしい鋳物づくり ……………59
6 おわりに ……………59

## 第2章 自動車産業の技術とアウトソーシング ……………………… 62

1 はじめに ……………62
2 自動車の現状 ……………63
 2.1 世界での位置―保有・生産台数など― ……………63
 2.2 日本での位置―就業人口・輸出競争力など― ……………64

3　自動車産業の構造とその特徴 …………… 65
　　3.1　ヒエラルキーな産業構造 ……………… 65
　　3.2　車両全体と各部品の関係 ……………… 65
　4　自動車における技術とその特徴 …………… 67
　　4.1　安全・環境・快適技術の進化 …………… 67
　　4.2　技術アウトソーシングの活用とその状況 ……………… 68
　5　設計の3次元化と製品開発へのインパクト ……………… 69
　　5.1　3次元CADと開発効率の促進 …………… 69
　　5.2　3次元CADシステムと設計プロセスの変化 ……………… 71
　6　技術アウトソーシングと日本型システムの課題 ……………… 73
　　6.1　設計の流れと技術アウトソーシングの役割変化 ……………… 73
　　6.2　3次元CAD活用の日本型システムと課題 ……………… 73
　7　おわりに ……………… 76

第3章　工作機械産業の技術と経営 ………………………………… 78
　1　はじめに ……………… 78
　2　工作機械産業の形成と発展 ……………… 79
　　2.1　ヨーロッパにおける発展 ……………… 79
　　2.2　アメリカにおける発展 ……………… 80
　　2.3　日本における発展 ……………… 81
　3　日本の工作機械産業にみる経営と技術 ……………… 82
　　3.1　世界の位置 ……………… 82
　　3.2　市場と顧客 ……………… 84
　　3.3　企業と経営 ……………… 85
　　3.4　技術と強さ ……………… 86
　4　市場と技術の構造変化とイノベーション ……………… 87
　　4.1　新興国とグローバル化 ……………… 87
　　4.2　技術と市場の複合化 ……………… 88
　　4.3　新たなイノベーション ……………… 89
　　4.4　持続可能な社会システム ……………… 90

  5 おわりに …………… 91

## 第2部　グローバル経営とひとづくり
## ──中国市場への視座──

### 第4章　中国巨大市場と日本企業の新たな展開 …………… 96

  1 はじめに …………… 96
  2 「2つの罠」に直面する巨大市場 …………… 97
  3 中国の対外経済開放政策と雁行型経済発展への展望 …………… 100
  4 日本企業の14億人市場への新たな展開 …………… 104
    4.1 販売体制の確立・強化に向けて …………… 104
    4.2 中国市場開拓の動向 …………… 105
    4.3 環境に関わる産業の動向 …………… 107
    4.4 省力化産業の動向 …………… 107
    4.5 ネット通信販売産業の動向 …………… 108
    4.6 「中国の直面する課題」はビジネスチャンス …………… 108
  5 おわりに──「21世紀はアジアの時代」に向けて── …………… 109

### 第5章　中国日系企業の経営改革と人間発達
### ──「技」「才」「徳」を兼ね備えた経営リーダーづくり──
………………………………………………………………… 112

  1 はじめに …………… 112
  2 中国企業の経営と変革課題──中国的「徳」への視座── …………… 113
    2.1 中国伝統文化における「徳」と「才」の関係 …………… 113
    2.2 中国の国有企業経営の課題 …………… 114
  3 中国における日系企業の経営方式と課題 …………… 116
    3.1 中国市場の特色 …………… 116
    3.2 「日本型経営」の課題 …………… 117
  4 日本的「技」と欧米的「才」へのアプローチ …………… 119

5 中・日・欧のハイブリッド経営
　　──中国的「徳」・日本的「技」・欧米的「才」の三位一体化── ……… 120
6 中国における企業経営のあり方
　　──日系企業の経営現地化への提言── ……………… 123
7 おわりに ……………… 125

## 第6章　日本企業のグローバル化と経営理念の創造的展開
……………………………………………………………………………… 127

1 はじめに ……………… 127
2 NUMMI（トヨタ・GM合弁会社）の経営にみる光と影 ……………… 129
　　2.1 NUMMI経営にみる光の側面 ……………… 129
　　2.2 NUMMI経営にみる影の側面 ……………… 130
3 東芝大連社（東芝大連有限公司）の経営にみる光と影 ……………… 131
　　3.1 東芝大連社経営にみる光の側面 ……………… 131
　　3.2 東芝大連社経営にみる影の側面 ……………… 132
4 トヨタにみるグローバル化と経営理念の史的展開 ……………… 133
　　4.1 人的資源と経営理念 ……………… 133
　　4.2 トヨタのイノベーションと経営理念 ……………… 133
　　4.3 経営理念の新次元化──国際社会に信頼される企業市民── ……… 134
　　4.4 地域に根ざしたグローバル経営──グローカル化に向けて── ……… 135
　　4.5 チームワーク重視の課題 ……………… 137
5 東芝にみる経営理念重視へのシフトとグローバル化 ……………… 138
　　5.1 東芝における経営理念のはじまり ……………… 138
　　5.2 創業100年を機に経営理念の明確化 ……………… 138
　　5.3 経営理念に基づく東芝グループのグローバルな価値統一 ……… 138
　　5.4 人間尊重の理念と課題 ……………… 140
6 おわりに ……………… 140

## 第3部 地域産業とまちづくり

### 第7章 地域産業と企業経営 …………………………………… 146

1 はじめに …………… 146
2 伝統的地域産業と現代的地域産業 …………… 147
  2.1 伝統的地域産業——単一製品特化と閉鎖型分業体制—— ………… 147
  2.2 現代的地域産業
    ——開放型（国際）分業体制と分離型拡張—— …………… 150
3 地域産業と地域づくり・企業経営 …………… 151
  3.1 地域産業と地域づくりの融合——産業主体から文化・生活主体へ——
    …………… 151
  3.2 地域産業と企業経営にみる分離・分化および再結合・融合化の視点
    ——小浜論からのアプローチ—— …………… 154
4 持続可能な地域産業と企業経営の実現に向けて
  ——コーディネーター論とキャリア論—— …………… 155
  4.1 コーディネーターとは何か …………… 155
  4.2 コーディネーターは特殊能力なのか …………… 156
  4.3 いま、地域産業と企業経営に求められる
    「心・体・技」の三位一体化 …………… 157
5 おわりに …………… 158

### 第8章 持続可能な地域・産業づくりと複合型経営
——内モンゴルにおける農林牧畜業への
日中比較アプローチ—— …………………………………… 160

1 はじめに …………… 160
2 内モンゴルにおける草原産業の論理構造
  ——複合型経営を軸にした持続可能な産業経営に向けて—— …………… 161
3 農林牧畜業・「新型工業」・観光業との複合 …………… 163
  3.1 農林牧畜業の「三位一体化」 …………… 163
  3.2 付加価値アップに向けて「新型工業」の構築 …………… 165

        3.3 観光牧場・観光農園の推進 …………166
　　4　日本と内モンゴルでの調査事例にみる複合型経営モデル …………166
        4.1 心の癒しと潤いの聖地「愛知牧場」 …………167
        4.2 のんびり楽園「モクモクファーム」 …………168
        4.3 地域シンボルを目指す「蒙和公司」 …………169
　　5　持続可能な地域づくりへのプロセス …………170
        5.1 日本に学ぶ「複合型経営」の導入 …………170
        5.2 村単位による地域づくりの重要性 …………171
　　6　おわりに …………172

第9章　持続可能なまちづくり
　　　──「地域創造」視点からのアプローチ── …………………176

　　1　はじめに …………176
　　2　持続可能な社会の構築に貢献するまちづくり …………177
        2.1 持続可能な発展の定義 …………177
        2.2 持続可能な社会とは何か …………178
        2.3 現代のまちづくりと持続可能性 …………178
　　3　地域創造型まちづくりへの視座 …………180
        3.1 地域創造とは何か …………180
        3.2 地域創造型まちづくりのプロセス …………181
        3.3 理論を仮説とした新たな実践 …………182
　　4　なごやのみ（ん）なとまちをつくる …………182
        4.1 港まちづくり協議会の実践事例 …………182
        4.2 地域創造型まちづくりの視点から紐解く …………186
　　5　おわりに …………189

終章　創造産業地域の再生と発展 ……………………………… 191
　1　はじめに──現代産業論の基本的な視点── ……………191
　　1.1　「産業・生活の地域システム」を生み出す智慧 ……………193
　　1.2　大量生産・大量消費・大量廃棄システムの崩壊と大不況 ……………194
　　1.3　日本社会の生み出した智慧と文化資本の形成 ……………194
　2　日本における「創造産業地域」の形成と発展 ……………195
　　2.1　創造活動が産業構造に及ぼす影響 ……………195
　　2.2　柳宗悦の職人論をめぐって ……………196
　　2.3　現代における職人仕事論の特徴 ……………197
　3　創造産業地域における3層構造の形成 ……………199
　　3.1　持続可能な産業と地域の研究──産業地域からの魅力創造
　　　　（地域ブランド）・情報発信・訪問の人流── ……………199
　　3.2　現代産業の基本構造＝産業地域の3層構造 ……………200
　4　創造産業地域の特徴と今後の展望 ……………204
　5　おわりに──産業・生活の地域システム── ……………206

執筆者紹介 ……………208
あとがき ……………212
参考文献一覧 ……………216
索引 ……………224

# はしがき

## 1　現代産業への新たな視座

**現代産業への複眼的な眼差し**

　産業は、古より人々の労働・生活と深く関わり、（日本語では）生業と表現されてきた。生業とは、世渡りの仕事、つまり、この世で生きるために身につけた仕事およびその力量を意味した。欧米では、industryと表現され、intelligent or clever workingであったとされていて、熟練、独創、技巧などの技を伴う仕事を意味した。和洋双方の原意を総合すれば、社会で生きるために身につける仕事および熟練・独創・技巧などの力量、とみなすことができよう。

　この原意に対して、18世紀後半から分業や機械の利用が始まり、高度な分業社会となるなか、産業の意味に「仕事の分担や職業」という意味が付加されてきた。

　いまや、現代産業には、生業を営む力量という人的な能力を有する面と、職業という、仕事の分担に関わる意味とが含まれるに至っている。この両者は、日々、誰もが体験し接する社会的営みで、その動向は人々の将来をも左右する。それゆえ、現代産業論は、普遍的な学問である。

**これまでの産業論の特徴と傾向**

　これまでの産業論は、コーリン・クラークに代表される産業の3分類に基づき、多様な職業に従事する人々を、農業、工業、サービス業すなわち第1次、2次、3次産業に大別し、1次から3次へとシフトする産業の構造変化を把握してきた。このように産業を把握する方法は、広く知られているが、職業や仕事の分担に注目したもの、いわば生産・供給を担う人々の機能的側面に光をあてたものである。

　この光のあて方は、産業における分業のなかで仕事が細分化・機械化され、熟練した労働や技能が機械によって置き換えられる過程を、産業進歩として把

握する傾向を持つ。その結果、熟練労働は高い賃金を伴うゆえ高コスト体質をもたらすと判断され、熟練などを持つ人材は機械によって代替されるといった経営手法が生まれやすい。このような産業観にとらわれると、産業の実態とは乖離が生まれる。

**現代産業を捉え直す**

　本書は、熟練や熟達を身につけた人材が、独創性や精巧な手仕事によって機械のできないことをも成し遂げ、最先端技術と共生しながら国際競争力を持続させるという現実的傾向に目を向ける。この実態を反映した産業論が、いま、求められている。

　そこで、研究されるべきことは、産業には、もう1つの重要な意味があるということであろう。それは「生業を営む力量」ともいえるもので、そうした活動に関わる人々が職場や地域で織りなす働き様や生き様、熟練・独創・技巧等の力量、そこで培われた文化や技（わざ）、などである。それらは、人が体得した無形のもの、いわば産業の文化的側面である。その重要性は高まっているが、これまでの産業論では対象外とみなされてきた。この側面からみれば、熟練や独創性、技巧の精密さなどの技は、高コスト要素のみならず、むしろ、人材の持つ「無形の資産」であり、高度な技術とも共生しうる「経験や実践のなかで体得した文化資本」でもある。

　欧米では、技をスキルすなわち技能に限定する傾向が強い。日本語の"わざ"には、熟練や独創性、技巧にとどまらず働き様や生き様、芸など、文化的な意味が豊かに含まれている。しかし、資本主義的な発展に伴って分離・分化が進行し、技は技術と技能などに分化されるなか、日本でも置き去りにされてきたのが広義の技の視点であり、「無形の資産」の側面である。

　後者の側面に注目すると、生業として、地域の伝統として継承してきた産業地域では、それらの力量が人から人へと伝えられ、継承・発展していく。農業中心地域であっても、地域固有の伝統技能を継承しつつ、新技術を学習して創意工夫、独創によって高い競争力を生み出す人材が育つ。このような人材が各地に移住し、交流するなかで、都市や地域社会が維持される。つまり、ものづくりは、ひとづくりにつながり、まちやむらを再生する動きへと波及する。そ

れは、産業本来の意味からすれば、自然な傾向ともいえる。生業として、各地の人々が熟練を継承し、技巧を高め、独創性を発揮していけば、自然と共生し、人々が学び合い育ち合う。これが、まちやむらをつくる基礎となる。

機械力に任せきりの量産型の大量消費・大量廃棄型産業社会を変えていくには、産業の主体を、機械から「熟練・独創性・技巧に長じた人材・あるいは人間」へと転換させることが求められている。

## 2　日本発のオリジナルな産業システム論

### ものづくりを捉え直す

従来型の量産型産業は、最先端技術の成果を導入する過程と相まって、2つの大きな変化を体験する。1つは、産業のグリーン化と呼ばれるもので、人間主体の経済が生み出す産業観の大きな変化である。例えば、人間が生活しうる地球環境の再生に向けた規制やニーズが、自動車のエンジンの進歩や再生可能エネルギーへの転換を促し、新たな技術進歩や地方分権化への傾向を生み出す。

いまひとつは、生産システムの分散化の傾向であって、量産から、創造性の高い多品種少量生産への流れ、地域に密着し生活者のニーズに応答しうる新たな産業の発展である。農業の6次産業化をはじめとして、森林の再生や、漁業の見直し、地場産業の再生、先端技術や学術・芸術の発展と一体となった、分散型の研究開発産業、映画など文化産業、医療や看護、介護と一体化した地域の包括ケアシステムなどである。

そこで、ものづくりとは何かが問い直されてこよう。ものづくりを、製造業に限定する見方（いわば工業社会に特有な捉え方）が一般的であるが、無形にまで無限定に広げる見方（情報社会に特有なアプローチ）もみられる。これに対し、本書では、ものづくりを有形に限定しつつも歴史貫通的に捉え直す。ものづくりは、農業・工業・知識社会および多元化社会を貫く概念である。

ものづくりとは、人間生活に有用な、秩序と形あるものをつくりだすことであり、何をつくるかを構想設計し、「有形」のものに具体化する営みである。ものづくりは、各地域の第1、2次産業を含む物質的な生産過程を通して行われ、ひとや地域との多様な関わりを媒介にして、ひとづくり、まちづくりを促す。

### もの・ひと・まちづくりの産業システム

　しかし、ひとづくり、まちづくりの概念は、これまでの産業論には入っていない。それは、人々が継承してきた伝統的な技や文化などの存在が視野に入っていないことを示唆している。そのため、現代の複雑かつ多様な産業・地域像を深く包括して捉えることができない。ものづくり、ひとづくり、まちづくりを一体化し産業システムとして捉え直すことが求められている。

　ひとづくり、まちづくりとも深く関わる第3次産業すなわちサービス業は、拡大の傾向にあるが、それを職業別就業者数や比率の増加としてのみ把握することは、一面的であろう。そこにおいても、地域固有のサービス事業が存在しており、伝統文化を継承する人材が、まちやむらの基礎をなす人口として大きな意味を持つ。また、大都市などに集中してきた専門職者のサービス、研究開発、医療・看護、芸術、学術などの領域でも、それぞれの地域における伝統を継承し、創造的に発展させる志向が生み出されている。

　世界的な産業研究の流れからみると、現代産業を、ものづくり、ひとづくり、まちづくりの総体として把握する方向性は、創造都市や創造農村などの研究として発展しつつある。

　一方、米国発の現代産業論、その到達点の1つとみられるマイケル・ポーターの産業クラスター論は、産業と地域を一体として捉え、コンテンツや研究開発など創造的なサービスいわば無形財の生産・供給を中心にしたマネジメント論である。ひとづくり・まちづくりは注目されるも、ものづくりについては、工業製品がグローバル調達の対象とされるなど、視野にほとんど入っていないとみられる。

### 21世紀型「地域創生」のあり方

　これに対して、日本の各地には、農林漁業、製造業、サービス業の密接なつながりが、厳しいなかにも存続してきた経過がある。そうした日本産業のあり方を、産業システムのモデルとして位置づける可能性についても、本研究は注目する。

　この3者すなわち1、2、3次産業は、分業体制やヒエラルキーの関係としてではなく、重層的に積み重なり相互補完的に共生する水平型の産業システム

として捉えることができる。「地域創生」というキーワード（本書の題名）には、そうした水平的な良循環をつくりだすというメッセージが込められている。それは、政府の掲げる「地方創生」というスローガン（中央と地方というタテ型アプローチ）とも一線を画すものといえよう。「地域」概念には、水平的な広がりと多様性・伸縮自在性が含まれており、「首府以外の土地。田舎」の意味合いが強い「地方」とは区別して捉えたい。むしろ、多様な国土を有効に活用すべく、地方分権に基づく水平型システムへの転換、いわばタテ型に偏した国のかたちを変え地域の知恵を引き出す、という21世紀型「地域創生」が問われている。

## 産業システムの日本型モデル

　地球上に生きる生物は、人間も含め、有形の自然（およびその変形としての人工物）に支えられ、それを抜きにしては存在しえない。ものづくりは、人間社会の土台をなすものである。

　とりわけ日本では、「治山治水」といわれてきたように、山や川が荒廃すると、狭隘な平野での営みも根底から脅かされる。都市の安定のために農山村の機能が必要で、農山村の安心のために都市機能の発揮が欠かせない。日本の地域・風土そのもの、そして人々の多様な産業的営みが、農業・工業・サービス業の、農村と都市の、有形財と無形財の、さらには山・平野・海の、有機的なつながりを求めているのである。

　ここに、生産と地域の現場に根ざし、有形財と無形財にまたがり、ものづくり・ひとづくり・まちづくりを三位一体化しシステム的に捉える、産業システム論が求められている。

　有形財と無形財を統合して捉える視点は、「型」の包括的な定義（十名直喜[2008][(1)]）をふまえたものである。さらに、システムアプローチにより、ものづくり・ひとづくり・まちづくりの産業システムとして捉え直し、理論化した（十名[2012][(2)]）。しかし、自らの職場体験・現地調査研究といった現場検証には制約も少なくなく、政策的な展開、それらもふまえた理論的な洗練化、などの課題も抱えていた。

　こうした課題と向き合った本書は、ものづくり・ひとづくり・まちづくりを、3層構造として把握し、産業システムとして総合的に叙述した、最初の書物と

はしがき　15

いえよう。日本固有のニーズさらには産業地域の多様な現場ニーズを深く捉えた本書は、日本発のオリジナルな産業システム論である。

## 3　産業システムの新たな枠組み

　本書の特長をなす産業システムの新たな枠組みは、次の３点にある。
　１つは、地球レベルの超長期的・マクロ的な視点から現代産業の基盤ならびにあり方を俯瞰するとともに、持続可能な産業観、その基礎をなす自然観・人間観とは何かを、循環・融合の視点から深く捉え直したことである。
　地球資源と生命体が数十億年かけてつくりだした産業基盤は、人類の一方向的な収奪的・浪費的利用によって、深刻な破壊に直面している。現代産業の基盤ならびにあり方を、長期的・双方向的な循環の視点から捉え直すことが、変革に向けての出発点になる。
　２つは、「分離・分化から再結合・融合化へ」視点および「システムアプローチ」を、現代産業論の基本視点および手法として位置づけたことである。
　前者は、再結合・融合化への歴史的な流れを、各分野におけるシステムイノベーションへつなげ、持続可能な産業・地域システムづくりに生かそうという視点である。後者は、現代産業の多様な活動や役割を、機能（＝生産・供給）と文化（＝生き様・ノウハウ）の両側面からシステム的に捉えるという分析手法である。
　さらに両者を有機的につなげ、ものづくり・ひとづくり・まちづくりを三位一体化させシステム的に捉え直す。ここに、生産と地域の現場に根ざし、有形財と無形財にまたがる、21世紀型の新たな産業システムが浮かび上がってくる。
　３つは、持続可能性（Sustainability）と創造性（Creativity）という２つのキーワードを軸にしていることである。地球上における環境・資源・生命はすべて、２つのキーワードが底流をなしている。
　いまや、地球の産業基盤をはじめ多くの産業や地域が、かつてない困難や課題に直面するなか、持続可能なものに変えていくには、これまでにない創造性が求められる。現代産業にみる「分離・分化から再結合・融合化へ」の流れは、ものづくり・ひとづくり・まちづくりの多様な組み合わせを可能にするなど創

造的活動を促す。あらゆる産業・地域が創造性を帯び、創造的でなくては生きていけない時代を迎えているのである。

　本書は、そうした課題に応えようとする「創造産業地域」に光をあてる。21世紀型の産業システムとは、持続可能性と創造性の仕組みや文化を内包し相互に啓発し合うシステムに他ならない。

## 4　3世代にまたがるハイブリッド型の産業システム論

　本書は、編者の20年以上にわたる名古屋学院大学での講義および社会人大学院での研究指導を通して、深め磨いてきた研究手法や教育的視点をベースにしており、20年越しの作品とみることができる。

　鉄鋼メーカーから名古屋学院大学に赴任以来、産業に関わる授業を主に担当してきた。「現代産業論」講義は10年余になるが、その前身の「工業経済論」を含めると、23年に及ぶ。これはという教科書も見当たらなく、試行錯誤しながらやってきた。また、この10年余は、社会人が集う産業システム研究会（大学院・十名ゼミ）での研究指導を通して、数多くの博士論文を生み出してきた。彼らに伴走しつつ、検証し磨いてきた研究手法や視点が、本書の軸をなしている。

　本書はさらに、3世代（恩師、筆者、社会人研究者）の知恵とノウハウを結集した、ハイブリッド型の産業システム論に仕上がっている。

　産業システム研究会では、多様な分野にまたがる社会人研究者が博士論文を練り上げてきた。そのうちの9本を軸にしたのが、本書である。彼らの多様な職場体験と深い思索のエキスが、各論（1～9章）に込められている。さらに、恩師（池上惇）にも、終章をご執筆いただいた。半世紀近くにわたりご指導いただくも、とりわけ1987～91年の京都大学大学院・現代産業論研究会（池上ゼミ）での薫陶が、わが血肉となり、21世紀の産業システム研究会に継承されている。いわば、3世代に及ぶ産業システム論の知見とノウハウを、前記の基本視点とアプローチ手法に基づき編集したのが、本書に他ならない。

　この3世代の関係は、師弟関係にとどまらず、むしろ対等な研究者として学び合い、育ち合いのなかで生まれてきたものである。互いの人格の尊厳や、社会での生き方を認め合い、個性を尊重し合ったからこそ、生み出しえた成果で

はないかと感じている。

　本書の出版にあたっては、温かいご配慮をいただいた水曜社の関係者各位、とりわけ出版をお勧めいただいた仙道弘生社長また、本書の営業・編集にご尽力いただいた佐藤政実氏および松村理美氏には、心よりお礼申し上げたい。

2015年新春

編者　十名直喜

**注**
(1)　十名直喜［2008］『現代産業に生きる技―「型」と創造のダイナミズム』勁草書房。
(2)　十名直喜［2012］『ひと・まち・ものづくりの経済学―現代産業論の新地平』法律文化社。

**序章**

# 21世紀型産業システムへの視座
## ―持続可能な循環型発展モデルの創造に向けて―

十名直喜

1 はじめに
2 20世紀型産業システムをどう捉えるか
3 産業システムを捉え直す―「現代産業論」の講義と研究の歩み―
4 21世紀に適う産業システムの創造
5 本書の構成と各章のポイント

## 1 はじめに

　地球環境の危機と日本産業の混迷を切り拓き、100年の大計に適う21世紀型の産業システムが待望されている。それに応える産業システムの創造に向けて、次のような5つの視点からまとめたのが、本書である。

　1つは、過去100年の産業のあり方、すなわち20世紀の産業システムを根底から問い直したことである。100年先のあり方を構想し課題を見通すには、それに相当する過去の深掘りが欠かせない。20世紀の総括は避けて通れないのである。

　2つは、地球資源と生命体が数十億年かけてつくりだした現代産業の基盤ならびにあり方を、地球レベルの超長期的・マクロ的な視点から俯瞰し、持続可能な産業観および人間・自然観をふまえ、循環・融合の視点から捉え直したことである。

　3つは、「分離・分化から再結合・融合化へ」および「システムアプローチ」を、現代産業論の基本視点および手法とし、持続可能性（Sustainability）と創造性（Creativity）という2つのキーワードを軸に、ものづくり・ひとづくり・まちづくりを三位一体的に捉え直したことである。

　4つは、前記の視点やアプローチ[1]は、筆者の20年以上にわたる大学（学部）

での講義および社会人大学院（博士課程・十名ゼミ）での研究指導を通して、深め磨いてきたものであること、いわば四半世紀近くに及ぶ体系化の試みと思いが、本書に貫かれているということである。

　5つは、3世代（恩師、筆者、十名ゼミの社会人研究者）の知恵とノウハウを結集し、ハイブリッド型の産業システム論（「地域創生の産業システム―もの・ひと・まちづくりの技と文化」）としてまとめたのが、本書だということである。

## 2　20世紀型産業システムをどう捉えるか

### 2.1　100年の大計に適う21世紀型システムの構想・設計

　100年の大計に適う産業システムを構想・設計する必要がある。それは、21世紀型のみならず、22世紀にも通用し得る、持続可能な産業システムに他ならない。

　そのためには、過去100年を総括し、クリアすべき課題と未来を読み解く必要がある。そこで、20世紀の産業システムとは何であったかを概括したい。

### 2.2　20世紀型産業システムの歴史的把握
（1）20世紀＝100年間の画期

　20世紀とは何であったか。20世紀は、「経済爆発の世紀」あるいは「人口爆発の世紀」ともいわれる。その100年間に、GDP（実質国内総生産、1990年基準）でみると世界経済は2兆ドルから30兆ドルへ（15倍、日本は48倍）、世界人口は16億人から60億人へと増加した。マクロ経済からみると、「20世紀日本は存在そのものが革命的」であった[2]。20世紀は、「戦争と軍拡の世紀」（2つの世界大戦など）、「環境破壊の世紀」（地球規模での環境破壊の深刻化）でもあった。

　20世紀を総括することは、現代的な諸課題に応える21世紀型産業システムを構想する上でも欠かせない。そこで、現代的な視点から、20世紀を捉え直してみたい。20世紀の画期は、前半、半ば、後半の3つに区分することができる[3]。

　20世紀前半は、富国強兵政策が推進され、帝国主義列強による植民地（資源・市場）支配・収奪が図られるなか、2度の世界大戦を引き起こした。20世紀半ばは、第2次世界大戦後に米ソ冷戦体制による軍拡競争が激化するなか、戦後

復興から高度成長へと展開し、重厚長大産業が発展し大量生産・大量消費社会が出現した。

先進国を中心とする世界的な経済成長は、20世紀後半になると環境破壊および資源・エネルギー危機を顕在化させた。また、変動為替相場制への移行は、金融のグローバル化を進めマネー投機を促し、金融危機へと連動していく。金融のグローバル化が進むなか、超円高が日本経済を直撃し、工場などの急激な海外移転は産業空洞化などを顕在化させた。

（2）大資本本位の中央集権的な産業システムの構築

日本の工業化は、20世紀に入ると加速し、重工業化段階において軍事経済へと突き進んでいく。第2次世界大戦後は、国家主導で経済復興を図り、国内資源利用から海外資源依存へとシフトしつつ、高度成長を進めた。産業政策の軸となったのは、大資本本位の重化学工業化であり、中央集権的なシステム化による地域の収奪（資源の乱開発・放棄）が進められた。木材、石炭、食料・飼料は、国内資源利用から海外資源の全面的な依存へとシフトし、石油・ガスなど海外の化石燃料使用に基づき、鉄や造船・化学など重厚長大産業、電機・自動車などの大量生産・大量消費システムが実現するに至る。地球の裏側からでもあらゆるものを素早く運んでくる、陸海空にわたる巨大なインフラネットワークをつくりあげてきた。

高度成長期以降の地域振興も、中央主導・大資本本位で画一的に進められた。田中角栄の列島改造計画とその展開にみられるように、高速交通インフラの整備を進めつつ、各地域で工場団地を造成して企業誘致を図り、観光振興とリゾート開発を結びつけるなど、鉄とコンクリート漬けの地域づくりは「土木建設国家」と揶揄されるものであった。

（3）グローバル経済の進展と東アジアの急成長

戦後アジアにおいて、日本経済は突出して高い位置にあった。日本が産業発展をリードして先頭を走り、アジア諸国がその後を追いかけて行くという、日本主導の雁行型発展モデルは1960〜70年代におけるアジアの産業発展の図式であった。

しかし、1980年代以降、円高が進行し日本企業の海外展開が活発化するなか、開発途上国の高度成長が進展し、日本主導の発展モデルは崩れていく。韓国、

台湾、シンガポールなどNIESの発展そして先進国化、中国経済の巨大化、東南アジアの高度成長へと波及してきた。東アジアはいまや、経済成長のるつぼ、産業競争の最激戦地域へと変貌するとともに、環境破壊の深刻化は中国をはじめ重大な課題となっている。

グローバル競争が激化するなか非正規雇用が増大し、日本企業の海外シフトに伴い、国内産業および地域経済の空洞化と疲弊が目立ち、貧困層の拡大と格差社会の進行が顕在化している。

## 2.3　日本型産業システムにみる問題の顕在化
### （1）地域システムの疲弊

東京一極集中が進むなか、その是正に向けての地域振興も図られた。しかし、地域ごとの個性や地域固有の風土・文化は顧みられず、全国一様に画一的な開発政策が展開された。その結果、一方では、全国どこに行っても同じような街並み・景観となり、各地域に固有な風情が失われるなか、地域への誇りや思いなどアイデンティティの希薄化も進んだ。

他方では、若者の都会流出が続き、高齢化、赤字鉄道在来線の廃止なども重なって、地域の過疎化、自治体財政の逼迫が深刻化するなど、地域システムの疲弊化が顕在化するに至っている。

### （2）産業・企業システムの内的矛盾と劣化

1960年代における日本の高度成長、70年代における公害問題の改善と石油危機の克服は、その担い手でもある「日本的経営」に対する内外の評価を高めた。しかし、80年代における企業社会の拡大とグローバル大企業の競争力強化、貿易黒字の拡大は、国内では過労死やサービス残業問題等を顕在化させ、国際的には対日批判を激化させた。

そうしたなか、円高への移行を余儀なくされ、バブル経済へと連動する。90年代におけるバブル経済の崩壊、その後の低迷など「失われた20年」は、「日本的経営」評価を失墜させ、「日本問題」と揶揄されるに至る。

「日本的経営」の負の側面は、追い風の時期にも内在していたものである。企業内における異端の排除、集団への過剰同調性、個人主義の抑制、人事評価の無限定性・非公開性、暗黙知への依存、談合と癒着など。十名直喜［1993］[4]は、

それらを「日本型フレキシビリティ」の構造と捉え、変革の課題として提起したが、20年以上を経た今日においても克服できていない面が少なくない。

## 2.4 21世紀型産業システムの創造に向けて

2011年3月の東日本大震災と原発事故は、（日本社会に根強い）日本の技術やシステムに対する過信、いわゆる「技術神話」をさらけ出した。むしろ、日本の技術におけるアンバランス、すなわち非量産分野の弱さと量産分野の優位、さらには量産分野で近年進行する劣位化・敗退、を見据え、それにどう対処するかが問われている。

研究・開発分野におけるシステム技術・ソフトウェアを軽視する風土やシステムの変革、単体指向の経営戦略からサービスなども含めたシステム志向の産業政策・企業戦略への転換が求められている。

中長期的には、人類社会の素材・エネルギー利用を、ストック資源からフロー資源に切り替え、フロー資源に依拠した持続的な産業・地域システムをつくりあげることである。

それに向けて、まずはサブシステムとしてつくりだし、既存のメインシステムを補完する役割を果たしつつ、その比重を高めて行くことである。やがては、メインシステムへと拡充・発展させていくという戦略的なアプローチが求められる。

全国の各地で先行的に取り組まれている事例や動向に注目し、先進的なモデルとして、21世紀型システムのなかで捉え直すことである。エネルギーおよび素材のいずれにおいても、フロー資源の柱をなすのが森林であり、木材はその中心に位置する。植林活動と木材利用の高度な循環システムをつくりあげる必要がある。

## 3 産業システムを捉え直す―「現代産業論」の講義と研究の歩み―

### 3.1 産業システムアプローチ

「現代産業論」という科目名での講義を担当して、10年以上になる。その前身の「工業経済論」と合わせると、23年になる。「工業経済論」は、鉄鋼産業論を

土台にし、自動車や造船、電機など需要産業や国家に視野を広げ、企業内・企業間、産業内・産業間および国家との関係などを、産業システムとして捉えたものである。

　講義の軸にしたのは、出版間もない3冊の拙著[5]であった。それらを貫くのが、「日本型フレキシビリティ」視点からの産業システムアプローチである。

　「日本型フレキシビリティ」概念は、日本型産業システムの二面性、その長所と短所を統合的に把握し、変革すべき課題を浮かび上がらせるべく、(1980年代から90年代初めにかけて活発に展開された) 日本的経営および生産システムをめぐる内外の研究・論争の総括をふまえ導き出したものである。

　日本鉄鋼産業は、筆者が勤務した頃 (1971～92) は、「鉄は国家なり」を自負する巨大な基幹産業であり、世界鉄鋼業のリーダーでもあった。巨大な銑鋼一貫製鉄所を舞台に、鉄鉱石や石炭を大量輸入し、大規模な機械・装置で加工した鉄鋼製品を大量輸出する。まさに大工業論の現代版であり、資本集約型の大企業体制論であった。海外資源の開発・輸入、欧米技術の導入・洗練化、熟練・技能、労使関係、さらに業界内・行政・需要産業との多様なネットワークなどは、いずれも日本産業のモデルとなってきた。

　この巨大で複雑多岐にわたる産業、その全体像と本質、多様なつながりをシステムとして捉え直し、産業システムアプローチという独自な手法でメスを入れたのである。

　しかし、鉄鋼産業を軸にした工業経済論は、重厚長大産業・グローバル大企業主体の産業論の域を出ず、地域への眼差しとりわけ地場産業・中小企業へのアプローチも弱いゆえ、それをどう打開するかという課題を抱えていたといえる。

## 3.2　産業の基盤・土台への視座
### (1) 講義の原点

　その頃に始め、20年後のいまも続けている講義スタイルがある。それは、講義のできるだけ早い時期に、産業の基盤・土台をなす地球上の資源はどのようにしてつくりだされたのかを、地球科学の成果をふまえて示すことであった。大気、水、土壌から鉄鉱石、石油など鉱物資源に至るまで、基本的な物質とエ

ネルギーはすべて、宇宙資源（隕石と太陽エネルギー）と地球の生命体の共創によるものである。わが子向けに買い揃えた『NHKまんが地球大紀行』[6]が大変役立ち、講義のバイブルにもなった。

地球資源の源は、隕石にある。地球は、「水の惑星」あるいは「鉄の惑星」といわれるが、水、鉄はいずれも隕石がもたらしたものである。水はまさに「天からのもらい水」なのである。酸素は、原始地球にはなかったが、生命体が光合成により生成したものである。また、海中の鉄分と結合して鉄さびとなり海底に堆積したものが、鉄鉱石である。

石炭は堆積した古木が地熱などで炭化し、石油は海の微生物の死骸が変質したものとみられる。陸上の動植物に不可欠な土壌も、岩石が風化して生成した無機物と、生物の死骸などやそれが変質した有機物が組み合わさったものである。

(2) ストックと循環の視点—ストック資源とフロー資源—

鉄鉱石や石炭、石油などの鉱物資源は、数億年から数十億年かけて地球の活動や生命体、太陽エネルギーの協働によってつくりだされ、地下にストックされたもので、「ストック資源」と呼ぶことができる。

一方、宇宙資源と地球の生命体によって数億年から数十億年かけてつくりだされた大気や水、土壌、森林など動植物、さらには風や海流・水流、地熱などは、太陽エネルギーや地球の活動によって刻々と生み出され循環しているもので、「フロー資源」と呼ぶことができる。

産業革命以降の産業活動とその「発展」は、ストック資源の大量消費に他ならず、地球史からみると瞬時で使い尽くそうとするかの如き収奪的・浪費的利用を促した。また、フロー資源の乱開発や放棄なども引き起こすなど、地球規模の深刻な環境破壊をもたらしている。

(3) 地球学の視点から産業のあり方を問い直す

講義では、『NHKまんが地球大紀行』をベースにしつつも、それを裏づける文献として、地球の起源と進化を明らかにする地球学の文献[7]なども参考にした。それらは、産業のあり方、さらには文明の本質を問い直そうとする試みでもあった。

地球を取り巻き、生命の発展と地表への進出を可能にした2つのバリア（バ

ンアレン帯とオゾン層）も、地球資源と生命体がつくりだしたものといえる。

　鉄は、地球の32～40％を占め、地球の自転作用のなかで磁場を生み出した。地磁気のつくる強力な磁力線（27億年前に形成）は、太陽風（400km/秒）や宇宙線を跳ね返すバリア（バンアレン帯）となり、生命の発展を大きく促した。

　さらに、生命体が生成した酸素は、大気中の組成を大きく変え、太陽光と反応してつくりだされたオゾン層（4.5億年前）は、紫外線をカットするバリアとなり、生命体の上陸と多様な発展を促した。

　1970年代に国際的に注目を集めたオゾンホールの存在は、オゾン層をも破壊しかねないという人間社会の営み（産業活動）の破壊性を示すものであった。地球の資源と生命体が数十億年かけて営々とつくりあげてきた地球レベルの産業基盤が、「瞬時」にして破壊されようとしているのである。

　地球レベルの環境問題に目を向けることは、文明の本質を問うことであり、人間の存在意義を問い直すことでもある。奇跡の産物でもある産業基盤を大切にする産業活動への転換が問われており、そうした課題に応える現代産業論が求められている。

### 3.3　産業システムの新たな視点と枠組み
#### （1）「分離・分化から再結合・融合化へ」のシステムアプローチ

　21世紀に入ると、科目名が「現代産業論」に変更されるなか、講義の対象範囲も中小企業主体の地場産業、農業やサービス業、地域へと広げ、理論化を図ってきた。

　「現代産業論」へのシフトがより明確になったのは、2冊（十名［2008］［2012］）の出版[8]が契機になっている。十名［2008］は、「型」の定義をふまえ「型」産業論の視点から、「産業」を再定義し、技術と芸術の分離・分化と再結合の視点も織り込み、現代産業を捉え直したものである。この視点から、「現代産業論」講義を再編集していった。

　ここで注目すべきは、産業とは何か、「型」とは何かについて、先行研究の枠を踏み越え、独自に定義し直したことである。それは、現代産業論の土台を明確にしたことを意味する。

　さらに講義の対象を広げ、理論化・システム化を進める契機となったのが、

十名［2012］である。ものづくり、技術、技能、まちづくり、地域、人間発達など、軸をなす概念を定義し直した。それをふまえ、ものづくりを軸に、まちづくり、ひとづくりへと視野を広げ、「三位一体化」の視点から産業システムとして捉え直した。

現代産業においては、もの・サービスを生産・供給する活動としての側面だけでなく、そうした活動に携わる人々の働き様、生き様、そこに蓄積される多様なノウハウや生活文化の側面にも目を向けることが大切である。前者を機能的アプローチ、後者を文化的アプローチとみなし、両者を包括した視点から全体像を俯瞰しつつ各要素を分析するという手法を、システムアプローチとみなしたのである。

1990年代に日本鉄鋼産業をモデルに提示したシステムアプローチは、10数年を経て機能的および文化的な両面を統合するアプローチへと拡充し、現代産業論の方法論的な柱の1つに発展させたのである。

さらに、「分離・分化から再結合・融合化へ」という歴史的な深い流れを、科学、技術・技能、労働、教育、研究、産業などにおいて読み解き、分離・分化の弊害がみられる各分野におけるシステムイノベーションを提起する。「ひとづくり・まちづくり・ものづくり」の三位一体化によるものづくりのシステム的転換、「山・平野・海（川を軸に）」の三位一体化による環境文化革命、「働・学・研（働きつつ学び研究する）」融合による仕事と人生の質的転換など、三位一体として捉え直し政策提示につなげている。

### （2）循環的産業観へのコペルニクス的転換
#### ―鉄がつくりだす地球と生命の奇跡―

「鉄」と聞けば、「ありふれたもの」「無機質な硬い塊」などがイメージされる。また、鉄鋼産業と聞けば、重厚長大な鉄鋼製品や巨大な製鉄所、真っ赤な鉄や鋼を思い浮かべる方も少なくなかろう。筆者自身、そのようなイメージを抱き続け、わが鉄鋼産業論もその域を超えるものではなかった。

しかし、地球と生命の循環という視点から「鉄」をみると、全く違った世界が開けてくる。その扉を開けてくれたのが、矢田浩［2005］である[9]。

人類の産業基盤は、宇宙資源と地球の生命体の共創の産物であるが、その触媒としての役割を果たしたのが、鉄である。鉄は、生命になくてはならないも

ので、地球の生命の発展を支え演出してきた。鉄は、生命と文明にとって特別な元素、存在である。

最初の生命は、海水中の鉄イオンを利用してエネルギーを得ることで誕生したといわれる。鉄なしでは、地球型の生命は生まれなかった。また、鉄の核がつくった地磁気は、地球の生物を守り発展させるバリア（バンアレン帯）となっている。

酸素は、生命体が生み出したものであるが、生命体には猛毒ともなる。その抑制・利用の役を引き受けたのが鉄である。海水中では、鉄が酸素を処理（すなわち酸素と結合して酸化鉄となり沈殿）する間に、生物は、酸素を安全に燃やしエネルギーとして利用する仕組みや方策を、20億年以上の時間をかけて編み出してきた。やがて海水中の鉄が希薄になるなか、鉄を求めての生物の上陸（4.5億年前頃）が、動植物のさらなる発展を促すのである。

森は、川を経由して海に鉄を供給しているが、近代文明による森林破壊は、この鉄の循環を破壊してきた。鉄に飢えた海は死の海と化すなど、「海の砂漠化」が進行しつつある。海の再生には、森林や川の再生が不可欠であるが、鉄分を多く含むアルミニウムや鉄の産業廃棄物（ボーキサイトの滓や鉄鋼スラグ）を海に戻すなどの活動も始まっている。

工業的産業についても、循環の視点から捉え直し、産業基盤（生きとし生ける「草木国土」）との共存のあり方を考えていくことが求められている。

### （3）「型」産業論の総括と新たな展開

研究対象としてきた鉄鋼産業や陶磁器産業はいずれも、有形の型（moldやdie）に材料を鋳込むという鋳造プロセスが重要な位置を占める、「型」産業に他ならない。むしろ、大学に転じ、等身大ともいえる「型」産業としての瀬戸の陶磁器産業を調査研究するなかで、巨大な「型」産業として日本鉄鋼産業を捉え直したのである。さらに、「型」産業を「現代産業論」の重要な構成要素として位置づけたのが、十名［2008］である。

ただし、「型」産業論となると、社会経済的な特徴を「範疇＝型」（いわば無形の型）として捉え直す必要がある。日本鉄鋼産業のシステム的な特徴と課題を分析した十名［1996a,b］も、「型」産業論とみなすことができよう。

なお、「型」産業論の先駆的な業績としては、山田盛太郎［1934］『日本資本

主義分析』[10]を揚げることができる。戦前日本産業の本質的な特徴を、「軍事的半農奴的」な「範疇＝型」として捉えた分析で、戦前日本資本主義分析の名著として知られる。いわば、「型」の編成・矛盾・崩壊論である。その予言は的中するなど、「型」産業論のダイナミズムを示した。反面、矛盾・崩壊論としてのインパクトも強く、「型」産業分析の硬直的側面を強く印象づけることになったとみられる。

戦後の「型」産業分析の1つに、南克己［1976］「戦後重化学工業段階の歴史的地位」[11]をあげることができる。ダイナミックな分析には学ぶべき点も多いが、「型」論が歴史的に内包する硬直的な側面は克服できていない。

そうした負の側面をも内包する遺産を乗り越え、ダイナミズムの可能性を継承・発展させるべく、21世紀型の「型」産業論として打ち出したのが、十名［2008］である。

その出発点をなすのが、「型」の独自な捉え方、定義である。「型」とは、人間の知恵や技を一定の基準（規範）に洗練化（凝縮・統合・シンプル化）した手段や方式およびその意味であり、有形と無形からなる。文化と技術の塊（エキス）として、ハードとソフトとの両面から包括的に定義したのは、本邦初とみられる。「型」の落とし穴に留意しつつ、むしろ創造的なインフラとして捉え直した。さらに、地場産業（瀬戸ノベルティ）での検証を通して洗練化を図り、産業システムアプローチの創造的な手法として位置づけた。

## 4　21世紀に適う産業システムの創造

### 4.1　3世代協働のハイブリッドモデル

産業論については、これまで多くの多様な種類の教科書や研究書が出版されてきた。それぞれ各時代の雰囲気や課題が、色濃く反映されている。筆者の問題意識と身の丈に合う教科書は、見つからない。それゆえ、自らの研究成果を軸にして、関連する本や資料などから材料を寄せ集め、自らのスタイルで編集するという手づくりの講義、それが90年代の「工業経済論」であり、21世紀に入ってからの「現代産業論」であった。

「現代産業論」では、「現代」への思いを、システム志向と、機能から文化へ

の展開(重点シフト)として捉え、転換の場として地域を位置づけるなど、その後の研究成果を織り込み、理論化と多様化を図ってきた。しかし、自らの仕事体験や調査研究に基づいているゆえ、対象範囲や視野の狭さなど制約を抱え、「現代産業論」に相応しい広がりと深さ等に課題を抱えていたとみられる。

　そこで、多様な分野にまたがる社会人研究者の知見とノウハウを結集し、前記の課題に応えようとするのが本書である。彼らは、産業システム研究会(名古屋学院大学博士課程・十名ゼミ)のOB・現役である。隔週(土曜)開催の研究会は、OBや他のゼミ生も含め10人近くが参加し、数本の研究発表をめぐって議論が白熱する。かつて(1987～90年代前半)の京都大学大学院・現代産業論研究会(池上ゼミ)の熱気を彷彿させる。その薫陶が、20年近い時空を経て、名古屋の地で花開いたとみることもできよう。

　各論(第1～9章)の執筆者9人は、社会人として働きながら博士論文を仕上げた方々である。対象分野は、素形材、自動車、工作機械、食品などの工業的産業、農林牧畜業、塗箸などの地場産業、自治体行政や住民のまちづくり、中国の産業・市場や日系企業の経営など、多岐にわたる。彼らの博論指導を通して磨き上げた基本視点や研究手法が、本書のベースをなしている。

　また、恩師(池上惇)にも、終章をご担当いただいた。筆者の序章を含め、いわば3世代による協働の力で、現代産業論の課題に挑んだものである。

## 4.2　現代産業を捉え直す

　産業とは何か、さらに現代産業とは何か。両者に共通するもの、あるいは違いは何か。それをどう捉えるかは、現代産業論の出発点をなす。

　産業は、歴史的に俯瞰すれば、生命の生産と再生産(すなわち生活資料の生産と人間そのものの生産)[12]を担う社会的な営みとして捉えることができる。生命の生産とは、自然界では繁殖の意味であるが、社会においては、その意味もさることながら、むしろ歴史や過去の社会的な記憶からの人間による学習、さらには新たな実践と記憶との照合による学び、という意味がより大きな比重を持つようになる。

　この学びは、産業の「営み」そのもののなかで、すなわち人から人への技能・熟練・創意工夫・技巧などの継承や創造的発展のなかで、行われる。さらには、

労働時間の短縮による生活時間の確保、自由な空間のなかでの交流や研究・実験、そして健康をもたらす自然や社会の環境整備、などを通じて実現される。

産業には、古より生業を通して社会で生きるため身につける熟練・独創・技巧などの力量、の意味が込められてきた[13]。産業革命以降、分離・分化の進行に伴い、職業という、仕事の分担（すなわち分業）に関わる意味が付加されるなか、現代産業には両者の意味が含まれるに至っている。

それゆえ、生業による人間発達と分業による人間発達を総合的に把握する必要があろう。その際に注意すべきは、分業は、人間の才能を開発する側面と、発達を一面化して能力貧困をもたらす側面の、両面を有するという点である。これに対して、生業は、手仕事・知恵・倫理性を高め、人間の全人生や総合的な発達の可能性を現実化する側面を持つ。現代産業は、分業にとどまらず、人間発達としての総合化を目指す傾向を持つ。

これまでの産業論では、コーリン・クラーク[14]に代表される産業の３分類をはじめ工業経済論や産業組織論などにみられるように、ものやサービスを生産・供給するための活動および生産・供給者群、いわば職業領域の総体として一般的に捉えられている。それらは、生産・供給を担う人々の機能的側面に光をあてたものである。

しかし、産業にはもう１つの重要な意味がある。それは、そうした活動に関わる人々が職場や生活の場で織りなす働き様や生き様、熟練・独創・技巧などの力量、そこで培われた文化やノウハウなどである。それらは、ひとが体得した無形のもの、いわば産業の文化的側面である。

前者を機能的アプローチとみると、後者は文化的アプローチと捉えることができる。産業は、これまで機能的価値（実用性・利便性）に重きが置かれてきたが、文化的価値（芸術性、信頼性）の比重が急速に高まってきている。両者を包括して捉えることによって、より現実に根ざした奥深い現代産業の実像を捉えることができる。

個々の対象や課題は、１側面から、あるいは単体としてバラバラにみるのではなく、俯瞰的な視点から再結合を図り、システムとして捉え直すことが求められている。産業および科学、技術の潮流は、これまでの資本主義的な分離・分化から再結合・融合化へとシフトしつつある。再結合・融合化の流れは、機

能と文化の再結合をも促している。そうした捉え方が、システムアプローチに他ならない。

　本書の核心は、現代産業をシステムとして把握し、ものづくり・ひとづくり・まちづくりの多様なつながりと総合性を、「産業システム」として捉え直したことにある。

　むしろ、ものづくり・ひとづくり・まちづくりにとどまらず、現物・現場・現地（もの・ひと・まち）、働・学・研（働きつつ学び研究する）、山・平野・海（川を軸につながる）等、三位一体化の視点から捉え直すことにより、現代産業をより深く広く捉え直すことができる。

　現代は高度システム社会であり、さらなるシステム化が不断に進行している。システム化は、階層化・複雑化さらには人間離れをも促す。それへの処方箋として、「型」論の視点を織り込んだのが、本アプローチでもある。型は、システムの一部、いわば「等身大」のシステムでもあり、不断の凝縮化・シンプル化を促し、それを通して生き残る。

　それゆえ「型」論は、複雑化の呪縛から、現代社会を解きほぐす智慧袋とみなすことができよう。複雑化するシステムの全体性とポイントを、人間の五感と洞察力で捉え直すことである。それは、人間の制御・政策能力を取り戻す上で、重要な意味を持つに違いない。「型」論の21世紀的意義も、そこにある。

## 4.3　21世紀型産業システムの5つの柱

　21世紀にふさわしい産業システムとは何か。その柱をなすのは、次の5点である。

### （1）地球レベルの超長期・マクロ的な視点

　第1は、地球レベルの超長期・マクロ的な視点および双方向的な循環の視点から、現代産業の基盤ならびにあり方を捉え直すことである。

　地球は、1つのシステム、すなわち気圏、水圏、生物圏、地圏などからなる総合システムで、循環の原理が貫かれている。水の循環は、大気圏での最も重要な循環であり、海から蒸発した水はやがて雨となり地表に戻る。水圏では、地表の海の上層は海流という大循環システムで構成され、深層は重い海水が数千年かけて循環している。地表の生物圏における物質循環において、生物は重

要な働きをしている。水の循環においても、全陸地の表面から蒸発する水の約40％が植物を経由している[15]。

現代産業の基盤をなす資源は、大気、水、土壌などの基本的資源から鉄鉱石、石油など鉱物資源に至るまで、基本的な物質とエネルギーは全て、宇宙資源（隕石と太陽エネルギー）と地球の生命体の共創によってつくりだされたものに他ならない。それらの資源は、フロー資源とストック資源に大別することができる。

地球資源と生命体が数十億年かけてつくりだした産業基盤が、人類の一方向的な収奪的・浪費的利用によって、深刻破壊に直面している。現代産業の基盤ならびにあり方を、長期的・双方向的な循環の視点から捉え直すことが、変革に向けての出発点になる。

### （2）持続可能な産業観・人間観

第2は、持続可能な産業観、その基礎をなす自然観・人間観とは何かを明らかにすることである。

そのためには、近代合理性と大量消費文明、その基礎をなす西洋文明、さらにその源流に立ち返って、自然観・人間観を根底から問い直す必要がある。梅原猛［2013］[16]は、その課題に正面から取り組んだ労作として、注目したい。日本文化の原理のなかに、西洋文明の行き詰まり[17]を解決し、新しい人類の指針になる思想が潜在している、と喝破する。

悪しき循環を断ち切るには、自然や人間に対する見方を根底から見直す必要がある。現代産業の基盤をなす基本的資源すなわち「草木国土」については、「生きとし生けるもの」と捉え、自然の支配・収奪ではなく自然との共生に基づき持続可能な利用を図る産業・地域システムへのシフトを基本に据えることである。

この考え方のベースをなすのは、「草木国土悉皆成仏」という自然観・人間観で、日本文化の基層をなすとみられる。植物を生きているものの中心として考え、人間および動物だけでなく、草木さらには国土までもが、「生きとし生けるもの」に含まれ、成仏できる、という思想である[18]。人間と森羅万象、宇宙との根本的なつながりは、現代量子物理学が示唆する宇宙観でもある[19]。それは、地球環境と人間社会との共存を図る21世紀型の産業観・資源観とみなすことができよう。

## (3) 分離・分化から再結合・融合化へのシステムアプローチ

　第3は、循環・融合の思想をふまえ導き出した「分離・分化から再結合・融合化へ」視点および「システムアプローチ」を、現代産業を捉える基本視点および手法として位置づけることである。

　資本主義的生産とりわけ工業化社会は、あらゆる領域で分離・分化を極限まで進めた。しかし、20世紀前半まで主流をなした分離・分化の波は、20世紀後半以降、生活や労働の疎外、環境破壊など持続可能な経済発展の障害として顕在化するなか、再結合・融合化へと転じている。この流れを、持続可能な産業・地域システムづくりに生かす取り組みが求められている。

　産業は、資源、研究・技術、熟練・技能、労使関係、販売、ユーザー、業界、行政、地域など多様な要素・主体からなる複合体である。その活動を、機能（＝生産・供給）と文化（＝生き様・ノウハウ）の両側面からシステム的に捉えるという分析手法が、システムアプローチである。それに基づく分析をふまえ、各分野におけるシステムイノベーションへとつなげるのが、「分離・分化から再結合・融合化へ」という視点である。

## (4) ものづくり・ひとづくり・まちづくりの産業システム的把握

　第4は、「分離・分化から再結合・融合化へ」視点とシステムアプローチを有機的につなげ、ものづくり・ひとづくり・まちづくりを三位一体的に把握し、さらには生業で地域をつくりだす営みとして産業システムの本質を捉えることにより、産業・地域の多様なつながりと課題をシステム的に捉え直すことである。

　農林漁業、製造業、サービス業は、分業体制やヒエラルキーの視点からみるだけでなく、重層的に交流する水平型の産業システムとして、3者が相互補完的に共生する関係として捉え直す。都市と農村も、相互に依存する共生の関係にある。都市の安定のために農山村の機能が必要で、農山村の安心のために都市機能の発揮が欠かせない。都市と農村が産業を媒介に共生する多様な国土・社会をつくりだすことが求められている。ここに、生産と地域の現場に根ざし、有形財と無形財にまたがる、21世紀型の新たな産業論が浮かび上がってくる。

　その基本的なコンセプトを、各産業・地域で（双方的な循環の視点も織り込み）いかに具体化していくかが問われる。十名［2012］は、森と海の融合・再生を

リードする「森と海の環境国家」づくり、地域をシステムとして捉え「山・平野・海」の川を軸にした再結合（三位一体化）による産業・地域の再生を、環境文化革命として提示する。また、十名［2013］[20]は、名古屋圏をモデルとしてそのブレイクダウンを試みたものである。日本列島・近海は、地球の縮図であり、名古屋圏は日本の縮図でもある。それゆえ、日本および各地における、産業と人間の危機を打開する21世紀型産業・地域システムづくりは、世界的な意義を持つ。

　本書の各部・各章は、そのような視点から（職場体験に基づく思索・研究をふまえ）、ものづくり・ひとづくり・まちづくりにまたがる各分野の取り組み、その歩みと課題をまとめたものである。

### （5）持続可能（性）と創造（性）＝本書のキーワード

　第5は、持続可能性（Sustainability）と創造性（Creativity）を、現代産業を貫くキーワードとし、そうした課題に取り組む創造産業地域に光をあてることである。

　すでに述べたように、地球環境および人類の産業基盤は、地球（に集結した宇宙）資源と太陽エネルギー、（その中で生み出された）地球生命の協働により、数十億年かけ創造されたものである。人類の産業活動は、その発祥以来、破壊と創造（修復・改造）を繰り返してきたが、そのバランスが崩れ基盤的な危機に瀕する今日、近視眼的な収奪型から持続可能な循環型へといかに切り替えていくかが問われている。

　地球の産業基盤をはじめ多くの産業や地域が、かつてない困難や課題を抱えるなか、持続可能なものへと変えていくには、これまでにない創造性が求められている。「分離・分化から再結合・融合化へ」の流れは、ものづくり・ひとづくり・まちづくりの多様な組み合わせを可能にするなど創造的活動を促す。あらゆる産業・地域が創造性を帯び、創造的でなくては生きていけない時代を迎えている。

　本書は、そうした課題に応えようとする「創造産業地域」に注目する。21世紀型の産業・地域システムとは、持続可能性と創造性の仕組みや文化を内包し相互に啓発し合う、双方向・循環型システムに他ならない。

## 5　本書の構成と各章のポイント

### 5.1　本書の構成

　以上にみるような基本視点とアプローチに基づき、3部構成からなる本書は、ものづくり（第1部）、ひとづくり（第2部）、まちづくり（第3部）の三位一体アプローチで、現代産業と地域の多様かつ複雑な諸相と課題に切り込んだものである。本書の題名にみる「もの・ひと・まちづくり」のキーワードに、その思いが凝縮して示されている。

　まず序章において、理論的なフレームワークと方向性を示す。本書の骨格をなす第1～3部はそれぞれ3章から構成され、第1部はものづくり産業の技術と経営、その根幹にメスを入れる。第2部では、グローバルな視点から理念と倫理、それをふまえたひとづくりに光をあてる。さらに第3部では、地域に根ざしたローカルな視点も織り込んだグローカルな視点から産業と地域のあり方、まちづくりを捉え直す。終章では、創造産業地域の視点から総括し再生のあり方を提示する。

### 5.2　各章のポイント

**序章　21世紀型産業システムへの視座（十名直喜）**

　100年の体系に適う産業システムの構築に向けて、本書がどのような視点から、いかなるアプローチを行うのかを提示する。まず、20世紀の産業のあり方を総括し、近代文明を根底から問い直し、持続可能な産業観および自然観・人間観とは何かを明らかにする。

　さらに、「分離・分化から再結合・融合化へ」視点および「システムアプローチ」を、現代産業論の基本視点および手法として位置づけ、社会人博士を中心に恩師を含む3世代にまたがる研究成果を結集したハイブリッドモデルとして再構成し、21世紀型産業システムへの視座を提示する。

**第1章　素形材産業と基盤的技術（納富義宝）**

　素形材産業とは、素材に「形」を与える産業である。鋳造、鍛造、プレス、

粉末冶金の4業種から成り、中小企業が担っている。生産プロセスの川上に位置する素材産業と、川下に位置する組立加工業の中間に位置し、両者をつなぐ基盤的産業の役割を果たしている。

　川下のユーザー企業の海外展開に伴い国内需要が縮小し、輸入も増加するなか、業界再編や集約化も進まず、淘汰が静かに進行している。グローバル化や技術革新の波が押し寄せるなか、素形材産業の生き残る道は何か、いかなる課題を抱えているかを明らかにする。

## 第2章　自動車産業の技術とアウトソーシング（太田信義）

　自動車産業は、日本の輸出を支え、高い国際競争力を保持する裾野の広い基幹産業であるが、グローバル化や技術革新など様々な課題を抱えている。

　自動車を設計・開発する技術現場においても、同様の状況がみられる。とりわけ、3次元CADの浸透は、設計と労働のプロセスを大きく揺るがし、日本的ものづくりのあり方にも変革を迫っている。このような状況をふまえ、基幹技術のアウトソーシングという視点から、自動車産業における技術経営の現状と課題を明らかにする。

## 第3章　工作機械産業の技術と経営（藤田泰正）

　「機械を作る機械」である工作機械は、「母なる機械（mother machine）」とも呼ばれ、その精度によって生産される機械および部品の精度も決定される。

　優秀な工作機械の有無は、一国の技術水準を規定するが、日本の工作機械産業は、四半世紀にわたり世界のトップに位置してきた。近年、生産額トップの座を中国に明け渡すなど新興国の台頭が目立ち、3Dプリンターの出現など技術革新も迫るなか、日本の工作機械産業の対応とあり方について、経営革新に向けた企業の動向などをふまえ明らかにする。

## 第4章　中国巨大市場と日本企業の新たな展開（庵原孝文）

　中国は1978年の改革開放以来、飛躍的な発展を遂げ、世界に前例のない「巨大市場」として登場してきた。一方、急速な経済発展は、深刻な環境破壊、地域・経済格差、少子高齢化問題などを顕在化させている。一衣帯水の関係にあ

る日本および日本企業にとっては、いずれも重大な課題となっている。

　それらへの取り組みいかんでは、日本の将来をも左右しかねない重要性を持っている。日本企業のグローバル経営のあり方を問うという視点から、前記の課題を明らかにする。

## 第5章　中国日系企業の経営改革と人間発達（程　永帥）

　中国における日系企業は、幹部人材の現地化が遅れるなど様々な問題を抱え、適応し難い事例も少なくない。そうした状況を打開し中国市場に根を張る方策として、経営現地化を創造的に進める経営革新モデルを提示する。

　中国的「徳」を軸に日本的「技」、欧米的「才」の3要素を有機的に組み合わせて、経営リーダーを育成し、そうした人材を軸に、モニタリング体制を組み合わせてガバナンスの健全化を図り、それをふまえての経営トップ現地化を進める、というシナリオである。

## 第6章　日本企業のグローバル化と経営理念の創造的展開（井手芳美）

　日本企業のグローバル化が進むなか、「日本的経営」とは何かがあらためて問われている。グローバル経営の先駆的事例として、米国におけるトヨタ自動車（株）とGeneral Motors（GM）の合弁（NUMMI）、中国における東芝大連社を取り上げ、このテーマを考える。

　さらに、トヨタと（株）東芝にみるグローバル経営の展開と経営理念の変容プロセス、それらの比較分析を通して、経営理念と人的資源の視点から日本的経営のあり方を考察し、日系企業における経営の創造的展開をふまえ、日本企業のグローバル化のあり方に言及する。

## 第7章　地域産業と企業経営　（杉山友城）

　福井県小浜市における若狭塗箸産業と食のまちづくりの事例を通して、地域産業と企業経営のあり方、今日的課題を明らかにする。「業」を「生業と仕事」と捉えると、産業は「生業と仕事を生み出すこと」、企業は「生業と仕事を企てること」となる。地域づくりの活動そのものが地域産業であり、企業経営と捉えることもできる。

私たちの生活・文化に、産業や企業も埋め込まれているのである。分離・分化と再結合・融合化という視点から小浜論に光をあて、地域産業と企業経営の新たな見方を提示する。

## 第8章　持続可能な地域・産業づくりと複合型経営（白　明）

農林牧畜業を軸にした持続可能な地域・産業づくりを、日本と内モンゴルの比較視点から明らかにする。中国の内モンゴルではいまや、経済発展の名のもと破壊型開発が横行し、生態系の破壊、環境汚染などが深刻化している。それに警鐘を鳴らし、日中の事例調査をふまえ、内モンゴルにおける複合型経営による持続可能な地域・産業づくりを対置する。

林業を軸に農業、牧畜業を組み合わせ、食品工業などによる付加価値アップ、観光業と組み合わせての販路開発・ブランド化を進めるという、「6次産業化」のシナリオである。

## 第9章　持続可能なまちづくり（古橋敬一）

「持続可能なまちづくり」を、「持続可能な社会の構築に貢献するまちづくり」と捉え、その具体的な実践を、地域創造の視点から提示する。「地域創造」とは、地域に内在する固有の価値や能力を再発見し、創造的に新結合するプロセスであり、さらにそれを通して、人間らしく生きる力を高め、地域全体の持続的な発展を促すまちづくりである。

名古屋市港区の名古屋港に隣接する地域においてまちづくり事業を展開する港まちづくり協議会の事例をもとに、地域創造型まちづくりのプロセスを明らかにする。

## 終章　創造産業地域の再生と発展（池上　惇）

厳しい状況に耐え、文化的伝統をいまに生かしつつ再生の機会を生み出そうとしている日本の創造産業地域、その主要な活動領域に目を向ける。現代産業論の核心は、ものから人への基軸の転換にあり、人を主体にした産業研究にあるとし、主体＝現代的職人と捉え、彼らの活動舞台としての創造産業に注目する。

現代産業を地域と一体のものとし、日本型産業クラスターとして捉え直すとともに、日本の伝統と風土を活かした産業地域モデルの創造と発展の方向性を提示する。

注
(1) 本章の第4節では、21世紀に適う現代産業論の5つの柱として再構成している。
(2) 日本経済新聞、2000.12.31。
(3) 20世紀の画期を3つに区分する視点は、藻谷浩介・NHK広島取材班［2013］『里山資本主義―日本経済は「安心の原理」で動く』角川書店、を参考にした。
(4) 十名直喜［1993］『日本型フレキシビリティの構造―企業社会と高密度労働システム』法律文化社。
(5) 十名［1993］（前掲書）、十名［1996a］『日本型鉄鋼システム―危機のメカニズムと変革の視座』同文舘、十名［1996b］『鉄鋼生産システム―資源・技術・技能の日本型諸相』同文舘。
(6) 濱田隆士監修、ひきの真二まんが［1987-88］『NHKまんが地球大紀行』①～⑥、小学館。
(7) 松井孝典［1990］『地球＝誕生と進化の謎―最新地球学入門』講談社、丸山茂徳・磯崎行雄［1998］『生命と地球の歴史』岩波書店。
(8) 十名直喜［2008］『現代産業に生きる技―「型」と創造のダイナミズム』勁草書房、十名直喜［2012］『ひと・まち・ものづくりの経済学―現代産業論の新地平』法律文化社。
(9) 矢田浩［2005］『鉄理論＝地球と生命の奇跡』講談社。
(10) 山田盛太郎［1934］『日本資本主義分析』岩波書店。
(11) 南克己［1976］「戦後重化学工業段階の歴史的地位」『新マルクス経済学講座』有斐閣。
(12) F.エンゲルス［1884］『家族、私有財産および国家の起源』（大内兵衛他監訳『マルクス・エンゲルス全集』第21巻、大月書店、1971年）の序文。
(13) 産業は、（日本語では）生業と表現され、世渡りの仕事、つまり、この社会で生きるために身につけた仕事の力量を意味した（金田一京助編『新明解国語辞典』第4版、三省堂）。欧米では、industryと表現され、その成立期を示したオックスフォード辞書では、1613年頃、intelligent or clever workingであったとされている。熟練、独創、技巧を伴う仕事を意味した（The Shorter Oxford E, D.Vol.1, 1973.）。
(14) Clark, C.［1940］"The Conditions of Economics Progress" 1$^{st}$ ed., 1940, 3$^{rd}$ ed., 1957（第2版1951年版の訳、大川一司・小原敬士・高橋長太郎・山田雄三編『経済進歩の諸条件』上・下、勁草書房、1953－55年）。
(15) 松井孝典［1990］、前掲書。
(16) 梅原猛［2013］『人類哲学序説』岩波書店。
(17) 『創世記』（ユダヤ教・キリスト教の聖典）には、「神は……人間に理性を与えることによってすべての動物の支配権を与えた」とある。近代科学技術文明の原理をつくったデカルトは、人間理性を絶対視して人間による自然支配を全面的に肯定した。人間の思い上がり、自然への畏敬の念の欠如は、現代にみる自然破壊や物的欲望の文明へとつながっている（梅原猛［2013］）。
(18) 「草木国土悉皆成仏」の考え方は、天台本覚思想といわれるもので、天台宗の思想と真言宗の思想が合体した天台密教の思想である。その後、日本仏教の中心思想となり、日本文化の原理と位置づけられるに至っている（梅原猛［2013］）。
(19) これまでの産業観のベースとなっている古典物理学では、宇宙とは独立した素粒子や物

質から成り立つ局所的なものとみなされてきた。しかし、現代量子物理学では、それらは相互に深くつながっており、根本的に非局所的なものであることが明らかになっている。量子の世界では、精神と物質も同じ根源から生まれた、相関性を持つものに他ならない（マリオ・ボーリガード［2014］『脳の神話が崩れるとき』黒澤修司訳、角川書店）。

[20] 十名直喜［2013］「ものづくりの再生は名古屋から」『週刊東洋経済』2013年5月臨時増刊号「特集　名古屋ものづくり宣言！」。

第1部

# ものづくり産業の技術と経営

ものづくりといえば、工場や製造業がイメージされる。一方、植物工場など工業と農業の融合もみられる今日、工業的産業のみならず農業的産業も含めた広義の視点から、ものづくりを捉え直すことが求められている。
　第1部は、日本のものづくり産業のコアに位置する製造業、特に素形材、自動車、工作機械を取り上げ、その技術と経営の深奥に迫る。

　第1章は、素材に「形」を与える産業といわれる素形材産業を取り上げる。川上に位置する素材産業と、川下に位置する組立加工業の中間に位置し、両者をつなぐ役割を果たしている。「鋳造・鍛造・プレス・粉末冶金」の4業種から成り、機械産業とも密接に関わる基盤的産業であるが、その大半を中小企業が担っている。
　グローバル化や技術革新の波が押し寄せ、淘汰を迫られるなかにあって、素形材産業の生き残る道は何か、いかなる課題を抱えているかを明らかにする。

　第2章は、裾野の広い自動車産業に焦点をあてる。高い国際競争力を保持し、日本の輸出を支える基幹産業であるが、グローバル化や技術革新など、様々な課題を抱えている。自動車を設計・開発する技術現場においても、大きな変化の波が押し寄せている。
　とりわけ、3次元CADの浸透は、設計と労働のプロセスを大きく揺るがし、日本的ものづくりのあり方にも変革を迫っている。基幹技術のアウトソーシングという視点から、自動車産業における技術経営の現状と課題を明らかにする。

　第3章は、「母なる機械(mother machine)」と呼ばれる工作機械を取り上げる。「機械を作る機械」であり、その精度によって、生産される機械および部品の精度が決定される。それゆえ、優秀な工作機械の有無は、一国の技術水準を規定する。
　日本の工作機械産業は、四半世紀にわたり世界のトップに位置してきたが、その強さはどこにあるのか。近年、新興国の進出がめざましく、3Dプリンターの出現などの技術革新が迫るなか、それらにどう対処するかについて、企業の経営革新などをふまえ分析する。

## 第1章
# 素形材産業と基盤的技術

納富義宝

1 はじめに
2 転換期における素形材産業
3 素形材産業の技術と変容
4 素形材産業に内在する問題と課題
5 伝統技術の新たな展開
6 おわりに


## 1 はじめに

　職人の伝統技術を生かすものづくりが、見直されようとしている。2008年のリーマンショックは、日本産業に大きな衝撃を与えた。特に、アメリカのビッグスリーを倒産に追い込んだように、自動車産業をはじめとする日本のものづくり産業は大きな打撃を受けた。
　日本素形材産業の基盤的技術は近年、自動車づくりに見られるように、型づくりから、画一した製品を安価に大量につくる量産システムを確立した。その結果、自動車、半導体、家電製品などは産業として大きく成長した。大量生産を長く支えたのは、地域の町工場であり基盤技術である。高度成長時代の大量生産のもとでは、機械の設備投資が高度成長の鍵となっていた。
　低成長下では、多品種少量生産が指向され、柔軟に対応できる中小企業がクローズアップされてくると、職人といわれる人材の育成が、経済発展の重要な鍵となる。画一した製品を大量につくる量産システムの下では、労働者や職人は個性（固有価値[1]）を発揮できず、顧客は多様性を十分に享受することはなかった。
　いまや、技術と情報が結びつき直接消費者から注文を受けるような、消費者と生産者が自らつくりあげた新しい市場で契約がなされようとしている。そし

て、３Ｄプリンターの登場に見られるように、個々人の個性や多様性に応じた、多品種少量生産の可能性が高まっている。

マス生産方式の行き詰まりは、「大量生産方式」と「非大量生産方式」の融合あるいは、伝統技術と最新技術の融合、「単品生産方式」の見直しなどで脱却できるものか、産業の基礎となる基盤技術を抱える素形材産業の発展と変容について考える。

## 2　転換期における素形材産業

### 2.1　素形材産業の概念と産業構造

素形材とは、「材料」に「形」を与えて概念化したものである。その「形」を与える産業のことを、素形材産業と称している。具体的には「鋳造・鍛造・プレス・粉末冶金」の直接成形加工を担う４業種だが、木型、金型、金属熱処理などは関連産業として扱う。

素形材産業は、別名「機械部品加工産業」と呼ばれるほど、機械産業とは密接な関係にある。産業構造のなかでは、生産プロセスの川上に位置する鉄鋼等の素材産業と、川下に位置する自動車等の組立加工業をつなぐ（図表1-1）役割を果たす、重要な産業である。

わが国製造業に欠かせない存在であり、多くの基幹産業を下支える裾野産業（部品産業や中間加工業）である。そして、その企業形態は、大手は鋳造部門を持つ鉄鋼や自動車メーカーから鋳造の専業企業、鋳造・鍛造を扱う企業など様々である。

製造業の産業構成を単純に分類すれば、下記（図表1-1）のようになる。金額は業界の出荷額（2010年工業統計、産業編）である。

素形材産業と関連する業界の出荷額（2010年工業統計）は、概ね８兆円で、そ

図表1-1　製造業の産業構成

第１章　素形材産業と基盤的技術　　47

こで働く人は43万人、事業所数は3.6万社で、川上の鉄・非鉄業の14兆円（722事業所）や川下の自動車製造業等の56兆円（5万6,178事業所）から比べれば、1社当たりの出荷額は小さい。それに素形材製品の需要構成は、自動車産業に大きく依存しているのが特徴である。鋳造でいえば、生産額で53％、鍛造66％、金属プレス82％、ダイカスト81％、粉末冶金でも51％を占めている。

図表1-2　素形材産業の技術と出荷額

| | 名称 | 技術の内容 | 出荷額（2010年） |
|---|---|---|---|
| 成形技術 | 鋳造 | 金属を熱して炉で溶解して、型に湯を注入して所定の形をつくりだす技術 | 2兆7,195億円 51％ |
| | 鍛造 | 金属を一定の温度に熱し、ハンマーなどで圧力を加えて成形する技術 | 6,614億円 12％ |
| | 金属プレス | 金型を通じて金属の板を強圧し、せん断、曲げ・成形、絞りなどを行い成形する技術 | 1兆6,663億円 31％ |
| | 粉末冶金 | 型につめた金属粉を熱することで金属粉を結合させ、形をつくりだす技術 | 2,819億円 6％ |

注：従業員4人以上の工場。単位：億円
鋳造：銑鉄鋳物、鋳鉄管、可鍛鋳鉄、鋳鋼品、銅・銅合金鋳物、軽合金鋳物、ダイカスト、精密鋳造品。
出所：Vol. 53［2012］No. 5、「SOKEIZAI」。

　素形材の技術について簡単に説明したのが、図表1-2である。素材に形を与える方法としては、材料を削る（除去加工）、形をつくる（変形加工）、材料を接着する（付加加工）の3つがあり、変形加工を担うのが鋳造、鍛造、金属プレスなどの素形材産業である。
　素形材産業のなかでは、鋳造の金額が大きく中核的産業となっている（図表1-2）。

## 2.2　素形材産業の重要性

　日本のハイテク製品の優秀さは、世界中が認めるところだが、日本の素形材産業を知る人は少ない。ハイテクと鋳物職人は対極に位置し、一見、無関係に存在するかにみえるが、実はそうではない。日本産業のハイテク化を下から支えているのは、鋳造、鍛造業をはじめとした素形材産業等にみる製造技術の存在である。

産業機械のなかでも重要視される工作機械は、マザーマシンとよばれている。その工作機械のベッドは、鋳物でできており、「摺動面」は誤差数ミクロンの精度で仕上げる。この作業は「キサゲ」と呼ばれる職人芸の「匠の技」が品質を左右する[2]。又、半導体製造装置（ステッパー）のフレームは鋳物でできており、歪んだらその機械は使い物にならない[3]というように、ピラミッドの底辺の加工技術が、頂点の製品に連綿とつながり支えている。

日本のリーディング産業は、中小企業が蓄積する基礎加工技術の上に成り立っている。

## 2.3　素形材産業を取り巻く外部環境の変化

2008年の世界金融危機以来、世界経済の落ち込みは、日本の主要産業ばかりか、鋳物業界も例外ではなく、鋳造生産量も大きく落ち込んだ。また、少子高齢化という社会構造の変化によって内需は見込み難く、国内鋳物生産は低迷している。

素形材産業は、自動車メーカーなどのユーザー企業の海外生産の急速な進展で、国内需要は縮小、加えて中国などの新興国企業からの輸入も確実に増加している。内需の縮小にもかかわらず、目立った業界再編や集約はない。ただ、愛知県の鋳造業者は自動車産業に過度に依存していたため、櫛の刃こぼれのように淘汰が静かに進行している。一方、中国をはじめ、キャッチアップを急ぐ新興国は、裾野産業の育成強化に乗り出している。

地域に生きる中小企業にとって、海外移転は極めて困難である。鋳造業の場合、受注先とともに行動しない限り成功は難しいだろう。海外ではその保証がない。かといって、日本に残ってものづくりを続けるなら、下請けを脱し自力で市場を切り開くしかない。下請構造下では、自前のチャネルがないのが一般的である。したがって製品の販売には疎く、業種転換が遅れている。近年の鋳造業は、装置産業並みに設備が増え、簡単には業種転換できない。自社の設備に合致する注文探しに苦慮している。いくら内部に固有技術を持っていても、開花は難しい。固有技術を持つ中小企業が「下請け」を脱して、世界と向き合うならば新しい道が見えてくるだろう。

## 2.4 鋳造業にみる高い専業比率と古い企業群

　鋳造業は、素形材産業のなかでも専業（鋳造のみ生産）の比率が高く、鋳物製品のまま出荷する場合が多い。兼業（加工工程等を持つ）企業は、素形材企業全体では57.6％もあるのに、鋳造業は50％にも達していない。これは、親から買湯[4]して簡単に独立していった徒弟制度の名残とみられる。職人気質が、鋳造「一芸（湯づくり）」に徹せしめているからではなかろうか。だが、鋳造＋機械加工を行っている兼業企業の方に勢いがあり、強みを発揮している。

　日本は長寿企業が世界の国・地域のなかで最も多く、創業200年以上の企業は3,500社ほどあるという[5]。このなかには、現存する鋳造業として、大和重工（株）（1831年創業。以下カッコ内創業年）、（株）ヤマトインテック（1584）、（株）菊地保寿堂（1604）、ナベヤグループ、（1560）の名前が挙がっている。私が「御鋳物師会[6]」に参加し、ヒアリングさせてもらったなかにも、小田部鋳造（1190〜1199）、辻内鋳物鉄工（1560）、ヒロセ合金（株）（1603）、中尾工業（株）（1538）、五位堂工業（株）（1614頃）、（株）吉年（1718）等、そのほとんどが現業として活躍している。

## 3　素形材産業の技術と変容

### 3.1　古くて新しい技術

　小規模企業の職人社長から共通して聞くのは、次のような指摘である。

　「鋳物は、つくる場所（日本海側と太平洋岸側など）によっても、その日の天気や気温、原料の品質、職人の気分でも、製品の出来が変わり、毎回操業条件は異なる。それがものづくり。だから、技術とは死ぬまで勉強するもの」

　確かに、購入する鉄屑の成分は異なるし、湿度や温度が異なり、それでいて製品は規格品をつくらねばならない。それゆえ毎回操業には神経を尖らせている。鋳造は、歴史が長く、古臭い技術のように思われるが、時代とともに軽量化等の要求に応え、日々技術を磨いてきた。

　一方、紀元前2600年ごろの目の飛び出た「巨大な青銅縦目仮面」を見たとき、最近製造したものかと思ったことがある。いまでいう3Dプリンター（3D Printer）で製造したといわれても信用したであろう。それは2006年に「中国鋳

造実型会議」に参加し、中国四川省の三星堆博物館に行ったときのことである。当時すでに高度な青銅生産技術を確立していたのであろう。

鋳鍛造の歴史は長いが、基本的な要素技術は変わってはいない。

## 3.2　変わるものづくり現場

クリス・アンダーソンによる『MAKERS（メイカーズ）～21世紀の産業革命がはじまる』（NHK出版）が話題となっている。それに拍車をかけるかのように、アメリカのオバマ大統領が、2013年２月の一般教書演説において、３Ｄプリンター技術を「低迷する製造業復活の切り札にする」と発言し、一般メディアもそれを大きく取り上げた。

３Ｄプリンターは、そうしたことを機に、広く日本人に知られることとなった。

材料に形を与える方法として、従来は「型」を使って転写してつくっていたが、これは「型」を使わず、材料を付着しながらものをつくる新しい造型法である。

３Ｄプリンターとは、３次元積層造型装置（加工装置）のことである。３Ｄプリンターは、あらかじめコンピューター（CADソフト）でつくった設計図を基に、実際に３次元の製品をつくりだすことである。

主な方式は、光造形型、積層型、粉末型、インクジェット型などがある。使用材料は、石膏、樹脂、金属、複合材等、様々な素材での作成ができるようになっている。

現在の製品用途としては、例えば、医療用の人工骨、工具、自動車部品、航空機部品、おもちゃ、ボタンや装飾品、美術・工業教育の一環として造形物の制作にも使われはじめている。価格は、工業用は機種によって異なるが、家庭用は数万円から数十万円台の小型の３Ｄプリンターも出てきている[7]。誰もが簡単に企業を起こし、ものづくりができる。

## 3.3　３Ｄプリンターの定義と概念

３Ｄプリンターは新しい言葉なので、書物や文献を読んでもわかりにくい。まだ発展途上技術ゆえ、定義や概念も統一されていないように思われる。

『３Ｄプリンターで世界はどう変わるのか』[8]では、1991年ごろのアメリカで、３Ｄプリンターという言葉ではなく、Stereolithography；ステレオリソグラフィー（光造形）と呼ばれていた、という。「光造形法」は、1980年代に理論発表され、1987年に実用機ができている。光造形は、液体ポリマーに光をあてて樹脂を積層して、立体物をつくる方法である。

　一方、『ＳＦを実現する』[9]では、2000年の日本で「３Ｄプリンター」とは呼んでおらず、「ラピッド・プロトタイプ（RP:迅速な試作開発）」と呼んでいたという。RP（Rapid Prototyping）法は、1970年代後半に研究が開始され、1990年代後半から需要が高まってきた。RPは、試作品づくりの積層造形で、以前からの技術である。

　「RP法」と「光造形法」の技術内容は積層造形であり、３Ｄプリンターで概念化される。

　経済産業省の「３Ｄプリンターに関する経済産業省の取組」[10]によると、以前からあったRP（付加加工のIT活用自動加工技術[11]）法は、ものづくりがデジタル化されるようになって注目され始めた。現在は積層造型技術の名称を、AM（Additive Manufacturing：付加製造技術）として、ASTM（国際標準化・規格設定機関）会議で、2009年に統一するようになった。

　AM技術が、デジタルデータと「ものづくり」の究極的な融合形として注目される理由は、技術の進化、適用材料の広がり、新しい加工技術としての可能性、低価格装置の登場にある。新しい加工技術の可能性とは、素形材産業の要素技術である「鋳造」「鍛造」「粉末冶金」とは別の、新たなカテゴリーとして認知されるかどうかである。

　３Ｄプリンターの次世代機開発は、産学官で動き出している。日本の産学官プロジェクトは鋳物分野を対象としており、広範な企業に恩恵をもたらす可能性がある。いまよりも10倍速い速度で砂型を製造できる次世代機を開発する[12]。

## 4　素形材産業に内在する問題と課題

### 4.1　産業集積地の衰退と展望

　ものづくりのメッカとしての東海地域（愛知県・岐阜県・三重県・静岡県）は現

在、日本産業の主要部分である輸送機械産業や工作機械産業の集中する地域として日本を代表する産業集積地となっている。この地域は、素材部門よりも加工技術の発達がめざましく、繊維、機械製造、鋳物、セラミックなど固有技術を持つ中小企業層が厚く、質量とも日本一のものづくりを支えてきた。

リーマンショックは、自動車産業に特化していた「最強の名古屋」を直撃した[13]。その結果、自動車産業は勢いを失い、国内需要の低迷から生産拠点の海外移転、円高による輸出不振などで、ものづくりに空洞化が出始めている。

このような状況下、素形材産業は、どのような問題を抱え、どのような方向に進むべきかを根本的に考え直す時期にきている。この正念場に、自社の強みを見出し、どう空洞化を乗り越えようとしているのか。素形材産業に内在する問題と生き延びる道を考えてみたい。

## 4.2 主要産業にみる構造変化と素形材産業の対応

「自動車用鋳物は大きくは儲からないが、仕事量は安定している」という「神話」は、見事に崩れ去った。そして、昨今トヨタ自動車（株）自身の生産台数は回復基調にあるものの、それは海外生産が伸びている結果であり、2012年の国内生産比率は全国・トヨタともに40％である。

全国の自動車生産台数は、2008年の約1,200万台から09年には800万台へと落ち込んだ（図表1-3）。トヨタも、4,012千台から2,790千台（図表1-3）へと極端に落ち込んだ。

自動車に依存している鋳物生産も、35％（図表1-4）の落ち込みがみられ、裾野産業にも大きな衝撃を与えたことがわかる。今後、ハイブリッド車や電気自動車などが主流になってくると、エンジン等が不要になり、鋳物はなくなるか、減らされる。

現在の車体材料比（自動車工業会）は、銑鉄・鋼材788kg（56.3％）、特殊鋼234kg（16.7％）、アルミ地金87kg（6.2％）、銅・その他非鉄22kg（1.6％）、樹脂・塗料・他269kg（19.2％）の材料構成であり、鉄・非鉄で80％を占める。鉄や鋳物は重量比が高いゆえ、その比率は電気自動車の普及に従って、更に減らされる宿命にある。エンジンがモーターに変わり、周辺の部品がなくなれば、重量比で約35％軽量化[14]される、と一部では報告されている。

図表1-3　自動車生産台数

|  | 全　国 | トヨタ |
|---|---|---|
| 2008年 | 1,200万台 | 4,012万台 |
| 2009年 | 800万台 | 2,790万台 |
| 08年比 | △34％ | △31％ |

出所：「FOURIN」他。

図表1-4　鋳物生産量推移　　　　　　　　　　　　　　　　　　　　　　　　（千t）

| 1990年 | 1995年 | 2000年 | 2005年 | 2008年 | 2009年 | 2012年 |
|---|---|---|---|---|---|---|
| 8,199 | 6,979 | 6,281 | 6,629 | 6,710 | 4,384 | 5,677 |

出所：（財）素形材センター「SOKEIZAI」より作成。

　中部地区には、ヤマザキマザック（株）、DMG森精機（株）、オークマ（株）など工作機械メーカーが多い。鋳物生産量に連動する工作機械をみてみよう。図表1-5、1-6は金融危機後の生産台数と金額であるが、2009年は驚異的な落ち込みがみられる。前年比70％減となり、4,118億円という金額は30年前の水準となった。当然、工作機械用鋳物も激減した。落ち込みは自動車用鋳物の30％マイナスどころではなく、70％も落ち込み、いまだ金融危機前には回復していない。

　その間に伸びたのが、アジア市場である。中国は09年実績で、日本の5倍に当たる58万台を生産し、世界一になった。日本の工作機械の生産額は、82年より27年間世界一だったが、09年にその座を明け渡す。そして、2009、10年は外国需要が70％まで上昇した。

　海外需要の変化は、欧米からアジアへ移った。他の製造業と同様に工作機械メーカーも海外へシフトし始めた。

　一方、「3Dプリンター」は「デジタル工作機械」[15]とも呼ばれる。従来の工作

図表1-5　工作機械生産台数

| 2008年 | 2009年 | 2010年 | 2011年 | 2012年 |
|---|---|---|---|---|
| 95,310 | 29,459 | 74,718 | 94,282 | 94,872 |

出所：Vol. 54（2013）No. 5「SOKEIZAI」。

図表1-6　工作機械受注総額（億円）

| 2008年 | 2009年 | 2010年 | 2011年 | 2012年 |
|---|---|---|---|---|
| 13,011 | 4,118 | 9,786 | 13,262 | 12,124 |

出所：(社) 日本工作機械工業会。

機械が、「切削」という要素技術を駆使するのに対して、「デジタル工作機械」は、「積層の付加技術」であり、「削る」と「くっつく」の両技術を兼ね備えた、「マルチ工作機械」へと大きく変貌しようとしている。

### 4.3 「取引慣行」の見直しと新たな課題の出現

　鋳造業は、伝統的取引慣習の壁に技術の評価が伴わないというもどかしさと、製品の高度化から、軽量化に伴って、希少金属の使用比率が高まり、新たな問題を抱え込むことになった。

　鋳物の単価は、個数でなく重量で決まる。鋳物の受注単価決定方式は、重量単価方式で、伝統的な取引慣習（商慣習）となっている。昨今は、環境問題から軽量化が進み、技術を駆使して軽量化を図れば図るほど単価は安くなるという、真逆の評価のもどかしさがある。鋳物づくりの難易度を上げれば上げるほど、自分の首を絞めることになるが、それでも挑戦するしかない。この現実こそが、業界全体がおかれている状況（産業構造）であると嘆く[16]。

　一方、軽量化の進展に伴い、レアメタル不足で自動車がつくれないという、深刻な問題が出始めた。いまや、自動車生産にはたくさんの電子材料が使用されるようになり、レアメタルなしには自動車は生産できない。特にレアアースは、中国が90％以上の供給元であり、供給制限から大きな社会問題となった。

　当時、トヨタの奥田碩相談役は「鉱山を丸ごと買い取れないか[17]」と「資源外交懇話会」で発言、豊田通商はカナダ、オーストラリア、ベトナムの密林に飛んだ。

　レアメタル問題では、日本は最大級の「消費国」であり、その蓄積から、40兆円の都市資源が眠っている。新規での鉱山開発は、環境破壊など様々な問題があり、鉱石によって異なるが、回収効率も悪い。例えば、鉱山の露天掘りの場合は鉱石1t当たり0.3～1gの金しか回収できない。であるならば、日本国

内に存在する「人工鉱床」や「都市鉱山」と呼ばれている金属やスクラップの回収を強めるべきではないか。

### 4.4　縮小する銑鉄鋳物業

　素形材産業の銑鉄鋳物工場（工業統計では従業員4人以上の事業所に関する統計）は、1980年に2,047社以上あったが、10年後は1,709社に、そして2008年には887社に減っている。80年から比較すれば半減以下だ。激減の理由は様々であろうが、業界の展望のなさから廃業していく企業も少なくない。新規創業がなく、いまも廃業、倒産は続いている。現在は、706社（2010年）となっている。

## 5　伝統技術の新たな展開

### 5.1　職人技が切り開く地場産業

　かつて、この業界は自立していた。現在のように大半が生産財の生産ではなかった。かつて大阪地区で、生産財の「機械用」鋳物生産が激減した際に、主に消費財（日用品・工芸品）を生産する山形鋳物は急増するという注目すべき記録を残している[18]。この論文は、大阪鋳物業界への教訓として論じられているが、多くは生産財を生産する鋳物業であっても、たえず市場の動向をキャッチし時代の変化をつかむことの重要性を示唆している。

　大量生産方式が影を潜めている間に、小さいながらも、職人技を生かした非量産型のものづくりが脚光を浴び始めている。いつも時代を切り開くのは、人間の技である。ここでは、大量生産で目立たなかった職人の技術に焦点をあてる。個人や中小企業が、伝統的技術を活かした企業の生き残り戦略を展開し、創造的に未来を切り開いている姿を見てみる。

　愛知県の富田鋳工所は、「めんどう、むずかしい、おそい、ふるい」を「らく、かんたん、はやい、あたらしい」にチェンジし、「鋳物革命」を起こしている。CADデータから加工済みの完成品を製造する。図面レスでも鋳物づくりに対応し、中小企業綜合展（大阪・東京）に出展し好評を得るばかりではなく、大企業からの注文にも応じている。模型から鋳造、機械加工へと、設備（CAD/CAM、CAE、3次元測定器等）と技術が連携し、市場の多様な要求に見事に対応

している。

　碧南市の古久根鋳造は、従来の2つの鋳造技術のメリットを併せ持つ全く新しい鋳造法（特許取得：ハーフキャビティモールド）による高剛性、軽量かつ複雑形状対応可能な鋳物の実用化に成功した。国内で最も多く採用されている「フラン自硬性」では実現できない形状には、「成型発砲模型」を使用した。伝統技術と新技術という2つの製造方法を融合させて成功した。

　伝統産業ならではの話であるが、岐阜の（株）ナベヤは、262年ぶりの梵鐘を受注した。創業約450年の老舗は、室町時代時代の1560（永禄3）年に創業。過去の実績は、大須観音、柴又帝釈天など。今回の注文者は河野西福寺。太平洋戦争の末期の1944年に釣鐘を供出して以来、半鐘で代用してきたという。発注する方はお寺だが、受ける方は民間企業である。良くここまでと感心し、企業は努力し時代の変化に対応すれば何年でも継続できることを証明している[19]。

## 5.2　伝統技術は世界に向かう

　職人の技を生かす開発型ものづくりは、もともと日本の鋳造業にあった。

　デザインを重視し、日本の伝統技術を生かした鉄瓶や和鉄ポットを山形工房で生産し、日本やイタリアで販売している。大量生産と違ってとことん少量生産にこだわる。「フェラーリ」のデザイン者、奥山清行は、デザインによって伝統技術を生かし、地域の再生とブランド製品の開発に取り組んでいる。安価な大量生産品は消費者に感動を与えなかったとし、日本の進むべき道は価格競争ではなく、価値競争であると説き、山形で「ものづくりによる地場産業の再生」を実践している[20]。

　岩手県の「高級南部鋳鉄」は、縮小する日本マーケットから海外へ市場を拡大している。1902年創業の（株）岩鋳は、フランス、ドイツ、イタリア、アメリカ、中国にまで市場拡大を図っている[21]。同じく岩手県の及源鋳造（株）は、伝統の「南部鋳鉄」と「上等鍋」を新しい製品として蘇らせ、「ミラノサローネ」に招聘され絶賛されたという[22]。世界が認め始めた、地場産業の固有技術である。

　長い間、衰退産業と思い込み見失っていた、自らのアイディンティティを、中国によって知らされた事例がある。中国から岩手大学へ留学にきて、岩手県で働いた経験のある中国人が、上海で鉄瓶を売りたいといったら、岩手の人に

無理だと反対された。ところが、実際取引が始まるや、1個10万円前後の高級鉄瓶が驚くほど売れたという。1人で、8,800万円かけて、1,300個集めた人もいた。これは、どうせ価格競争で負けるという大量生産の価値基準の壁（まさに「規模の経済」の残骸！）打破の例ではないかと思われる[23]。

### 5.3　柔軟な対応で消費者の心をつかむ

富山県高岡鋳物の（株）能作は、まもなく創業100年を迎える。高岡の地において400年の鋳物技術を生かして、仏具製造を始めた。素材特性を最大限に引き出すように、様々な鋳造方法と加工技術を駆使して鋳物の可能性を追求している。溶解材料はスズ、真鍮（黄銅）、青銅など。多品種少量生産で、企画から製造までの一貫生産体制により、セミオーダーや部分加工まで顧客のニーズに柔軟に対応する。高精度で複雑形状の鋳造加工と国内外のデザイナーとコラボすることで曲がる食器は生まれた。イタリアのブランドに影響を受けて、「職人のすばらしさを世界にひろめたい」と意気込んでいる[24]。

愛知県の愛知ドビー（株）は、無水調理可能な「高機能・鋳物ホーロー鍋バーミキュラ」を開発した。この会社は1936年創業の老舗鋳造メーカーであったが、「内食ブーム」の波にのり、鋳物ホーロー鍋の開発に成功した。この鍋は、熱伝導率が高い「鉄」と赤外線効果があり保温性が高い「炭素」の合金で、調理に最適な素材「鋳物」に、ガラスを吹きつける塗装「ホーロー加工」を施したものである。このキッチン用鍋は、主婦に人気で、生産が間に合わないという。海外への売り込みも視野に入れている。

常識を覆して下請け脱却したのが、同県の錦見鋳造（株）である。現在の2代目社長は、朝から晩まで真っ黒になって働く両親の姿に、「鋳物はやらない」と思っていた。受験に失敗して働き始めたところ、大企業から30％のコストダウンを通告された。そのとき「代わりはいくらでもいるよ」といわれ下請け脱却を決心する。その結果、たどりついたのが、厚さ1.5mmの「魔法のフライパン」だった。生産増強した結果、現在は1日100個生産できるようになった。「知恵と努力で生き残る『希望』になりたい」と錦見社長はいう[25]。

## 5.4 地球環境にやさしい鋳物づくり

広島の眞工金属（株）は、鋳鉄で漁礁をつくっている。近年、日本近海は「磯焼け」がひどく、魚、牡蠣やコンブなどの成育が遅いという。そこで、鋳鉄の漁礁を海底に沈設するという動きもみられる。鋳鉄から鉄イオンを発生させ、海中の汚濁を浄化し生態系のバランスを整える試みである。鋳鉄の構成元素は、コンクリートブロックや廃タイヤと違って、すべて海水中にも存在するため、いずれは全て溶出される[26]。テスト結果が良くて認知されれば、公共関連からの受注につながる。

植物プランクトンや海藻をどう増すかが問題で、植物プランクトンや海藻は、先に体内に鉄分を取り入れておかないと窒素や燐を体内に取り込めない構造になっている。

自然状態での取り込み方は、森林の広葉樹が落葉堆積して土中のバクテリアが分解すると、その過程でフミン酸やフルボ酸という物質ができる。そのフミン酸が土の中にある鉄粒子を溶かして鉄イオンにし、フルボ酸と結合するとフルボ酸鉄という安定した物質になる。それが沿岸の植物プランクトンや海藻の生育に重要な働きをしている[27]。

# 6 おわりに

素形材産業はいまなお、自動車産業に大きく依存している。大量生産の代表格である自動車産業も、デジタル技術等の進化や基幹技術のアウトソーシング等で車づくりに変化が起き、また、海外生産の急速展開で大きく揺らぎ始めている。その実態については次章に譲る。

これまでの大量生産・大量消費システムは、生産・消費ともに生産者優位であった。そこでは財やサービスは、多様性を持った人間の要求には十分には応え切れなかった。職人技の復活は、きめ細かい中小企業の活躍の場を保障し、消費者の要求に応じた、多品種少量生産が可能性になり、豊かな社会づくりのステップともなりうることを示唆している。

また、「3Dプリンター」の出現は、多様化したものづくりに寄与できる可能性を秘めており、今後の発展が期待されている。

今回スポットをあてた非量産型業者の一部は、伝統技術を活かし地域との交流を深め、地域ブランドづくりに取り組むなど、目指す方向は世界に通用する技術である。

　地域の持つ固有技術や現場力を「新たな価値創生」の局面に活用し、生産者と消費者が一体となって「地域ブランド」を構築していることは意義深い。これまでの画一化した製品づくり時代には想像もできなかったことである。まさに、「ものづくりに何が必要で何が大事か」といった消費者ニーズの汲み取りであり、消費者と生産者がつくりあげた新たな市場の確認に他ならない。

　このような柔軟な対応ができるのは、小回りの効く小規模企業の利点であろう。職人技を生かした非量産型から生み出された生産額は、素形材産業全体からみればわずかであろうが、自らの固有技術で、時代を動かす、といった変革の萌芽をみるようである。

注
(1) 池上惇［1993］『生活の芸術化』丸善ライブラリー、3・4章。固有価値を認めることが社会進歩につながる。
(2) 「キサゲ」の重要さは熟練伝統技能として最近良く引き合いに出される。赤池学［1999］『ものづくり方舟』講談社、14–15頁。
(3) 橋本久義［1998］『町工場の底力』PHP研究所、34頁。
(4) 川口鋳物には職員を工場主に育てる仕組みとして買湯制度があった。尾高邦雄編［1956］『鋳物の町―産業社会学的研究―』有斐閣。川口鋳物の歴史は古い。発祥については諸説あるが、近年では1942年に単独市で鋳物生産量日本一を達成した。1964年の東京オリンピックに使われた聖火台は川口鋳物の代表作といわれ、吉永小百合主演の映画「キューポラのある街」で有名になった。
(5) 日本経済新聞社編［2012］『200年企業』日経ビジネス人文庫。
(6) 御鋳物師会とは2年に一度、御鋳物師の末裔と鉄・鋳物関係者が鉄・鋳物産地を訪問し交流を深めている。
(7) 「朝日新聞」2014.3.24、2014.5.9、2014.6.15。
(8) 水野操［2013］『3Dプリンターで世界はどう変わるのか』宝島社新書。
(9) 田中浩也［2014］『SFを実現する』講談社現代新書。
(10) (社)日本鋳造協会「鋳造ジャーナル」2014年2月号、13–15頁。
(11) 素形材技術解説書制作委員会編［2005］『ものづくりの原点素形材技術』(財)素形材センター、184頁。
(12) 「朝日新聞」2014.5.29。
(13) 十名直喜は、自動車産業の巨大な発展は総合的なものづくり集積のバランスを崩したが、この地域のものづくりの厚みを生かし、地域づくりと文化的に結びつけることが大切で、都市と農村の多様な交流による21世紀型モデルにて、この地域の再生を提案しており、興味深い。「名古屋ものづくり宣言！」『週刊東洋経済』2013.5.15、NO.6460, 48–51頁。

⒁　大聖泰弘、「日本鋳造工学会 第154回講演会大会」2009.5.30。
⒂　田中浩也［2014］『ＳＦを実現する』講談社現代新書。
⒃　「鋳造工学」第86巻（2014）第2号、154頁。
⒄　「朝日新聞」2008.1.22。
⒅　森靖雄「東北鋳物産地の特色と現状（上）（下）」『商工経済研究』1978・8、1979・4、6、7号。
⒆　「朝日新聞」2014.2.13。
⒇　奥山清行［2007］『伝統の逆襲』祥伝社、同［2007］『フェラーリと鉄瓶』PHP研究所。
㉑　AGORA September 2011、31－33頁。
㉒　『世界のオンリーワン技術はこれだ！日本の町工場』［2012］双葉社、6－10頁。
㉓　「朝日新聞」2010.12.10。
㉔　（社）日本鋳造協会「鋳造ジャーナル」2014.2月号。
㉕　「朝日新聞」2003.8.30。
㉖　訪問してヒアリングを行った。眞工金属「鋳鉄漁礁への海藻付着試験」1999年4月。
㉗　畠山重篤［2008］『鉄が地球温暖化を防ぐ』文藝春秋。

# 第2章
# 自動車産業の技術とアウトソーシング

太田信義

1　はじめに
2　自動車の現状
3　自動車産業の構造とその特徴
4　自動車における技術とその特徴
5　設計の３次元化と製品開発へのインパクト
6　技術アウトソーシングと日本型システムの課題
7　おわりに

## 1　はじめに

　前章においては、大量生産システムとの比較視点から、非量産的システムの課題と可能性に光をあてた。現在の大量生産・大量消費システムは生産者優位になっていて、多くの問題点と課題を持つ。一方、職人技の復活から生み出される非量産型生産方式は、消費者ニーズの多様性の観点から新たな市場創造の可能性を秘めている。
　本章においては、大量生産の申し子ともいえる自動車にみる技術の変革、とりわけシステム化・デジタル化に焦点をあて、基本機能の進化と技術変革、さらには革新が進む基幹技術のアウトソーシング化など、その現状と課題を論じていく。
　自動車産業は、輸出立国日本を支え、高い国際競争力を保持する基幹産業である。技術的視点からは、IT（情報技術）によるシステム化・デジタル化が進み、新機能の実現、高機能化・高精度化などが急速に展開されている。いまや、高級車にはマイコンが100個以上搭載され、自動車は走るコンピューターといっても過言ではない。その反面、システムの規模は巨大化して人間の能力を超え

始めており、さらにシステムの大規模化・ブラックボックス化が問題点として浮かび上がってきている。

　また、自動車を設計・開発する技術現場においても、ITによるシステム化・ソフトウェア化が進行し、とりわけ3次元CAD[1]の浸透は、設計の労働とプロセスを大きく揺るがしている。特に、3次元CAD関連業務の専門職化やアウトソーシングの活用など、設計に関わる組織の多層化や業務の細分化などを招いている。この変化は、暗黙知から形式知への転換が遅れ、人的資源に依拠する比重の大きな日本的ものづくりのあり方にも変革を迫っている。

　このような状況をふまえて、企業競争力の根幹に位置する基幹技術のアウトソーシングという視点から、自動車産業に焦点を絞り、その現状と課題にアプローチする。

## 2　自動車の現状

　自動車はいまや、その保有台数が全世界で10億万台を突破し、多方面で重要な役割を担い活躍している。その自動車を設計・製造・販売している自動車産業の位置づけについて、世界そして日本において各視点からみていく。

### 2.1　世界での位置―保有・生産台数など―

　まず、自動車の普及率では、全四輪車の1台当たり人口で最も普及しているのはアメリカで1.3人/台である。欧米諸国・日本は、ほぼ同程度の水準にある。一方、世界平均での普及率は6.5人/台であり、先進諸国との差が顕著である。この差は、先進諸国と開発途上国との経済力の違いが主因と考えられる。自動車の有用性と利便性を考慮すると、この普及率の視点からみて、自動車の需要拡大は開発途上国地域を中心として今後も継続していくことが予測される。

　そして次に、この需要に対応していく生産の視点から、世界の自動車産業をみていく。生産台数は世界全体で、2012年において乗用車が6,307万台、トラックが2,107万台であり、年々増加している。そして生産拠点も、日系メーカーの場合では、北はロシア、カナダから、南はアルゼンチン、南アフリカまで42か国と世界の全地域に広がっている〔普及率、生産台数など：JAMA（日本自動車

工業会[2]）統計資料、2014.4〕。

　以上述べてきたように、全世界における保有台数、普及率、生産台数などから、自動車が物資の輸送手段として、生活の足として全世界に普及していること、また先進国では成人1人当たりほぼ1台保有する世界が到来していること、が浮かび上がってくる。

## 2.2　日本での位置―就業人口・輸出競争力など―

　自動車は、日本を代表する基幹産業であり、この視点から日本での位置づけを、いくつかの切り口でみていく。まず、財務省が発表した2013年の貿易収支は過去最大となる11兆4,745億円の赤字であり、3年続けて輸出額が輸入額を下回った。原発稼働停止に伴う燃料の輸入増加が主要因であるが、輸出競争力の視点からは、電気機器の競争力の衰えが顕著である。一方、自動車は約9兆3,000億円と前年度に対して約1兆円も黒字額を積み増している（日本経済新聞、2014.1.28朝刊）。輸出立国日本は「自動車頼み」の側面が一段と強まっているといえる。

　さらに、自動車産業では2.1で述べたように製造現場の海外移転が進んでいるが、日本国内での自動車関連産業就業人口は547万人であり、全就業人口の8.7％を占めている〔JAMA（日本自動車工業会）統計資料「自動車関連産業と就業人口」（2015.1）より〕。なお、この内訳は、製造部門が78.5万人、材料など資材部門が37.6万人、道路貨物運送業など利用部門が281万人、その他販売・整備部門、関連部門、から構成されている。

　次に、他産業への波及効果が大きい設備投資、研究開発の面からの位置づけをみていく。

　まず、2012年度の設備投資額では、7,549億円で全製造業の設備投資額39,199億円の19.3％（経済産業省「平成24年企業金融調査」）であり、先に述べた就業人口比率を大きく上回っている。また、2011年度の研究開発費では、自動車・同付属品産業の投資額は21,796億円であり、全製造業107,833億円の20.2％と大きな割合を占めている。

　以上述べてきたように、自動車関連産業の日本での位置づけは重要であり、その動向は経済のバロメーターとして非常に注目される。

## 3 自動車産業の構造とその特徴

### 3.1 ヒエラルキーな産業構造

自動車は、総部品点数[3]が２～３万点を超えるなど、数多くの部品で構成されるシステム製品である。部品・材料・加工・組み付け・研究などを含めた自動車産業の規模は、非常に大きく、裾野も広大である。また、その構造は、観察の視点により異なってくるが、図表2-1にみるように、自動車メーカーを頂点としたピラミッドをなしている。

自動車メーカーに直接部品を納入する１次部品メーカー、１次部品メーカーにその部品を納入する２次・３次部品メーカー、さらに自動車メーカー、１次・２次・３次部品メーカーに材料などを直接納入する材料メーカーなどの関係が示されている。まさに、典型的なヒエラルキーな産業構造となっている。

### 3.2 車両全体と各部品の関係

次に視点を変えて、自動車全体における自動車メーカーと各部品メーカーと

図表2-1　自動車産業の構造概略図

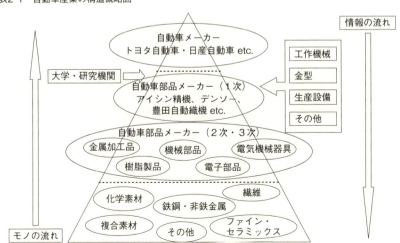

出所：矢野経済研究所「自動車産業を取り巻く東海地区の産業構造」を基に筆者作成

の関係を、一般的な自動車メーカーの製造工程の概略図として示したのが、図表2-2である。

この図で、右端「自動車部品」として示されている、「ラジエター」、「メーター」などの部品が、図表1-1の1次部品メーカーで設計・開発・製造され、自動車メーカーに納入される。そして図表2-2で示した、各自動車メーカーの各工程で組み付けられ、自動車として市場に出荷されているのである。

つまり、図表2-2の最初の工程の「プレス」から、「車体」、「塗装」、「組み立て」へと続く工程、さらにエンジン関連部品の製作、エンジン組み立てなどの工程が、自動車メーカーで行われる加工・組みつけ工程の一部分である。

以上が、自動車産業における自動車メーカーと部品メーカーとの位置関係、役割分担の概略である。このような産業構造を持つ日本の自動車産業が、世界

図表2-2　自動車製造工程の概略図

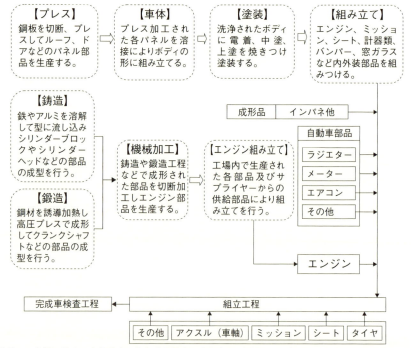

出所：一般社団法人日本自動車工業会「産機審　自動車WG資料『日本自動車工業会・日本自動車車体工業会の「低炭素社会実行計画」2012年1月17日の3.「自動車の生産工程」を基に筆者作成

市場で熾烈な競争を繰り広げて、現在の確固たるポジションを確保しているのである。

## 4　自動車における技術とその特徴

### 4.1　安全・環境・快適技術の進化

　先にも述べたように、自動車は、総部品点数が数万点を超えるなど数多くの部品で構成されるシステム製品である。具体的には、車体などの鋼板プレス部品から、エンジン・ミッションなどの超精密機械部品を主体とし、エンジン・ブレーキコントロールをはじめ多くの電子・ソフト制御システム部品に至る、広範囲な技術から構成されている。

　さらに、技術革新の視点からは、金属加工から、マイコンによる電子化、さらにはソフト制御、燃料電池やLi電池などの近未来技術の開発が、企業競争の要である。そして、自動車は「走る」「曲がる」「止まる」の基本機能向上を基盤とし、さらにより高い安全性を実現し、環境負荷が少なく、快適で便利な乗り物として、日々進歩を続けてきた（JAMA「日本の自動車技術」）。

　自動車技術の進化の歴史は、まさに自動車に本来求められる基本機能の進化・実現であり、さらに運転をサポートしていくための快適・便利機能の追加・進化に他ならない。

　この技術進化が、運転者すなわち消費者のニーズに適合し、継続的な産業・企業の発展につながっていると考えられる。近年日本の自動車技術は、HV車開発や自動走行車開発に代表されるように、環境負荷低減・安全走行技術領域などで世界をリードしている。

　具体的な例としては、「安全」の領域では「予防安全」として「自動ブレーキ車」が消費者の関心を集めている。技術的には、障害物を検知するセンサー（人間では眼）により、機能に大きな違いがある。そのセンサーは、遠くの障害物の認識に優れる「ミリ波レーダー方式」、物体を立体的に認識する「カメラ方式」、価格が比較的低い「赤外線レーザー方式」の３つに大別できる（日本経済新聞、2014.4.16朝刊）。

　いずれのシステムも、説明してきたカメラやミリ波レーダーなどの眼と、眼

からの信号を認識する頭脳にあたるマイコンを主体とした電子回路、電子回路による制御、手足に相当する機械部品を主体にしたブレーキ、の各システムから構成されるなど、大規模で高機能・高精度の総合制御システムである。そしてシステム化・デジタル化、すなわちソフトウェアを主体にした情報技術およびマイクロプロセッサなどの半導体技術に注目が集まる。

しかし、総合的なシステム化による高精度化・高機能化を実現するには、人間にたとえれば手・足に相当する機械系システムの高精度化も絶対的な必要条件である。ここに、日本の強みである精度の高い工作機械技術を生かすことが、創造性に富んだ日本独自のシステム開発につながり、継続的な日本自動車産業の競争力向上に結びついていくと考えられる。

一方、これらは大規模システム製品ではあるが、システムを構成している各部品のメーカーは、それぞれの専門メーカーであることから、仕様構築，機能検証などの設計プロセスにおいて、技術のブラックボックス化が新たな問題点・課題として浮上している。

これらの具体例が示すように、市場販売戦略の視点からは、先進国では最新技術搭載車輌の開発が市場競争のポイントである。一方、東南アジア・アフリカ・南米市場などの開発途上国向けには、廉価でかつ現地環境に適合した車の開発・製造・販売がシェア争いのキー・ポイントとなっている。つまり、世界市場販売戦略においては、製品開発の多面性が要求されている。

このことより、自動車産業では、世界市場での競争に生き残るためには、技術の視点からも、販売戦略からも、多くの技術分野での創造性・先進性・革新性などの課題解決が必要である。したがって、アウトソーシングを含めて技術的な内外資源の活用が大きな課題であり、多面的な資源活用策が実行されている。

## 4.2　技術アウトソーシングの活用とその状況

この社内外を含めた多面的な資源活用策の１つとして、自動車産業界では自動車メーカー・主要自動車部品メーカーにおいて、グループ内子会社に業務を委託する技術アウトソーシングが活用されている。

軽自動車メーカーを含む乗用車を製造する自動車メーカーでは、８社の全て

がグループ内に技術アウトソーシング企業を設立している。また、トラック・バスなどの大型自動車メーカーでは、日野自動車以外の2社が子会社を保有している。つまり、自動車メーカー全体では、1社を除く各メーカーがグループ内に技術アウトソーシング企業を設立している。

また、世界市場で競争を展開し、売上高ランク10位以内に位置する、日本の代表的な部品メーカーのなかで、(株)デンソー、アイシン精機(株)、カルソニックカンセイ(株)を含む7社が、グループ内に技術アウトソーシング企業を設立している。

そして、その活用状況については、各社ホームページおよび関係者へのインタビュー調査を実施した結果、次の4つの特徴が明らかとなった。

(1) 産業構造の頂点に位置する自動車メーカーおよび主要自動車部品メーカー各社では、多くの企業がその企業グループ内に技術アウトソーシング企業を設立している。

(2) グループ内技術アウトソーシング企業各社の業務内容は、3次元CADとその関連業務である、CAE[4]解析、3次元CAD教育、さらに組み込みソフト[5]関連業務が主体である。

(3) そのなかの数社では、一連の設計プロセスをまとめた業務領域を、車輌単位や製品単位でまとめ、かつその企業単独で「まとめ委託」として、委託を受けている。

(4) メーカーのグループ内企業ではない単独資本の技術アウトソーシング企業も重要な役割を果たしている。その業務は主に、グループ内技術アウトソーシング企業より委託される部分的に小さく切り出された「部分委託」と呼ばれる業務である。

これらのことより、CAEを含めた3次元CAD関連業務を主体にして、技術アウトソーシングが活用されている実態が浮かび上がってくる。

## 5 設計の3次元化と製品開発へのインパクト

### 5.1 3次元CADと開発効率の促進

設計活動の各プロセスにおいては近年、デジタル情報技術を駆使した3次元

化が進み、各メーカーの設計技術者が取り扱う設計ツールは、3次元CADとなっている。3次元CADの活用とそれが促す設計の3次元化は、設計のあり方や製品開発の工程に大きな変化をもたらしている。

1990年代に登場してきた3次元CADは、設計プロセスのデジタル化に加えて、大きな製品開発能力を持つものであった。

3次元CADは、「ソリッド・モデル」という機能を備え、物理的製品の形状から・大きさ・質量に到るあらゆる属性をデジタルデータとして定義して、3次元立体として映像化することができる能力を持っている[6]。

このCADは、50年以上の歴史を持つ技術であり、アメリカを中心に西欧諸国で技術開発が行われてきた。1980年代に本格的に登場した2次元CADを経て、現在の3次元CADが開発・改良され全世界で活用されている。

この3次元CADは、それ自体が数学的なモデルとしての情報を持っており、このような特性ゆえに、狭い意味での設計業務の効率向上だけでなく、商品開発プロセス全体の改革を促進する能力を秘めているのである[7]。

CAD活用の原点は、製品開発の下流にある生産準備への活用、すなわち高精度なNCデータ（加工のための数値情報データ）にあったといえる[8]。

一方、CADデータの製品開発上流工程への活用は遅れてスタートしたが、いまや活用技術が飛躍的に進歩し、各産業別に広範囲に活用が進んでいる。

自動車産業における製品開発上流工程への活用例では、大きく2つの点が特徴的である。

1つは、製品の設計支援システムや、設計した製品のモデルを使って、強度や耐熱性などの特性を計算する解析システムのCAEである。CAEの分野は近年劇的に進化しており、強度・剛性、振動、衝突、熱、空力さらには近年の電子化にともなうEMI（Electro Magnetic Interference：電磁妨害波）、EMC（Electro Magnetic Compatibility：電磁環境両立性）などの国際規格の合否解析にも応用されている。

2つは、DMU（Digital Mock Up：デジタルモックアップ）であり、ソリッドモデリングにより、どんな複雑な形状でも、対象を任意の視点から正しく観察できるシステムである。また、光源の変化によるボディ表面の変化や景色の映りこみ等についても見映えの違いをバーチャルで検討できるようになっている。

さらに、3次元データがあればDMUだけではなく、RP（Rapid Prototyping：ラピッド・プロトタイピング）すなわち、3次元データを使い、直接に部品や型冶具などを短時間で製作することにも活用できる。3Dプリンターも、この範疇に入り、非常に将来性が期待される技術である。このような方法により製作された簡易試作品を使って、部品間干渉のチェックや、簡易的な動作・機能確認が可能になる。

つまり、3次元CADシステムに期待される効果は、開発の初期段階で多くの問題解決が可能となり、業務のフロント・ローディングすなわち前倒しが可能となることである。その結果として、製品開発の上流工程では負荷が増大するが、それ以上に下流工程の工数が削減される。そして、全体として開発総工数を下げることが可能となり、開発効率化が達成できる点にある。

以上述べてきた3次元CADが、開発効率化を革新的に促進するポイントをまとめると次の2点と考えられる。

（1）3次元の設計データにより、設計者自身が多分野の工学的視点からの比較的高度な工学的解析を、実機の製作・評価なしで、実施・確認できる。

（2）3次元CADにより、各部門での製品設計データの共有化が可能となり、製品開発の初期段階において、製品設計者と工程設計・型設計などの生産技術者との間のコミュニケーションが促進できる。

このように3次元CADは、これまでには考えられなかったレベルでのフロント・ローディングを実現させて、開発効率の向上に大きく寄与していくと考えられる。

## 5.2　3次元CADシステムと設計プロセスの変化

3次元CADの、製品開発における問題発見・問題解決の具体的効果について、日本の大手電機メーカー10社の6製品（合計19製品）を調査した興味ある調査内容が報告されている[9]。それは、製品の安全、騒音、性能などの製品の機能領域毎に、問題の発見数をCAD/CAE、実機・モックアップ、プロトタイプの3つの開発手法別に分類し、比較調査したものである。

その報告によれば、部品干渉のチェックには、CAD/CAEが圧倒的に利用され効果を上げている。さらに、CAD導入によっての設計変更件数と開発期間に

関しては、著しい効果が報告されている。導入前を100とした指数比較であるが、開発工数：103.2（標準偏差：22.86）、設計変更件数：73.3（標準偏差：12.83）、開発期間：59.2（標準偏差：11.66）、全体コスト：91.7（標準偏差：9.83）である（朴他［2008］）。設計変更件数で30％削減、開発期間で40％の削減が実現できている。しかし、逆に開発工数が3％増加し、全体でのコスト削減は10％にとどまっている。

さらに、前記の大手電機メーカーの設計現場調査によると、CADインプットについてはCADオペレーターを一部使っているケースが多く、全体としては設計者1人に対して0.5人のCADオペレーターが配置されていることが明らかにされている（朴他［2008］）。

またCAE解析においては、その65％がCAE専門家の技術者の手で実施されていることも報告されている。さらに、CAE解析のためには、3次元CADデータから解析用のモデルへの変換が必要であり、CAE解析の概略技術知識を持ち、ツール操作に習熟したモデラーと呼ばれる職種がその任にあたり活躍している。そして、CAE解析の業務量および解析可能な技術分野の拡大により、更なる増員の必要性が高まっている（朴他［2008］）。

つまり、3次元CAD導入により、CAE専門技術者、CAEモデラー、CADオペレーターなどの、専門職化と人員の増大現象が生じていると述べられている。

また、3次元CADを含めた各種のデジタル・エンジニアリング手法の活用状況に関する調査・分析によれば、「自動車、消費者向け電子機器は、3次元CADシステムに既に移行している。自動車産業はハイエンドのCADシステムへの依存度が高く、またCADシステムとCAEシステムとの連携についても先進的である」と報告されている[10]（藤田［2006］）。

一方、急速に競争力を増している東南アジア諸国，特に中国・韓国における3次元CADの普及状況の調査によれば、日本は3次元CAD導入では先行したが現時点では近隣諸国とほぼ同一の状態にあると報告されている[11]（竹田［2009］）。これをふまえて、今後3次元CADをどう活用していくか、すなわち設計現場において3次元CADの関連業務を主体に扱っている技術アウトソーシング技術者活用の仕組みづくりが、非常に重要な課題と考えられる。

## 6 技術アウトソーシングと日本型システムの課題

### 6.1 設計の流れと技術アウトソーシングの役割変化

　自動車産業界に広くいきわたった３次元CADでの設計の流れとアウトソーシングの業務分担の視点からは、次の点が明らかである。

　（1）３次元CADを、製品設計の現場の実務において取り扱っているのは、自動車メーカーおよび主要自動車部品メーカーの製品設計者とともに、グループ内アウトソーシング企業の技術者である。

　（2）メーカーの製品設計者は、グループ内アウトソーシング企業に設計プロセスの一部、およびCAE解析、RPなど３次元CADで新たに実現可能となった業務を委託している。

　（3）３次元CAD操作に関しては、グループ内アウトソーシング企業が全グループ内の主担当企業として、効率化などに責任を持って取り組んでいる。

　（4）業務の委託元であるメーカーの製品設計者も、グループ内アウトソーシング企業の技術者と同一の３次元CAD教育を受講し、３次元CADを駆使しながら製品設計業務を遂行している。

　以上から浮かび上がってくる現在の３次元CADでの設計の流れとアウトソーシングの業務分担の概要を、1990年頃の２次元CADでの設計の流れと対比して、図表2-3「CADによる設計業務の流れとアウトソーシングの業務分担の変化の概要」に示した。

　図表2-3より明らかなのは、２次元CADでの設計の流れ（上部A）と比較すると、３次元CADでの設計（下部B）においてはCAEなどの工程が増加したこと、また技術アウトソーシング企業の技術者がそれらの工程を主に業務分担していることである。

### 6.2　３次元CAD活用の日本型システムと課題

　一方、日本の自動車産業界が使用している３次元CADは、そのほとんどが欧米発の市販のパッケージ型CADである。その状況については、「欧米発３次元CADのネットワーク財化と業界標準化」とみなし、懸念を表明する意見が述べ

図表2-3 CADによる設計業務の流れとアウトソーシングの業務分担の変化の概要

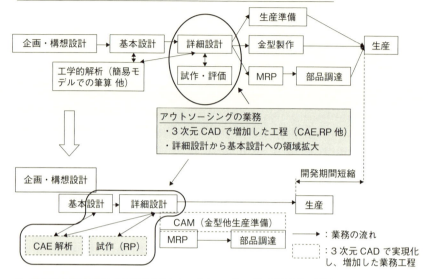

注：筆者作成

られている。

　すなわち、「分業型開発を背景に生まれた欧米発CADは、例えば設計技術者が構想し、オペレーターが形状をつくるという図面工以来の分業の原則にしたがって、後者しか使いこなせない複雑な操作のCADを開発する傾向がある。しかしそれは、設計者とオペレーターがチームとなって皆で設計図をつくりあげる、という日本企業の統合型製品開発には合わないと言われる」[12][13]と述べられている。

　しかし、この欧米発3次元CAD導入に対する懸念点の視点から、改めて現時点での日本の自動車産業における3次元CAD活用の現状を捉えると、次の点が明らかである。

　（1）メーカーの製品設計者は構想設計・基本設計の設計プロセスにおける上流工程を主体にして、自ら3次元CADを活用して基本点を検討のうえ、技術ア

ウトソーシング企業に下流工程を業務委託している。

（2）3次元CADでの設計検討は、委託元の設計技術者自らと設計経験のある技術アウトソーシング企業の技術者が役割分担し、協調して実施している（朴他［2008］）。したがって、同レベルの設計知識を持った両者による、視点を変えての、新しい日本流の繰り返し推敲作業が、実行されている

（3）メーカー製品設計者は業務のアウトソーシングにより軽減した業務時間を他部署との調整などに充当している。

以上のことより、従来から育まれてきた日本の特徴を、そのまま生かした3次元CAD活用の新しいシステムが、自動車産業では形づくられ運用されているといえる。そして、この仕組みは、自動車産業の技術競争力を支える原動力の1つとなっており、日本型システムと呼べるのではないだろうか。

一方、3次元CADの導入により、製品設計・開発の工程においては、強度解析、熱解析などのCAE解析やRPなどの工程が増加している。業務の前倒し、つまりフロント・ローディングである。これに対しては、製品設計者だけでは質・量の両面で対応が困難となるなか、人的な増員、専任部門の新設、教育などの施策が取られてきている。

この状況変化は、組織論の視点からみると、3次元CADの導入が設計に関わる組織の多層化を招いたということであり、この変化にどう対応していくかが今後の課題である。特に、日本企業における製品開発の特徴の1つである、CAD作業における製品との格闘・対話から生じる設計者の「ひらめき」「気づき」などの勘所の押さえ方などの伝承・教育がポイントと考える。つまり、暗黙知の形式知化促進を主体にした、暗黙知の修得・継承の仕組みづくりと実行、が今後の重要課題となっているのである。

日本においては自動車産業を含めて伝統的に長期雇用制度の仕組みがあり、人的資源に依拠する比重が高く、「暗黙知の形式知化」の転換が遅れ、また軽視する風潮がある。しかし、3次元CADの浸透は、設計に必要な知識、設計のプロセスそして組織体系を大きく揺るがしているのである。

## 7　おわりに

　自動車という製品そのもの、および製品を設計・開発する労働と開発プロセスに焦点をあて、技術のシステム化・デジタル化が及ぼす効果と影響について、考察を加えてきた。

　技術のシステム化・デジタル化により、新機能の実現さらには高機能化・高精度化などが進展している。その進展には、システム構成要素の1つである機械系構成部品の高機能化・高精度化が必要条件である。一方、製品システムの巨大化・ブラックボックス化が進み、さらに設計の労働・プロセスにおいては、CAE解析などの新たな専門技術領域の発生や業務・組織の細分化・多層化が伸展していることが浮かび上がってきた。

　これらは、暗黙知から形式知への転換が遅れ、人的資源に依拠する比重の大きな日本的モノづくりに対して、大きなインパクトとなっている。「暗黙知から形式知への転換」促進を主体にした組織的・体系的活動の展開が、早急に求められている所以でもある。

　なお、暗黙知の形式知化はコア技術流出のリスクを拡大させるのでは、との危惧も、日本の各企業においては根強い。しかし、この考え方は、製造そして設計・開発の海外現地化などグローバル化の推進とは矛盾し、逆行する面も少なくない。むしろ、そうしたリスクを見据えた戦略的なシステム化・デジタル化が求められているといえよう。

　すなわち、暗黙知の形式知化により、製品に関わる設計・製造などの関連技術を「見える化」する。さらに「見える化」された関連技術を十分に検討・議論することにより「守るべき技術」を明確にして整理する[14]。くわえて、明確にした「守るべき技術」の機密保護体制を構築し遵守していく、との考え方への転換が必要ではないだろうか。

　そして、「設計者自らの繰り返しの推敲作業」や「他部署との協調環境でのチームワーク作業」などの、製品設計・開発における日本的特徴のさらなる発展・展開を図っていくことが国際競争力向上に資すると考える。

注

(1) 3次元CAD（Computer Aided Design：コンピューター支援設計）：製品の形状から・大きさ・質量に到るあらゆる物理的属性をデジタルデータとして定義して、3次元立体として映像化することができる能力を持ったシステム。
(2) 日本自動車工業会（JAMA）：1967年自動車工業会と日本小型自動車工業会との合併により、自動車メーカーの団体として設立、自動車の生産市場調査、研究を主な事業としている。http://www.jama.or.jp/
(3) 総部品点数のカウント方法に明確な定義はなく、また車種により異なる。一般的には自動車メーカーでの調達部品点数といわれている。
(4) CAE（Computer Aided Engineering：コンピューター支援解析）：3次元CADデータを用いて強度や耐熱性などの特性を計算する解析システム。
(5) 組み込みソフト：特定の機能実現のために自動車や家電製品などに組み込まれるコンピュータシステムを動作させるためのソフトウェア。
(6) 朴英元、藤本隆宏［2007］「製品アーキテクチャとCAD利用の組織能力」東京大学MMRC J-161。
(7) 延岡健太郎［2006.9］『MOT［技術経営］入門』日本経済新聞出版社。
(8) 上野泰生 他［2007.11］「人工物の複雑化とメーカー設計・エレキ設計—自動車産業と電機産業のCAD利用を中心に」東京大学MMRC J-179。
(9) 朴英元 他［2008.6］「エレクトロニクス製品の製品アーキテクチャとCAD利用」東京大学MMRC J-223。
(10) 藤田喜久雄 他［2006.5］「製品開発における手法やツールの活用状況の調査と分析」日本機械学会論文集 C編。
(11) 竹田陽子 他［2009.8］「設計三次元化が製品開発プロセスと成果に及ぼす影響に関する日本・中国・韓国の比較調査」横浜国立大学技術マネジメント研究学会　技術マネジメント研究（8）。
(12) 藤本隆宏［2006.3］「自動車の設計開発と製品能力」東京大学MMRC MMRC-J-74。
(13) 新木廣海［2005.12］『日本コトづくり経営』日経BP出版センター。
(14) 渡邉政嘉［2011］「ものづくり企業が海外で勝ち抜くために大切な技術を流出から守る」研究開発リーダー　Vol.7, No.10, 2011。

## 第3章
# 工作機械産業の技術と経営

藤田泰正

1　はじめに
2　工作機械産業の形成と発展
3　日本の工作機械産業にみる経営と技術
4　市場と技術の構造変化とイノベーション
5　おわりに

## 1　はじめに

　1980年代初めから四半世紀にわたり世界の頂点を堅持したのが、日本の工作機械産業である。本章は、技術と企業経営を軸にして、工作機械産業の特徴と課題を明らかにする。

　日本の機械工業は第2次世界大戦後、あらゆる機械製品において国内外市場を大幅に拡大させ、世界市場において多くの製品で上位占有率を獲得した。これらの機械製品に使われる部品の加工を行うのが、工作機械である。

　生産される機械および部品の精度は、それらをつくりだした工作機械の精度によって決定され、加工された部品はそれを加工した工作機械の精度を超えることはできない。この特性は、工作機械の「母性原理（copying principal）」とよばれ、工作機械が「母なる機械（mother machine）」と称される理由でもある。つまり、工作機械とは、「機械を作る機械」であり、工作機械を生み出す機械にほかならない[1]。一国の技術水準を規定する重要な存在なのである。優秀な工作機械がなければ、工作機械産業そのものの維持と発展も不可能である。

　工作機械産業は、日本の全製造業の生産額に占める割合は0.25％くらいであるが、日本のものづくり産業を牽引してきた機械組立産業に、「機械の母」を供給する社会的な重要性は極めて高いといえる。

現在は、新興国の技術進歩が著しいのみならず、これらの国々の市場が大きく拡大するなど、工作機械メーカーの経営環境も大きく変化している。最近は、精密・微細加工性能を優位性として、航空機部品やIT機器部品などの市場に進出する企業が多くみられる。また、M&Aや海外生産の進展によるグローバル化の潮流もさらに拍車がかかっている。
　このような、進行しつつあるダイナミックな変化および日本の工作機械産業が構築してきた強さの実態を明らかにすることにより、その課題と将来性を検討する。

## 2　工作機械産業の形成と発展

### 2.1　ヨーロッパにおける発展

　旋盤駆動の最も古い方法は、ひもを利用して旋盤の軸または加工物自体を駆動させるものであった。14世紀末になると、一部を動力源として馬や水車が用いられるようになった。このように連続回転が旋盤に用いられると、工具を手で保持することから、工具台に固定することへの移行が可能になった。
　レオナルド・ダ・ヴィンチ（1452～1319）は1500年頃すでに、現在の工作機械の原型を描いている。しかし、これらの非凡な機械は実際には製作されなかった。その理由は、彼の機械が時代の技術水準をはるかに越えていたことに加えて、当時の世界がこれらを必要とするほど進んでいなかったからである。このように新たなイノベーションが社会自身のものとなるには、社会、政治、経済の長くゆっくりした変革があって初めて可能であることを示している[2]。
　17世紀から18世紀にかけての未発達な経済と不十分な資本の蓄積のなかで、一般の商業的制約を受けない産業は、兵器産業であった。例えば、横型の中ぐり盤は、中実の砲身の加工を目的として1758年に完成している。イギリスのジェームズ・ワット（1736～1819）は、1770年代初めには、画期的な蒸気機関を試作していた。しかし、実用機の製作は、満足できる精度でシリンダーを加工できる新たな中ぐり盤が登場する1775年まで、待たざるを得なかった。
　当時の重工業は、未発達の運輸システムと原動力である水力を確保するために、川または運河に沿って操業されるのが一般的であった。しかし、ワットの

回転機関の成功と新たな運河輸送システムによって、工場建設の立地条件は飛躍的に自由となった。何人かの大工場主は、工作機械を自分の工場のために設計・製作しただけではなく、国内外の需要に応じて工作機械の製造を行った。工作機械産業は、ここに誕生したのである。

ヘンリー・モーズリー（1771～1831）は、現在の旋盤の原型となる「ねじ切り旋盤」を1800年に製作した。これこそが、工作機械一般の母性原理を最初に確立したものである。また、ジェームス・ナスミス（1808～1890）は、六角ナットを大量生産するために、フライス盤の原型を開発した。このように、新たに登場する軍需品や産業用機械などの部品加工のために、平削り盤、ボール盤、歯切り盤、ねじ切り盤、および立削り盤などが登場し、改良を加えられた。

さらに、ジョセフ・ホイットワース（1803～1887）は、1841年に世界で最初にねじの規格化を提案した。また、彼が均一な工作機械の大規模生産を開始したことによって、初めて高品質の工作機械が迅速かつ合理的な価格で供給されるようになったのである。

## 2.2　アメリカにおける発展

アメリカでは1820年代に、後のニューハンプシャー州マンチェスターで織物工業を始めた人達が、工作機械の製造も始めた。アメリカにおいても加工機械の発達は、織物産業を拡大するための専用工作機械の製造に密接に関連していたのである。兵器産業もイギリスと同様に、工作機械の発展にとって重要な役割を担った。しかし、ヨーロッパでは重砲の生産のために中ぐり盤が必要であったのに対して、アメリカでは小火器を大量に必要としたため、工作機械も異なった形態で発展した。

イーライ・ホイットニー（1765～1825）は、政府から発注されたマスケット銃の量産を、彼が製作した機械と新しい生産システム（互換生産方式）により、成功させた。1824年に、方々の工場から集められた100丁のライフルを完全に分解したのち、無作為に再組立をして、この互換生産方式の優秀さは証明された[3]。

その後も、広範囲な販売が可能となる汎用フライス盤、倣い旋盤の原型、進歩が著しい小火器の発射装置を連続加工するタレット旋盤、近代的なねじれドリルを製作する万能フライス盤、焼入れ後の部品の互換性を完全なものとする

万能研削盤などが、陸続と開発された。

1900年代の初めは、自動車産業の揺籃期にあたり、特にエンジン部品を高精度かつ大量に生産するために、現代的な各種の工作機械が開発された。これらの真に機能的かつ規格化された工作機械は、部品の加工精度の上昇と工程の簡素化に劇的な効果を発揮した。

新しい工作機械によって、自動車設計者はよい軸受、よい歯車を導入することができ、それによって効率のよい、洗練された、コンパクトな伝動装置を手に入れた。工作機械メーカーは、その新しい軸受と歯車を、変速装置を内蔵した旋盤主軸台などに応用することで、大きな進歩が得られた。そして、この新しい旋盤は自動車産業に供給され、そしてまた新しい同様の連鎖が始まった。

このように、工作機械と産業は、技術と生産量においてともに成長したのである。

1800年代中頃の互換生産方式の確立が、その後のミシン、タイプライター、自動車などの同一規格品の大量生産を可能にしたのであり、この潮流が現代に続く生産管理の基礎をつくったフレデリック・テイラー（1856～1915）の科学的管理法を誕生させた。

テイラー方式を採用して成功した最も著名な例が、フォード・モーター（Ford Motor）である。フォード生産方式は単一製品、部品の規格化、工程の細分化、単能機械、専用工具、流れ作業による大量生産と低価格化を可能にした。

## 2.3 日本における発展

日本に初めて複数の工作機械がまとめて輸入されたのは、1856（安政3）年である。国防意識に目覚めた幕府が、洋式造船・造船技術の導入のために、日本の技師や職人達に機械加工法を習得させようとしたのである。当初は、必要な工具や材料などは、全て横浜居留の外国商人より購入された。しかし、東京砲兵工廠が1873年から79年の間に導入した125台の工作機械のうち、68台は自製品であった。

これらは、外国製品を職人が勘によって模倣した製品ではあったが、切削加工技術が導入されて間もない時期に工作機械の生産が開始されたのは評価されるべきことである[4]。

日本も明治時代、富国強兵政策の基に兵器機械産業を振興した。陸海軍工廠を中心に軍需品の生産によって、機械技術は進歩したが、高度かつ広範な技術の集大成である工作機械の急速な国産化は困難であった。欧米においては、基本的には紡績機械および蒸気機関の開発があり、その後にこれらの産業用機械の生産手段として工作機械の創成が行われた。しかし、日本においては、すぐれた欧米製工作機械の輸入による軍需品の開発および生産が優先されたため、基本技術である工作機自体の開発は立ち遅れたのである[5]。

　1800年代の終わりころから、池貝鐵工所、新潟鐵工所、唐津鐵工所、日立製作所などが設立されて、一定水準の工作機械が生産され始めた。第2次世界大戦中は、深刻な工作機械の供給難に対応するために、企業集団による戦時型工作機械の生産統制が実施された。しかし、様々な要因によって1944年末には企業集団体制が崩壊したのみならず、工作機械産業自体が壊滅的な状況に陥って、終戦を迎えたのである。

　戦後は、連合国による賠償指定などにより工作機械産業は混乱を極めたが、1950年代初めの朝鮮戦争のころから復興基調となった。高度成長期には機械振興法の施行や世界的な先進メーカーとの技術提携が発展に拍車をかけたが、歴史と広範な技術の蓄積を持つ欧米メーカーとの間には、まだ大きな隔たりがあった。

　しかし、日本のメーカーは、50年代にアメリカで開発された高価なNC工作機械の機能を絞り込み、低価格を実現することにより、中小製造業を対象とする世界的な市場を創造した。特に、「NCの申し子」ともいえるマシニングセンタを世界に普及させたのは、日本のメーカーであった。80年代初めにはついに世界の頂点に立つに至ったが、当時の急激な輸出攻勢により深刻な貿易摩擦が顕在化した。

## 3　日本の工作機械産業にみる経営と技術

### 3.1　世界の位置

　1965年にはわずか703億円であった日本の工作機械生産額は、その後順調に増加して80年代初めにドイツとアメリカを抜いて世界の頂点に立った。

その要因は、第1に、工作機械全体のNC化の潮流をうまく捉えて、この分野を戦略的に活用することにより技術的な遅れを急速に挽回したこと。第2に、70年代は脆弱であった海外市場への販売を積極的に展開することにより輸出を増加させたこと、であった。

　そして、長い期間その地位を堅持していたが、図表3-1に示すように2009年は中国が生産額第1位となった。この理由は08年の下半期に顕著となった世界的な不況の影響により、日本とドイツの生産額が急激に減少したのに対して、中国が増加を維持したことによる。

　基本的に工作機械産業は、数年間の好況の後に生産額が急激に減少して、その後の数年間で再び増加するというように、市場規模の変化が非常に激しい産業である。工作機械の需要は、マクロ経済に影響されると同時に、顧客である各種加工組立製品および部品生産メーカーの設備投資の動向に大きく依存しているためである。

　しかし、中国の特徴は一貫して生産額が増加していることにある。特に、2000年以降にその傾向が著しいのは、中国国内の経済成長にともなう設備投資の増加を基盤としているからである。中国はまた、工作機械の世界最大の輸入国でもある。

図表3-1　主要国の工作機械生産額の推移

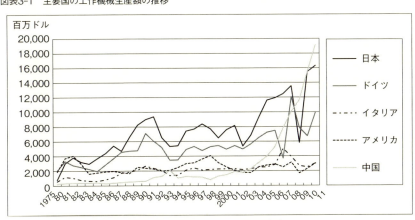

出所：日本工作機械工業会『工作機械統計要覧』(2012)より筆者作成

## 3.2　市場と顧客

　日本の工作機械受注額の推移を、図表3-2に示した。特筆すべきは、受注額に占める外需の比率である。

　この比率は1980年代末から上昇を始めて、90年代の中頃からは50％前後で推移してきた。しかし、2008年からは50％を超えて、09年には61％、10年には69％に達している。これは、いわゆるリーマンショックを端緒とする世界的な経済不況の影響で、08年の受注額が1兆3,011億円から09年の4,118億円に激減する市場環境を背景としている。10年の受注額は9,786億円まで復調しているが、内需の対前年比率193％に対して、外需は266％である。また、11年を09年と比較すると内需の264％に対して、外需は358％である。同年の受注額は内需4,216億円に対して、外需は9,046億円に増加した結果、外需比率は69％に達したのである。

　外需を地域別にみると、東アジアが最も多く49％を占める。なかでも、中国は外需全体の36％を占める最大の輸出先である。次に、北米の19％、東南アジア・その他アセアンの15.8％、欧州の13.8％が続いている。

　内需においては、45％を占める一般機械器具製造業が、最大の顧客である。また、特定の業種としては、自動車産業が29％を占めている。しかし、09年の世界的な経済不況の影響を除いても、05～06年を頂点として内需の受注額は、

図表3-2　受注額の推移と外需比率

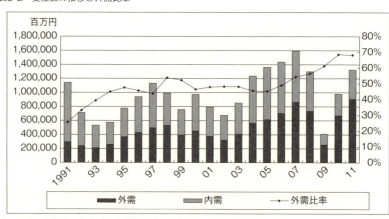

出所：日本工作機械工業会『工作機械統計要覧』を基に筆者作成

減少傾向にある。

これらにより、新興国を中心とする海外市場の拡大により受注額は維持され、その一方で、国内市場は縮小傾向にあることが明らかである。

### 3.3　企業と経営

日本の工作機械メーカーで製造される工作機械の機種は、多岐にわたる。日本の工作機械メーカーは、NCを戦略的に活用して1980年代に世界市場を席巻した。その経緯により、現在でもNC機の比率が87％に達していることが特徴である。最近は、低・中級機における新興国の進出が著しい。

高品質な中級機の量産を競争優位としてきた日本のメーカーは図表3-3に示すように、宇宙・航空機市場へのシフトを目標として、5軸マシニングセンタやターニングセンタなどの新たな複合機を積極的に市場に投入している。

日本工作機械工業会の会員企業92社[6]の企業規模は、資本金5億円未満が52社で52％、従業員300人未満が55社で60％を占める。一部を除き、中小・中堅企業が主体となっていることが明らかである。

その一方で、工作機械専業比率は、中小規模企業が高く、大規模企業は低い傾向にある。特に、資本金100億円以上の企業における専業比率は8.4％、従業員

図表3-3　主要工作機械生産国の得意分野の位置づけ

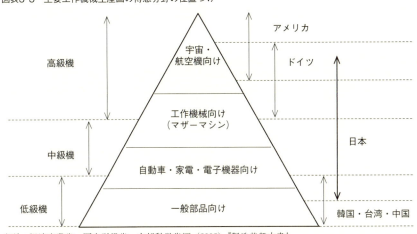

出所：経済産業省・厚生労働省・文部科学省編（2002）『製造基盤白書』

5,001人以上の企業においては4.4％である。これは、企業規模が大きくなるほど事業の多角化も推進されることに加えて、企業間取引を基本とする専門性の高い工作機械メーカーは、適正規模を維持することにより経営を安定させる傾向を示唆している。

同調査によると、10年度の会員企業36社の収益状況を前年度と比較すると大幅に改善されている。09年度においては、売上高総利益率11.5％、経常利益率マイナス3.5％、自己資本利益率（ROE）マイナス6.8％であった各指標が10年度はそれぞれ18.6％、5.3％、6.3％となっている。ただし、最高益であった06年度の水準までには復調していない。

その他の経営指標も、各企業の経営努力により改善されてきている。顧客の設備投資状況に依存している工作機械市場は過去においても、生産高が1兆円を超えた数年後にはその半分にまで急減することを繰り返してきた。その対応として、各メーカーは適正な企業規模の維持、固定費・変動費の削減、多角化の推進などに注力してきたのである。

### 3.4 技術と強さ

日本の工作機械産業の技術と強さの源泉は、主として次の4点にある。

第1は、「中級機種が主力」である。1950年代のアメリカにおいて、NC装置は、航空・宇宙や国防産業向けの高付加価値製品として開発された。しかし、産業構造が異なる日本のメーカーは、制御軸数を減らした小型かつ廉価な機種を開発した。NC装置が内包するフレキシブル性は、中小製造業において多品種少量生産に適する「使いまわしが効く機械」として、日本のみならず世界で新たな市場を創造したのである。

第2は、「標準タイプの大量生産」である。価格の競争優位を手に入れるためには製造原価の低減が必然である。マシニングセンタを含むNC工作機械の大量生産は、FMS（Flexible Manufacturing System）の導入により、81年から世界に先駆けて日本の各メーカーが開始した。これらのFMSは、大量生産のみならず、多品種少量生産、深夜の無人運転、柔軟な生産計画に対応することができた。メーカーは、これらの要素を競争優位としてFMSを顧客に販売することにより、FMSの新市場を創成した。また、導入した顧客は生産性を飛躍的に向上

させた。

第3は、「NC装置の標準化」である。アメリカにおいては、各工作機械メーカーが独自のNC装置を開発する傾向が強く、NC装置メーカーも中小規模が多数を占めていた。しかし、日本においては、富士通（株）から72年に分離独立したファナック（株）が圧倒的な市場占有率を持ち、実質的なスタンダードになった。顧客は、共通した操作性を獲得することにより、マシニングセンタの導入が容易となった。また、これが他のNC工作機械機種の普及を促進させたのである。

第4は、「優秀な標準ユニット」の存在である。一定以上の加工精度を保持する工作機械の安定した大量生産には、高品質な標準ユニット類の存在が不可欠である。かつては、各製作部品に極めて高い加工精度と熟練作業者による微妙な調整が要求されていたが、これらの技能を排除して標準部品を採用することにより、画期的な大量生産は具現化されたのであった。

その一方で、メーカーのアッセンブリ企業化が急速に進み、製品における技術的差異、独自性が薄れ、技術の標準化による没個性化をもたらした。また、マシニングセンタの開発・生産への参入障壁が低くなり、80年代には約50社ものメーカーが競合する状況が出現した。

## 4 市場と技術の構造変化とイノベーション

### 4.1 新興国とグローバル化

日本の工作機械の年間生産額は、2005年から08年まで1兆円を超える好況であったが、09年に4,903億円に激減したことにより、日本は、生産額第1位の座を中国に譲り第2位のドイツに次ぐ、第3位となった。

しかし、これは直ちに日本の工作機械産業の衰退を意味するわけではない。その理由は、NC工作機械を主とする機種構成において、日本は技術的優位性を保っているからである。実際に、11年の日本におけるその比率は、受注額の97％に達している。また、輸出比率は近年68〜69％で推移し、輸出額におけるNC工作機械比率も95％に達している。

日本の強さは、健在であるといえる。ただし、09年からは輸出先の第1位は、

従来のアメリカから中国に代わり、11年の輸出額の36％を占めている。

　工作機械産業も、その他の産業と同様に新興国の台頭とグローバル化が顕著である。日本が強みとしてきたNC工作機械市場においても、量産向けの低・中級機への新興国の侵食はすでに始まっている。また、顧客である日本の製造業の設備投資も海外工場が主となっているが、現地の価格競争も激化している。

　本来、高度な専門技術による少量生産が基本となる工作機械の海外生産は、一部のメーカーを除き積極的には行われなかった。しかし、新興国が各国と締結するFTAなどの自由貿易協定による優位性を活用するために、現地生産を開始するメーカーも現われている。大手メーカーには、欧米の市場に適合する製品を迅速に投入するために、現地におけるマーケティングとR&D機能の拡充や、積極的なM&Aを海外で展開する例もみられる。

　その一方で、最大手NC装置メーカーのように、国内で研究開発と生産を大幅に拡充するメーカーも存在する。また、中小メーカーにおいては、生産の分散による弊害、財務・人材などの経営資源の限界などにより、国内生産を堅持する例も多くみられる。

　11年の工作機械生産額は再び1兆円を超えているが、いままでのように景気の循環に期待するだけではなく、現状を乗り越えて今後の需要期に備える明確な経営戦略の構築が、各メーカーに求められている。

### 4.2　技術と市場の複合化

　最近の工作機械産業においては、技術と市場の複合化が進展している。技術の複合化の例としては、5軸マシニングセンタを挙げることができる。この機種は、従来の軸構成である直線3軸・回転1軸に、回転軸を1軸追加して、合計5軸とした製品である。

　これにより、航空機部品のインペラなどを代表とする複雑な3次元加工をワンチャッキング（1回の保持固定）で行うことが可能となった。また、5軸マシニングセンタは、本体に自動搬送装置や自動計測装置を付加することにより、高速化、効率化、高精度、長時間稼動を具現化する複合システムとして市場に投入されている。そのほかにも、レーザー焼結積層技術との複合化なども注目を集めている。

市場の複合化としては、他分野を主にしていたメーカーが工作機械に進出する例がある。ある著名な木工機械メーカーは、1980年代から海外の航空機メーカーに工作機械を納入していた。それは、長く大きな木材を加工する大形機械と、高回転スピンドルを製作する技術を活用して、アルミ素材の翼を加工するものであった。

　しかし、主力製品はあくまで木工機械であったこと、および顧客との守秘義務により、長期間にわたりこの分野の事業は限定されていた。その一方で、木工機械の主な顧客である建築産業も、急激な景気変動を繰り返しながら縮小傾向にある。そのような、経営環境を背景にして同社は、軽金属のみならず、ガラス繊維や炭素繊維強化プラスチックなどの新素材市場に、積極的な製品展開を行っている。

　また、顧客へのサービスも、従来の製品紹介や保守業務のみに留まらない、複合化の例が増加している。これは、サポート体制の拡充を基本としながらも、精緻な加工技術、工程の編成、ITの活用、システムの設計までを含む、総合的なソリューションを提供するものである。これにより顧客は、生産の計画段階から稼動後も充実した便益を得ることができるのである。

　これまでにみる複合化の事例は、技術と市場において、従来の工作機械事業の範囲を明らかに越えるものであるが、この潮流は今後もさらに進展すると考えられる。

## 4.3　新たなイノベーション

　新たなイノベーションが、既存の産業に大きな影響を与える可能性もある。この例としては、現在、アメリカが普及に注力している３Ｄプリンターの工作機械産業への影響を挙げることができる。特に、アメリカのオバマ大統領がその将来性について言及したことを考えると、その技術は普及段階に達していると推測される[7]。

　３Ｄプリンターは、Additive Manufacturing（積層造形）という比較的新しい概念を基にして、開発されている。これは、3次元データを入力することにより、粉末、樹脂、木材、紙などの材料を一層ごとに積み重ねて立体物を造形する技術である。

現在の３Ｄプリンターは、廉価な部品の大量生産には十分に適しているとはいえない。しかし、その精度は著しく向上しているため、将来は航空機部品のロット生産などに対応する可能性は十分にある。例えば、現在、中空部品の製造は、鋳物素材を製作して精密加工を行った上で、溝を覆ってから仕上げ加工を施して完成させている。これらの部品を３Ｄプリンターで作製すれば、中空部分は簡単に造形することができるため、この分野における工作機械の存在意義に大きな影響を与える。また、航空機メーカーは３Ｄプリンターを使用してこれらの部品を製作することを、発注条件とする可能性がある。あるいは、航空機メーカーが、部品を社内で生産する可能性も否定できない。

　現在、日本の工作機械メーカーは、ハイエンドとなる宇宙・航空産業へのアプローチに注力している。このような状況で出現する３Ｄプリンターは、工作機械への脅威であると捉えられるが、新たな複合化への機会が創造される可能性も十分にある。実際に、３次元積層造型機を開発、生産している工作機械メーカーは、国内にも存在する。

　新たなイノベーションはいつ、どの分野で出現するのかは予測できない。しかし、その可能性は、常に存在しているのである。したがって、その革新性が工作機械産業に与える影響を、継続的に注視する必要がある。

## 4.4　持続可能な社会システム

　工作機械の技術は、1700年代の中頃から始まった産業革命により飛躍的に進歩すると同時に、それが諸工業の近代化を推進した。1900年代初めに登場した大量生産方式は、大量消費時代を招き、基本的にはこのシステムが現在まで諸産業を発展拡大させてきた。人々は豊かな物質生活を享受する一方で、その恩恵に与ることができない多くの人々も存在する。

　しかし、最も重要なのは、大量生産と消費の前提となる資源は無限ではないということである。ここに、循環型を基本とする持続可能な社会の構築が喫緊の課題となってくる。

　2010年度における日本の総物質投入量は、16.1億ｔであった。そのうち、7.1億ｔが建物や社会インフラなどとして蓄積された。また、1.8億ｔが製品等として輸出され、3.2億ｔがエネルギー消費・工業プロセスで排出され、5.7億ｔもの

廃棄物等が発生している。このうち循環利用されるのは2.5億tで、これは、総物質投入量の15.3％にあたる[8]。このMaterial flow（物質フロー）による廃棄物を削減して循環利用させることが、企業のみならず社会全体に求められている。

多くの場合、企業における持続可能性は、それ自身の長期存続可能性と同義語にされているが、本来は社会全体の持続可能性こそが目標とされなくてはいけない。確かに、現実的には一企業が貧困の撲滅などの社会問題や地球規模の環境問題を斟酌することは容易ではない。しかし、企業においても環境負荷の低い製品を開発することは可能である。

例えば、多くの部品加工で使用される切削油は、環境への負荷と人体への影響を低減させる水溶性が主流となっている。さらに、切削油を使用しないドライ加工や極めて微量な使用量のセミドライ加工などが、実用段階に達している。

これらは、レーザーやウォータージェットなどの新たな技術との複合化により、進展させることができる。長期的にみれば、３Dプリンターとの融合も、この分野における有力なイノベーションになり得る。

ただし、すぐれた環境対応製品であっても過大に市場投入した場合は、環境負荷を高める可能性もある。このように、短期の利益を追求するあまり、社会において持続可能性の阻害要因を惹起したら、その一員である企業も、負の影響から免れることはできない。高精度部品の安定した加工生産を具現化することを目的として発展してきた工作機械も、将来を担う新たな社会システムを創造する責任を負っているのである。

## 5　おわりに

以上により明らかになったことは、次の３点である。

第１は、工作機械の進歩は社会の要請とともにあり、技術のみが先行してもそれが受容されるには社会と産業の発展が必要であること。第２は、NCを戦略的に活用して世界のトップとなった日本の工作機械産業は、その座を譲り渡した現在も競争優位性を堅持していること。第３は、工作機械産業は技術と市場においていくつかの課題に直面しているが、特に新たなイノベーションと社会性が今後の発展を規定すること、である。

工作機械産業は、一国の工業技術と機械生産の基盤となる重要な存在である。戦後日本の「ものづくり」の発展を支えてきたのは、各メーカーの優秀さと努力に負うところが大きい。工作機械産業の衰退は、主要産業の１つの弱体化のみならず、日本の製造業を支え続けてきた基盤の崩壊にもつながりかねない。

　その一方で、大量生産の具現化のみを技術開発の目的とする時代は、過去のものになりつつある。地球上の資源の有限性がすでに広く認識されている現在、工作機械は、資源を有効活用できる能力を高める必要がある。企業も、持続可能な未来を創造する最も重要な一員として、社会とともに発展することを求められている。

　長い時代にわたり、世界において諸産業の発展を支えてきた工作機械は、機械の母として自らの生み出す機械製品が世界の発展と調和に資することを期待されているのである。

**注**

(1) 日本における工作機械の定義は「金属を切削、研削、あるいは電気その他のエネルギーを利用して不要物を取り除いて所要の形状につくりあげる機械」である。
(2) Rolt L.T.C.［1965］"*A Short History of Machine Tools*" Batsford, London（L.T.C.ロルト、磯田浩訳［1989］『工作機械の歴史』平凡社、30頁）。
(3) 前掲書『工作機械の歴史』、注２、176－180頁。
(4) 長尾克子［2002］『工作機械技術の変遷』日刊工業新聞社、7－10頁。
(5) 奥村正二［1941］『工作機械發達史』科學主義工業社、208－209頁。
(6) 当資料は日本工作機械工業会の会員企業を調査したものである。会員にはなっていない数多くの中小・中堅メーカーが存在するが、傾向を検討するには有意義であると判断する。
(7) 2013年２月の一般教養演説。
(8) 環境省編［2013］『平成25年度版　環境・循環型社会・生物多様性白書』。

第2部

# グローバル経営とひとづくり
中国市場への視座

東アジアの急速な経済成長は、ヒト、モノ、カネのグローバル化も一気に進めた。第2部は、その中心に位置する中国に目を向ける。中国市場の持つ意味は何か、日本企業はどう対応すべきか、日系企業の経営改革のあり方、などについて提示する。さらにグローバル企業にみる海外展開事例や経営理念の変遷などをふまえ、グローバル経営とひとづくりのあり方を考える。

　第4章は、巨大化した中国市場を取り上げる。1978年の改革開放以来、飛躍的な発展を遂げ、世界に前例のない「巨大市場」として登場してきた。一方、急速な経済発展は、深刻な環境破壊、地域・経済格差、少子高齢化問題などを顕在化させている。
　中国巨大市場およびそれが抱える課題とは何か。一衣帯水の関係にある日本および日本企業は、それにどう対応すべきか。グローバル経営のあり方を問うという視点から、それらの課題にアプローチする。

　第5章は、中国における日系企業の経営改革に焦点をあてる。日系企業は、幹部人材の現地化が遅れるなど様々な問題を抱えている。日系企業が中国市場に適応する方策として、経営現地化を創造的に進める経営革新モデルを提示する。
　中国的「徳」を軸に日本的「技」、欧米的「才」の3要素を有機的に組み合わせた、経営リーダーを育成し、そうした人材を軸に、モニタリング体制を組み合わせたガバナンスの健全化を図り、それをふまえて経営トップ現地化を進めるという、シナリオである。

　第6章は、日本企業のグローバル化に経営理念の視点からアプローチする。日本企業のグローバル化が一気に進んだ1980年代後半および90年代、それぞれの代表的事例として、米国におけるトヨタ自動車（株）とGMの合弁（NUMMI）、中国における東芝大連社有限公司がある。
　両事例、さらにはトヨタと（株）東芝にみるグローバル経営の展開と経営理念の変容プロセス、それらの比較分析を通して、日本的経営のあり方を経営理念と人的資源の視点から考察し、日系企業における創造的展開をふまえ日本企業のグローバル化のあり方に言及する。

第 4 章

# 中国巨大市場と日本企業の新たな展開

庵原孝文

| 1　はじめに
| 2　「2つの罠」に直面する巨大市場
| 3　中国の対外経済開放政策と雁行型経済発展への展望
| 4　日本企業の14億人市場への新たな展開
| 5　おわりに―「21世紀はアジアの時代」に向けて―

## 1　はじめに

　中国は、1978年に改革開放政策を宣言して以来、36年余にわたって飛躍的な発展を遂げ、世界に前例のない「巨大市場」として登場してきた。この隣国中国に対して、日本企業は今後どのように対応し展開していくべきか。少子高齢化による人口減少が避けて通れない日本にとって、中国13億人市場の取り組みいかんによっては、日本の将来も左右しかねない。そのような認識のもとに、筆者は日本企業の国際経営上の視点から、2008年『日本企業の中国巨大市場への展開』を上梓した。

　そして、拙著を出版して早6年余が経過した。その間、中国経済は、国内総生産（GDP）では2010年に日本を追い越し、米国に次ぐ世界第2位の規模へと成長を遂げ、2020年までに米国をも追い越すと予測されている（図表4-1）。

　また、13億人から14億人となるマーケットは、内陸部発展戦略によって内陸部の都市化が進むことから、沿海部から内陸部へと拡大が見込まれ、産業構造も大きく変化していくことが展望される。

　しかし、一方で、貧富の格差の拡大、環境問題の深刻化、官僚の腐敗などが進行し、国民の不満も高まり社会が不安定化してきている。そして外交面では、中国の東シナ海、南シナ海への海洋進出が進み、東アジア諸国との紛争が生じ

図表4-1　中国および日米のGDPの推移（単位：10億米ドル）

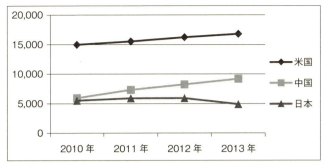

出所：ジェトロ・ウェブサイト「国地域別情報」より筆者作成

ている。特に、日中関係は、尖閣諸島の領有権問題、歴史認識問題により悪化の一途を辿ってきており、経済・貿易面へ大きなマイナスの影響をもたらすなど、憂慮すべき状況にある。

本章においては、現時点での中国の政治・経済面の動向、地域経済圏の動向、マーケットの動向を分析し、今後14億人となる巨大市場を、日本企業はどのように捉え展開していくべきかを再考察するものである。

## 2　「2つの罠」に直面する巨大市場

日本企業が中国市場で展開する際に、十分に認識する必要があるのは、中国の政治経済の動向が、今後の中国市場、現地企業活動に大きな影響をもたらすという点である。その視点にたって、中国の政治経済の直面する課題「2つの罠」を取り上げ、分析展望する。

中国は、2012年11月の共産党大会で、習近平が総書記に就任、2013年3月の全人代において国家主席に選出され、党・軍・行政の3権を掌握した。そして、ナンバー2の李克強が首相に就任し、「習近平―李克強」体制がスタートした。

しかし、中国は、2000年代における10年間平均10％前後の高速成長によって、沿海部と内陸部の経済格差の拡大、環境問題、少数民族問題、官僚の腐敗などの「歪み」に直面している。地域別1人当たりのGDPは、最上位の天津市と最下位の貴州省とは、4.4倍の格差となっている（図表4-2）。

図表4-2　中国の省市自治区1人当たりGDP（2013年、単位：人民元）

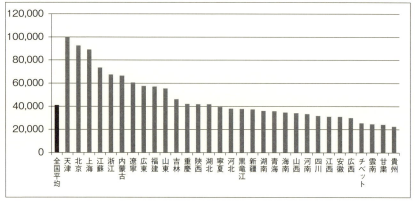

出所：中国国家統計局『中国統計摘要2014年版』より筆者作成

　すなわち、「習近平─李克強」体制は、従来の外資依存による成長から、持続的で安定した内需主導の成長を模索する局面のなかで、多くの問題をいかに解決していくか、大きな課題を背負ってのスタートとなった。

　野村資本市場研究所の関志雄は、中国は「〈中所得の罠〉と〈体制移行の罠〉からなる〈2つの罠〉を克服できなければ、衰退の道を辿る恐れがある」[1]と述べている。「2つの罠」とは、精華大学［2012］が提唱する「体制移行の罠」論と、世界銀行［2012］が提示した「中所得の罠」論である。

　「体制移行の罠」とは、「計画経済から市場経済への移行過程でつくりだされた国有企業などの既得権益集団が、より一層の変革を阻止し、移行期の〈混合型体制〉をそのまま定着させようとする結果、経済社会の発展が歪められ、経済格差の拡大や環境破壊といった問題が深刻化していることである[2]」

　そして、「中所得の罠」とは、「ある国が、1人当たりの所得が世界の中レベルに達した後、発展戦略及び発展パターンを転換できなかったために、新たな成長の原動力を見つけることができず、経済が長期にわたって低迷することを指す[3]」としている。

　現時点において、安い豊富な労働力を支えに、輸出と公共投資による成長モデルは通用しなくなってきており、成長率は7％台に低下し、所得格差の拡大、環境問題の深刻化、官僚の腐敗などの問題は改善が進んでいるとはいえない。

むしろ深刻化していることから、筆者は、まさに、中国は、「2つの罠」に既に嵌まってきていると考察する。

近時では、「影の銀行」による理財商品の債務不履行（デフォルト）などで金融リスクへの懸念が浮上、発表される経済指標は、軒並み鈍化傾向にある。河野龍太郎（BNPパリバ証券チーフエコノミスト）は、「中国は2010年前後にルイスの転換点[4]を迎えただけでなく、今後数年内に労働力人口（15～65歳）の明確な減少が始まり、人口オーナス（重荷）時代が訪れる。潜在成長率は今後も低下が続くため、習近平体制は難しい経済運営を迫られる[5]」と述べている。経済産業省が発表した『通商白書2014』は、中国の人口構成推移を図表4-3のように予想している。

李克強首相は、景気対策に頼らないで、安定成長によって改革を進めるエンジンとして構造改革の必要性を繰り返し強調しているが、現在の状況からみる

図表4-3　中国の人口構成の推移

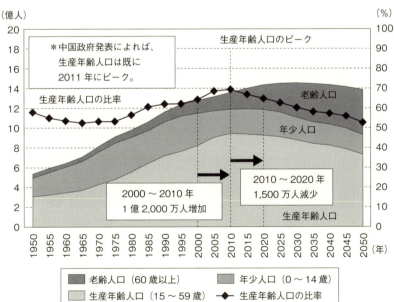

出所：経済産業省『通商白書2014』
備考：人口推計は、国連による中位推計、生産年齢の定義は、2014年1月20日付け中国国家統計局プレス発表資料の「16-59歳」を勘案

と「2つの罠」からの脱却は容易ではなく大変な難関である。「2つの罠」に直面する中国であるが、その対策として、2013年11月に開催された3中全会で「改革全面深化」を採択した。

丹羽宇一郎前中国大使は、「習近平国家主席は、共産党への国民の信頼を取り戻すため、改革を進めている。2013年11月の3中全会で、改革のための2つの組織の長に党のトップが就いた。習近平が深化改革領導小組の組長になった。副組長に李克強首相、さらに常務中央委員の劉雲山、張高麗が就任した。国家安全委員会もトップに習近平、副委員長に李克強首相、序列第3位の常務中央委員全人代委員長の張徳江が就くという構成だ。この顔ぶれをみれば、改革が本気であることがわかる」[6]と述べている。

習近平政権が、多くの難問に対峙し、「2つの罠」を乗り越えて行くことができるのか、共産党一党独裁によって、国民の不満・民主化の動きを力で抑えながら、大きな混乱なく乗り切っていけるか。世界各国は中国政府の手腕に注目している。いまや、世界第2位の経済大国ゆえ、経済運営を誤れば、日本のみならず世界経済に大きな影響を及ぼすことになる。日本経済・進出日系企業にとっても、中国の安定した政治経済の運営が望まれる。

## 3　中国の対外経済開放政策と雁行型経済発展への展望

次に中国の対外経済開放政策の現状、そして今後の中国巨大市場の発展性について展望する。

筆者は、拙著［2008］において、中国の30年にわたる対外経済開放政策は、

図表4-4　3沿発展戦略

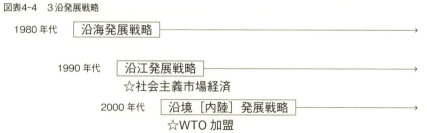

出所：筆者作成

国家の基本発展戦略として「3沿発展戦略」[7]が図表4-4のように、10年単位の3段階によって進められてきたこと、第2段階では社会主義市場経済の決定が、第3段階ではWTO加盟が、大きなプラス効果をもたらしたこと、を明らかにした。

この3段階による発展戦略は、その進め方に政策変化はあるものの、現在も3戦略は並行的に継続して進められている。この各発展戦略の展開によって、30年間、第1次投資ブーム、第2次投資ブーム、第3次投資ブームとなり、外資の進出が中国経済の成長発展に主導的役割を果たしてきた。

それでは、中国の対外経済開放政策の今後について展望してみると、最近の労働賃金の上昇、若年層労働力不足、人民元高によって、従来のような外資製造業の進出による成長は多く期待できなくなってきた。

そして、経済の急成長は、沿海部と内陸部の経済格差の拡大をもたらしてきたことから、「格差の縮小」を目標とする「沿境［内陸］発展戦略」（18の省自治区直轄市）を重点にした政策が進められてきている。その政策として、「西部大開発」を皮切りに、「東北振興」「中部台頭（中部崛起）」といった、内陸振興政策が打ち出されてきた。以上の政策が、具体的に進められていくことから、筆者は、中国の経済発展が沿海部から中部・東北・西部へと進むこと（いわば中国版「雁行型経済発展」[8]）、すなわち中部・東北・西部の内陸部が今後中国経済の

図表4-5　中国国内雁行型経済発展のリンケージ

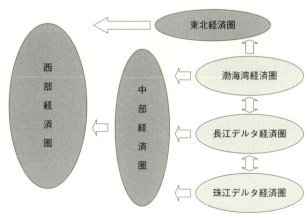

出所：筆者作成

経済発展をリードしていくと展望した(図表4-5)。

日本総合研究所調査部主任研究員三浦有史がまとめた各省市区のGDP成長率(2006～11年の年平均)の状況(図表4-6)は、2006～11年の世界182か国と中国31省・市・自治区の年平均GDP成長率を高い順に並べ、上位35位の国・地域を抜きだしたものである。その35位の中に中国31省・市・自治区の全てがランクインしている。

そして、その上位に、中西部の省・市・自治区がランクされ、上海、北京は34位35位となっていることからも、内陸部の成長が進んできたことがわかる。そして、年平均の実質GDP成長率が7.2％であれば経済規模は10年で2倍、11.6％であれば3倍、14.9％であれば4倍に拡大するとしている。

中国中西部は、開発こそ遅れているものの、四川省と雲南省のGDPがそれぞれマレーシアとベトナムに匹敵するように、国に相当するGDP規模を有する省・市が多く、経済規模と成長性において世界で最も魅力的なフロンティアに位置づけられると評価している。[9]

しかし、三浦は、中西部の経済成長は、インフラ整備と資源開発が原動力と

図表4-6 世界各国と中国の省・市・自治区の実質GDP成長率ランク35位(2006～2011年、年平均)

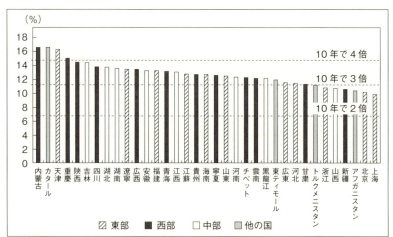

(注) 現地通貨建て
(資料) IMF, *World Economic Outlook April 2012*, 『中国統計年鑑』(2011)ほかより作成
出所:環太平洋ビジネス情報[2012 vol.12 No.47]

なっていて、産業の中国内陸部への移転は進んでおらず、経済基盤はまだ脆弱であり、外資先導による私営企業の育成・振興が課題である、と述べている。

これについて、同研究所研究員の関辰一は、次のように内陸部を展望する。

当面、投資主導の成長維持が見込まれ、インフラが改善していること、資本装備率を高める余地が大きいこと、沿海部に比べて人件費が約半分で割安であることが、民間製造業の内陸投資拡大要因になる。[10]

筆者は、拙著［2008］において、そもそも内陸発展戦略の中核となる西部大開発は、中国政府が、50年間の長期目標としていることより、「西部大開発の長期ビジョン」は次の3段階で進むと論述した。

　第1段階　環境整備期間　2000～2010年
　第2段階　加速期間　　　2011～2030年
　第3段階　仕上げ期間　　2031～2050年

これからみると、西部大開発は、最初の10年間は基本的な流れとして公共投資による開発・インフラ整備が先行する環境整備期間であり、今後ようやく加速期間に入るところといって良いであろう。沿海・沿江発展戦略が、5～10年の短期間で成果を挙げてきたのに対して、沿境［内陸］発展戦略（西部大開発、東北振興、中部台頭）は、30～50年の長期にわたる発展戦略といえる。筆者は、その点から、「中国国内雁行型経済発展」は、いままでのような高速発展ではないが、少し緩やかな発展によって進んでいくものと展望する。

藤田法子は、西部大開発について、次のように提言しているが、筆者も同感である。

「総花的な工業化を推し進めて、いたずらに産業競争を激化させ、環境破壊を一段と深刻化させるのでは、西部地域は大開発によって荒廃するだけとなってしまう。それよりもむしろ農産物、鉱物資源の供給基地として、あるいは風光明媚な観光スポットとして期待される面が強い」[11]

いま、中国は急速な経済発展によって、環境汚染・砂漠化が大きな問題になってきているが、内陸発展戦略は、地球環境に配慮した持続的経済発展政策の遂行が期待される。

そして、今後成長が展望される東アジアでは、RCEP（東アジア地域包括的経済連携）、TPP（環太平洋経済連携協定）、日中韓FTAの経済連携協定の交渉が進

められており、関税撤廃などの自由化によって、中長期的には、地域内産業のグローバル化が進み、東アジア経済の一体化が進展していくことが予想される。

そうしたなかで、中国内陸部（特に南部）は、陸続きのASEAN諸国との経済の一体化が進むであろう。そのリンケージによって中国沿境内陸地域の発展に大きい効果をもたらし、減速傾向にある中国経済の中において、資源豊富な内陸地域が今後牽引役を果たしていくものと展望する。

## 4 日本企業の14億人市場への新たな展開

### 4.1 販売体制の確立・強化に向けて

2001年の中国のWTO加盟によって、中国国内販売の規制の緩和・撤廃が進んで来たことから、日本企業は中国市場拡大のチャンスと捉え、販売体制の確立・強化に向けて活発に取り組んで来た。拙著［2008］において、その国内販売体制強化の動きについて、04年1月から07年3月の約3年間に発表された各企業（46社）の動向をまとめ、次の3点が活発化している事を分析し明らかにした。

 ⅰ．営業拠点の拡充・増員
 ⅱ．アフターサービスの充実
 ⅲ．R&D拠点の設置充実

現在においても、かかる動きは、内陸を含めた市場の拡大にあわせ重要性が一段と増し、進出日本企業は、新たな進出企業も含め一層強化の動きにある。

ただし、労働賃金の上昇による生産コストの上昇は、今後長期トレンドで続く事が予想される。したがって日系製造業においては、労働集約産業、ハイテク産業によって、それぞれ以下のような対応が今後進むと考察される。

〈労働集約産業〉
 ⅰ．中国を生産基地のみとする企業 ⇒ 内陸または東南アジア移転
 ⅱ．中国を生産拠点＋販売展開をすすめる企業 ⇒ 労働生産性の向上＋工場の内陸移転

〈ハイテク産業〉
 ⅰ．省力化のための設備導入
 ⅱ．労働生産性の向上

ⅲ．工場の内陸移転

以上の点から、各々の企業の業態にもよるが、工場については、今後内陸移転が進む流れにある。ただし、工場の即全面的移転はリスクがあり、既存の工場を維持しながら、徐々に生産主体を内陸（あるいは東南アジア）へとシフトしていくことが予測される。

かかる状況において、日本企業の中国市場展開に向けての新たな動きを以下にみてみる。

## 4.2 中国市場開拓の動向

中国人の所得増加によって消費市場が拡大し、日本企業の流通業・サービス産業への進出が沿海部から内陸部へと展開が進んできていることが、日本政策投資銀行の調査（図表4-7）でも明らかである。また2014年4月、日本経済新聞社は中部地方の企業が中国市場への開拓に本腰を入れ始めたとして、2回にわたって特集を組んだ。その記事における主な企業の市場開拓の新たな動きは、図表4-8のとおりである。

経済産業省は、中国の家計年間所得が、5,000～1万5,000ドル未満の下位中間層、1万5,000～3万5,000ドル未満の上位中間層と、3万5,000ドル以上の富裕層の合計人口は、2010年で7億7,000万人（全人口の57.4％）が、2020年には11億2,000万人（全人口の80.7％）になると予測している（図表4-9）。

**図表4-7　日本企業の中国展開**

| 社名 | 展開概要 | 社名 | 展開概要 |
|---|---|---|---|
| イトーヨーカドー | 四川省成都3店舗 | 味千ラーメン | 24省に438店舗展開 |
| 平和堂 | 湖南省3店舗 | セコム | 現在は、沿海部のみ、今後成都、重慶、西安へ展開 |
| 伊勢丹 | 四川省成都、遼寧省各1店 | | |
| イオン | 広東省、山東省、北京 | ローソン | 上海、重慶へ出店 |
| ワコール | 現在、成都・重慶・武漢・西安・武漢にある30店舗を、2015年までに80～90か所へ拡充 | セブンイレブン | 北京（日本法人傘下のみ）、2011年に成都へ出店 |
| | | ファミリーマート | 上海、蘇州、広州 |
| ビジョン | 中国全体で958店舗を今後1,400店舗に拡充 | ヤマハ | 内陸部に音楽教室を展開し、低価格モデルを拡充 |

出所：日本政策投資銀行「今月のトピックス」［2010.12.22］より筆者作成

図表4-8　日本企業の中国市場開拓の新たな動き

| 社　名 | 展開業種・商品 | 市場展開の概要 |
|---|---|---|
| アイホン | インターホン | 中間層の拡大と沿岸部から内陸部へ今後住宅需要が増え、高品質のインターホンが売れることを見込み、駐在員事務所を格上げ販売子会社を立ち上げた。 |
| 興和 | 使い捨てマスク | PM2.5による大気汚染問題を背景に使い捨てマスクが売れ始め、日本製を１つの付加価値として、スーパーなどで販売。 |
| ブラザー工業 | レーザープリンター | 中国工場をプリンターの最大の生産拠点と位置づけ日本や欧米に輸出してきたが、最近は現地の需要が伸びてきており、2013年には、現地向け専用モデルを投入し、官公庁やオフィス需要を掘り起こす。 |
| トヨタ自動車 | 乗用車 | 地方ごとに販売店を回り、イベントを増やしている。イベント回数は、2012年の数百回から2013年は千回弱まで増やした。通常の企業広告とイベントの２本立ての販売戦略で売り上げ台数を伸ばす計画。 |
| アルペン | スポーツ用品 | 上海のショッピングセンターに「スポーツデポ」「ゴルフ５」を2013年夏に出店、切り札は低価格のプライベートブランド商品主体に展開。2016年までに上海市内に10店超の開店を目指す。 |
| ユニーグループ | 総合スーパー | 2014年秋に上海市内に、中国にはない総合スーパー「アピタ」１号店をオープン。今後開設する直営の店舗は、20代後半～30代後半の家族層に照準を合わせ日本の「アピタ」をそのまま持っていくとしている。 |
| フジパンストアー | コーヒーショップ | ユニーのスーパーにテナントで出店。2011年に上海市街地に出した路面店「エピシェール」は店内に８席、テラス席16席カフェスペースを用意した。午前中は、15元（約250円）でモーニングサービスを提供するなど、日本流（名古屋流）を通す。 |

出所：「中国開拓、販売に軸足」日本経済新聞［2014.4.3～4］より筆者作成

図表4-9　中国の所得者層の推移予想

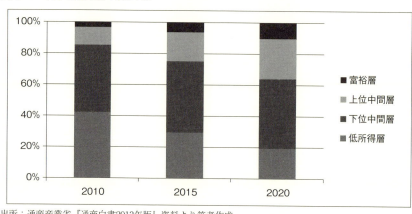

出所：通商産業省『通商白書2013年版』資料より筆者作成

中間層の拡大は、日本企業がこだわる品質と割高とされた価格の両立を可能にし、日本製をあえて打ち出して販売展開を進める動きになってきていることが、進出事例からもうかがえる。以上より、人件費の高騰により、製造業中心の進出から、中間層の拡大が見込まれる人口14億人となる中国巨大市場での販売を主体にした流通・サービス産業の展開が、今後一層活発化していくことが展望される。

## 4.3　環境に関わる産業の動向

　自動車販売台数が、2013年に年間2,000万台を突破し、5年連続の世界首位となった中国では、自動車の排気ガスによる微粒子物質PM2.5などによる大気汚染が問題になっている。

　そのなかで、トヨタ自動車（株）は、2025年をめどに中国での自動車販売を、2013年実績91万7,000台の2倍強の200万台に増やす計画を発表するとともに、中国第3位の第一汽車集団（吉林省）、同6位の広州汽車集団（広東省）と、環境対応のハイブリッド車（HV）を共同開発する。出遅れている世界最大市場で、得意のHVを軸に巻き返す戦略である。

　中国で大気汚染が悪化していることを受け、日本の電気メーカー各社が空気清浄機ビジネスを拡大している。パナソニック（株）が広東省の工場で増産に入ったほか、シャープ（株）は住宅に標準装備するイオン発生器を売り込んでいる。ダイキン工業（株）は、中国での今年度の空気清浄機の販売目標を前年度の約2倍の15万台とする。日本勢3社のシェアは約4割に達している。

## 4.4　省力化産業の動向

　人件費の高騰に対しては、日本の産業用ロボットメーカーが増産体制を進めている。

　川崎重工業（株）は、中国に1,000億円を投資し、産業用ロボットの新工場を、蘇州市に持つ油圧機器工場内に設ける。主に自動車の溶接や部品搬送に使うロボットを生産、2017年までに1万台程度に引き上げる予定である。

　セイコーエプソン（株）は、ネジ締め等精密部品の組み立てに使う水平多関節ロボット等の生産を長野県の工場から深圳市に移管する。特注品を除くすべ

てのロボットを2年以内に中国でつくる体制にする。

　（株）安川電機は、常州市の新工場で産業用ロボットの本格生産を開始、現在の生産能力は年間3,000台だが、2015年度には1万2,000台にする。（株）不二越も、張家港市の油圧機工場に生産ラインを設置しており、2015年度までに生産能力を3,000台に拡大する計画である。

### 4.5　ネット通信販売産業の動向

　インターネット人口が6億人を超えた中国で、ネット経由で買い物などをするネット消費が急拡大している。ネットに手軽に接続できるスマートフォンの普及も、後押ししている。中国政府は2010年9月、外資企業にインターネットによる通信販売を解禁した。

　広大な国土の中国では、店舗網の整備拡大が難しいなかで、ネットを使った外資の販売が今後加速することが予想される。

　かかる動きに合わせ、ヤマトホールディングス（株）は、中国最大の物流会社中国郵政集団（チャイナポスト）と提携し、日本企業の商品を中国全土に宅配するサービスを始める。中国の消費者がインターネット通販で購入した商品を、最短3日で届ける。煩雑な税関手続きも同社が引き受けて配達の遅れを防ぎ、安定したサービスを提供する。

　これにより中国の人々が、日本から商品を購入し易くなり、日本企業はネット通販の商機が広がることになる（以上、4.2～4.5の日本企業の動向は、新聞報道記事等より集約）。

### 4.6　「中国の直面する課題」はビジネスチャンス

　以上は主だった日本企業の動向であるが、その動きは、中国の経済社会の変化に伴って、巨大市場をターゲットにした新たな展開になってきている。そして、急速な経済発展により多くの課題が発生している中国において、環境問題、資源・エネルギー問題、人口問題（少子高齢化）は、日本企業にとってビジネスチャンスでもある。

　環境問題は汚水処理、大気汚染物質・温暖化ガス排出削減ビジネス、資源・エネルギー問題は省エネルギービジネス、人口問題は省力化ビジネス、高齢者

向けビジネスと、日本企業の先行する分野である。これらの産業をはじめとして、日本企業の展開余地は今後も十分あると考察される。

ジェトロが2013年8月に実施したアンケート（回答企業802社）によれば、中国での今後のビジネス展開について、「既存ビジネスを拡充、新規ビジネスを検討する」との回答は、2010年12月65.1％に対して、2013年8月60.7％と4.4％減少するも、「既存のビジネス規模を維持する」は、17.8％から21.5％と3.7％増加、依然として中国への期待が高いことがうかがえる。ただし、「既存ビジネスの縮小、撤退を検討している」との回答は1.9％から7.7％と5.8％増加している。

その要因は、中国市場での賃金の上昇、人民元高によるコスト増が考察される。この点について、ジェトロ中国北アジア課長の真家陽一は、次のように述べている。

「確かに人件費は上昇しているが、状況はタイもベトナムもインドネシアも同じだ。裏返せば所得が増えているということで、数年前までは売れなかった高付加価値商品が売れるようになってきた。ブランド志向が強く派手な色を好む中国人が〈無印商品〉を購入しているのが象徴的だ。一部だが成熟した消費者が着実に増えている」[12]

アンケート結果を総括すれば、日本企業の多くは、中国市場に対して、チャイナリスクを意識しながらも、中長期的な展望に立って、巨大市場のシェア確保を一層強化する戦略がうかがえる。日本企業は、まさに中長期的な展望に立って、この販売戦略強化の動きを進めて行くべきと考察する。

## 5　おわりに—「21世紀はアジアの時代」に向けて—

現在、多くの日本企業は、中国市場で様々な経営上の困難にぶつかりながら、反日デモも乗り越えて、懸命な努力によって克服し、中国国内で一歩一歩着実な展開を進めてきている。日本の政治家は、そのような日本企業の苦労・努力に十分視線を注ぎ、対中外交を遂行していくことが望まれる。

日中関係の改善に向けて、丹羽宇一郎前中国大使は、次のように語っている。
「米中関係にならって、経済中心で中国との関係を深め、経済が政治を動かしていくのだ。経済界で日中の交流を活発にして、お互いに経済的な結びつきを

強めれば、いつまでも政冷経熱とは言っていられなくなる」⁽¹³⁾

　小泉首相の靖国神社参拝で、日中関係が政冷経熱と言われていた頃、王毅中国駐日大使（現外務大臣）は、2006年2月24日、名古屋での講演会で〈21世紀の新しいアジア主義〉を提唱し、協力、開放、調和という3つのアジア主義を掲げ、次のように訴えた。

　「21世紀は、我々アジア人にとってまたとない歴史的なチャンスである。このために中日両国はアジアの中の主要な力として重大な責任と使命を負っている。この〈21世紀の新しいアジア主義〉の推進には、日中関係が鍵を握っている。政治的障害を乗り越え、両国関係を一日も早く健全な軌道に戻す必要がある」（筆者筆録）

　宮本雄二元中国大使（現日本日中関係学会会長）は、日中関係について次のように述べている。「互いに尊敬すべき相手であることを理解し、尊敬される相手となるよう努力し続けていかなければならない。力を誇示し、力で相手を抑えつけて、尊敬は生まれるだろうか」⁽¹⁴⁾

　「21世紀はアジアの時代」といわれるなかで、日中両国は、大局的視野に立って、真に日中の協力関係を構築して、東アジアをリードし平和的繁栄を図っていくことが重要である。

　日本企業においても、以上の展望を持ち、長期的なグローバル視点に基づいた"ひとづくり"重視の経営によってグローバル戦略を進めていくことが重要といえよう。

　次章では、「中国日系企業の経営改革と人間発達―「技」「才」「徳」を兼ね備えた経営リーダーづくり―」について具体的に論じていく。

**注**
(1) 関志雄［2013.3.22］。
(2) 中国経済新論［2013.4.5］「〈2つの罠〉に挑む習近平体制」、経済産業研究所。
(3) 中国経済新論［2013.4.5］「〈2つの罠〉に挑む習近平体制」、経済産業研究所。
(4) ルイスの転換点：英国の経済学者、アーサー・ルイスが提唱した概念。社会が工業化する過程で、農村部の余剰労働力が、都市部の商工業部門に吸収され、高成長が続く。転換点を迎えるのは、農業の余剰労働力が吸収され終わった段階で、労働力不足や賃金の高騰によって経済成長が鈍化するとしている。
(5) 「高度成長の終焉」『エコノミスト』［2014.3.11］。
(6) 「米中関係にならって日本も経済で政治を動かせ」『エコノミスト』［2014.3.11］。

(7) 3沿発展戦略：中国が対外開放政策の中で取り組んできた政策で、沿海（中国の沿海部）・沿江（上海を起点に長江沿岸部）・沿境（中国国境沿いの内陸部）の3つの地域の発展戦略からなる。
(8) 雁行型経済発展論：赤松要が、〈輸入→国内生産→輸出〉いう経済発展と産業構造の長期変動過程を、日本の経験則に基づいて発表したものである。その後この発展論は、小島清等によって継承研究され、先進国から後進国への産業移転として拡張的に捉えられた。それが、日本が雁の群れの先頭に立ち、NIEs（新興工業経済群）、ASEAN（東南アジア諸国連合）、そして中国が追うという「東アジア雁行型経済発展モデル」といわれてきた。
(9) 三浦有史［2012］「中国内陸部への産業移転はどこまで進んだか」環太平洋ビジネス情報。
(10) 関辰一［2012］「投資主導成長が続く中国内陸部」環太平洋ビジネス情報。
(11) 黒岩達也・藤田法子［2002］。
(12) 「核心発掘－投資継続、成長取り込め－」日本経済新聞、2013.9.28。
(13) 「米中関係にならって日本も経済で政治を動かせ」『エコノミスト』［2014.3.11］。
(14) 宮本雄二［2011］。

## 第5章

# 中国日系企業の経営改革と人間発達
## ―「技」「才」「徳」を兼ね備えた経営リーダーづくり―

程　永帥

1　はじめに
2　中国企業の経営と変革課題―中国的「徳」への視座―
3　中国における日系企業の経営方式と課題
4　日本的「技」と欧米的「才」へのアプローチ
5　中・日・欧のハイブリッド経営
　　―中国的「徳」・日本的「技」・欧米的「才」の三位一体化―
6　中国における企業経営のあり方―日系企業の経営現地化への提言―
7　おわりに


## 1　はじめに

　企業および地域の経営において、人材とりわけリーダーの重要性はかつてないほどに高まっている。そうした課題に向き合い、創造的に応えるべく、本章は、「人間発達の経営学」の視点から、中国における日系企業の経営のあり方に目を向け、その変革モデルの探求を通して、中国企業の経営のあり方にもメスを入れる。
　中国では、環境破壊をはじめ拝金主義やコピー文化が横行するなど、経営モラルの乱れが激しい。そうしたなかにあってこそ、中国の伝統文化のコアをなす「徳」の思想・文化に注目したい。それに基づく経営の再構築、すなわち中国的「徳」がより深く問われていると考えるからである。
　本章は、中国的「徳」を軸に日本的「技」、欧米的「才」の3要素を有機的に組み合わせた三位一体化モデルを、中国における日系企業の経営革新モデルとして提示する。さらに、それを普遍化して、中国企業に求められている21世紀

型経営モデルとして捉え直してみたい。

## 2　中国企業の経営と変革課題―中国的「徳」への視座―

### 2.1　中国伝統文化における「徳」と「才」の関係

　「徳」と「才」は、どのような関係にあるのだろうか。「儒家思想」を代表とする中国伝統文化からみれば、「徳主才従」[1]（徳は才の主、才は徳の奴なり）の傾向がある。「徳」と「才」が両立できない際には、「徳」が「才」に勝るゆえ、「徳」が優先されるとする。

　「徳」は、孔子を代表とする「儒家思想」の根幹を成し、「五常」（仁・義・礼・智・信）と「五倫」（父子の親、君臣の義、夫婦の別、長幼の序、朋友の信）に表現される。孔子が社会生活の規範として最も重視したのは、「仁」である。「仁」は、「人」と数字の「二」からつくられ、あらゆる「徳」の基盤をなし、道徳性の源泉となる。また孔子は、「仁」による「徳治主義」を唱え、上に立つ者が「徳」を身につけ、その「徳」を下々に及ぼしていけば、部下に心服され、庶民にも信服され、国は、よく治まり、秩序の安定がもたらされるとする。

　一方、孔子の教えを受け継いだ人々は、「儒家」と呼ばれ、代表的な人物として、孟子と荀子が挙げられる。ただし、同じように孔子の思想を受け継ぐ孟子と荀子は、「儒家思想」の「徳」思想を引き継ぎながらも、激しく対立し、正反対の立場となった。

　すなわち、孟子は、「人間の性は本来善である」ことに基づき、「性善説」を尊び、また孟子は、孔子が唱えた「仁」による「徳治主義」に「義」を加え、「仁義」[2]の「徳治主義」を説き、「仁義」による「王道政治」を主張した。

　しかし、荀子は「人間の天性は悪である」と「性悪説」を主張しており、善なる性質は、後天的な修養の結果にすぎない、悪である本性を修正して正しい方向に向けるために、人間の規範・行動を律する法律・法令などを制定しなければならない（「法治思想」）、後天的な教育や教化が大切であると主張する[3]。

　また、韓非子は、荀子が唱えた「性悪説」による「法治思想」に「権・勢・術」（才）を加え、新たな「法治主義」を説き、「法制」による「覇道主義」を主張した[4]。

とはいえ、「儒家思想」は、人々を強制的に抑制する「法家思想」と違い、「徳治主義」による抑制が柔和的で最も効果的なものとみる。「法治主義」を尊ぶ「法治思想」は、罪を犯したら、どのような刑罰を与えるかということを重んじるのに対して、「儒家思想」は、「徳」を育成することにより、犯罪を予防するという役割を果たしている。

## 2.2 中国の国有企業経営の課題

近年、中国の国有企業は市場経済化による改革に伴い、収益率が上昇しつつあるものの、様々な経営課題に直面している。以下は、安室憲一のSWOT分析に基づき、中国国有企業の経営課題を4つにまとめたものである。

### (1) 不透明・不平等な経営制度

中国における一部の国有企業においては、不透明な財務制度と不平等な雇用制度（利益配分や就職機会など）が最も深刻な問題である。例えば、管理職と従業員との収入差が数十倍までに広がることは、不思議ではない。また、名門大学を卒業したエリートでも、人脈や地位、権力という政治的資源がなければ、人気のある国有企業に就職することができない。

すなわち、一部の国有企業は、計画経済から社会主義市場経済システムへ移行する過程において、共産党幹部や役人が、規範意識の低下により、汚職・腐敗をエスカレートさせ、血縁や地縁のある人に仕事を提供する専用の「場」となっているからである。

今後、公平性、客観性、納得性を重んじる経営制度（雇用や人事、福利厚生など）を整備することが急務となる。

### (2) 経営管理方式の改革

近年、中国の国有企業は、ピラミッド型からネットワーク型への企業組織の転換につれ、企業戦略の確立、人的資源管理の重視、多国籍企業に対する提携戦略（競争＆合作）の重視、知的所有権の保護とブランド商品の育成等の面で、管理の強化・改善を迫られる。

管理組織の面では、上意下達のピラミッド型組織からネットワーク型組織への変更によって、個性の尊重を基礎として、全方位で多面的な協力関係を組織

することが求められる。また、管理部門の簡素化や情報伝達、フィードバックの加速等による管理効率の向上が要請される。さらに、競争的な市場環境下、「現代企業制度」に相応しい人材選抜・経営者の公開招聘のメカニズムと経営者に対する「激励・懲罰・監督のメカニズム」を確立・整備することが求められる。

(3) 経済成長方式の転換

過去において、国有企業は、主として労働力や資金等生産要素の追加投入により生産を発展させる、粗放型経営方式をとってきた。また、既存の生産能力は過剰で、大量の在庫を抱え、産業構造と製品構成の調整・高度化を迫られている業種も少なくない。そのようなやり方では、すでに競争が激化している市場環境の要求に適応できない。今後、中国企業は自らの市場競争能力を増強するため、粗放型から集約型への企業経営管理方式の転換と管理制度・管理方法の革新を迫られている。

(4) 「徳」型の管理者の育成

近年、中国社会では、政治家や企業経営者が、「徳」(教養、品性) を修めずもっぱら「得」(利益など) を追求するあまり、「義」(奉仕精神、貢献精神など) を忘れ、「偽」(学歴捏造や他社ブランド製品の偽造など) に腐心している。その結果、共産党幹部による汚職事件、企業経営者による悪質偽造事件が続発する一方である。

今後、管理者には、知識、技術、組織力と管理力などを重視するのではなく、個人の良好的な政治素質と倫理観 (品性や人柄など) が求められる[5]。また、企業経営者や管理者に関する評価は、成果・結果主義による物質文明の経済指標ではなく、思想・品性による精神文明の道徳指標を導入する必要がある。さらに、その思想・品性による精神文明の道徳指標を企業経営の実践活動に定着させるために、企業論理の担当部門の設置、教育と訓練、倫理監査などに関するユニークな教育制度が必要になる。

したがって、中国における企業経営は、「徳」型の人間や人材、経営管理者の育成が急務となっている。

一方、「徳」については、様々な見解がある。ブレーズ・パスカル (フランスの哲学者・数学者・物理学者) は、「人間の徳はその異常な努力によってではなく、その日常的な行為によって測定されるべきものである」[6]と述べている。

山本七平は、「人間の〈徳〉について、〈人望〉や〈人徳〉とは、生まれながらの性格や性質によって決まるのではなく、法科に学べば法律家の能力を獲得できるように、徳科に学べば〈徳〉という異質な能力も獲得することができる」[7]と主張する。すなわち、「徳」は、後天的に修得できるものと見なされている。

　したがって、「徳」型の人間は、生まれつきでもなく人材市場から探し出すものでもなく、人格や品格がある程度備えた人間を素人から達人へと育成すべきものである。

## 3　中国における日系企業の経営方式と課題

### 3.1　中国市場の特色

　近年中国は、めざましい経済成長によって、「世界の工場」に加えて「世界の市場」へと発展してきている。こうしたなかにあって、日系企業は主として、「生産拠点」を目指し、安い人件費や労働力を求め、中国に進出してきた。現地経営に成功し定着した事例も、東芝大連社[8]や松下電器など、いくつかみられる。

　成功した日系企業の共通点として、日本的「暗黙知経営」の「形式知経営」への転換、経営ノウハウのマニュアル化に加え、OJTによる「多能工」の人材育成が現地人に評価されるなど人間尊重の経営実施などがあり、現在も多くの日系企業に採用されている。

　しかし、これらの成功経験は、製造業あるいは工場内運営にとどまっているとみられる。日系企業がこれまで行ってきた工場内経営は、様々な限界が露呈し、「中国市場向け」には通用し難くなってきている。

　中国では、目覚しい経済発展により市場の拡大をもたらすと同時に、企業間競争がますます激化している。企業間の競争は、人材の競争にあるといっても過言ではない。中国市場において競合関係にあるのは、これまで欧米、日本、台湾、韓国などの外資系企業が中心であったが、現在では中国の地場企業の存在が非常に大きなものとなっている。

　地場企業の製品は、必ずしも外資系企業より優れているわけではないが、外資系企業以上に販売シェアを伸ばしている。その原因とは何かについて、日系

企業の問題から考えてみたい。

　多くの日系企業では、幹部人材の現地化が欧米より遅れている、としばしば指摘される。日系企業の経営現地化が進まない理由として、日本人の側からは、優秀な人材の欠如、信頼関係構築、権限移譲、中国人の信用問題などがあげられている。他方、日系企業が中国人に不人気の理由としては、欧米より給料が安い、昇進できない、権限移譲しないなどといわれている。

　これらは、次の３つの評価点に集約できる。
（１）「上層管理職に相応しい人の人間性が優れているか（徳と才）」
（２）「従業員に対する魅力的な企業経営制度を実施しているか（規則、規定、制度等）」
（３）「経営層の不正経営や暴走を防ぎ、従業員の権利を守り、企業運営を健全にする内部統制・監査制度が存在しているか（内部監査、内部告発制度等）」

　中国市場で事業の成功を収めるには、優秀な人材の個人能力だけでなく、それを使う側にも高い資質が求められる。優れた上級管理者の存在はもとより、従業員の力を最大限に引き出す仕組みや制度等を実施し、強い立場に立つ上級管理層の不正経営や暴走を防ぎ、弱い立場に立つ従業員の権利を保護する制度をも構築しなければならない。

### 3.2 「日本型経営」の課題

　「日本型経営」の課題を考察する前に、その強みとは何かを分析することは避けて通れないであろう。

　「日本型経営」の強みは、「人間尊重的経営」や「平等主義」、生産・品質を重視する「現場主義」などに代表される日本型生産システムにあるといってもよいであろう。

　また、勤勉に働く品性を持つ日本人は、海外日系子会社において、彼らが自ら率先垂範して、現地人にものづくりに関わる技能や技術を熱心に伝える育成精神と相まって、アジアの経営成功を収めた重要な原因になっている[9]。

　しかし、吉原英樹［1992］は、アジアでの「日本型経営」は工場生産管理においてうまく機能しているのに、オフィス経営管理では、いくつかの問題を生

み出していると指摘している[10]。

トヨタの海外子会社においても、「生産部門の生産性やブルー・カラーの要員に対する管理は有名であるが、人事部門のホワイトカラーの要員に対する管理に悩みがある」[11]。

その原因は、様々であるが、本節において、中国の国有企業経営の特徴との比較の視点から考察し、その問題点を2つにまとめ、取り上げる。

第1は、人事制度・管理の問題である。

日系企業の人事管理・育成方法は、年功序列的であり、有能な人材・潜在能力のある人材にとって、魅力の乏しいものになっている。

特に中国において、中国人が望むような「能力・成果主義」的な人材育成方法をとっていないため、日系企業の不人気の原因につながる。中国では、有能な人材であればあるほど、ある程度の経験を積んだ後、昇進・昇給の機会がないと感じたら、能力・成果主義や、給与・福利厚生などの待遇面に恵まれる欧米系企業へと転職する。

また、日系企業では、上位の職位が日本人に独占され、現地人の昇進が難しい。すなわち、「日本人中心の経営」や「日本人管理者の独占」、「遅い昇進」などの人事管理問題が日系企業の不人気の原因の1つとなる。

第2は、人材登用の問題である。

企業経営においては、生産能力や組織を向上させるために、高度な知識や技術、技能を持つ「才人」が不可欠である。とはいえ、「才人」は、才に溺れ易いから、人間をよりよくするために、「才」（才能や知識、技能など）を使いこなせる「徳」（人格や品性、道徳など）を持つ人材の登用が大切となる。

しかし、日系企業の人材登用に際して、安いコストで生産プロセス管理（生産性や不良率、原価採算など）が得意な「才人」を探し、彼らを管理職に据える傾向がある。「才人」型管理者は、目先の生産性や業績、利益ばかりを求めるため、命令だらけ、怒りっぽいなどの管理方式が圧倒的に多い。その結果、リーダーシップが取れにくくなり、職場の上司と部下の人間関係を悪化させる要因の1つとなる。

「儒家思想」が尊ぶ「徳」は、人の上に立つ地位にある人間が当然備えなければならない徳質であり、それを備えた人物を「君子」という言葉で表している。発展段階の初期にある中国では、国有企業経営における管理者登用に際して、「君子」であるかどうかが、極めて重要なポイントである。その理由は、中国における人材の「バラつき」が日本以上に激しいからである[12]。

　また、「徳」のある者には、地位・権限を与え、「才」のある者には利（高い報酬）を与える。「徳才兼備」の者には、高い地位・名誉・権限を与えるとする。

　中国の諺が表すように「天下を得るには、まず人の心を得ること」である。また、「人の心」を得るために、金銭や権力、権威などよりも、上位者の「徳」（品性や人柄など）の方が有効だと考える。命令だけでは、人は動かせないからである。

　命令は、部下のやる気を引き出す限界があるとはいえ、「徳」だけで人を動かせるとも限らない。中国的リーダーシップでは、部下のやる気を引き出すために、「剛」と「柔」（ムチとアメ）を併用することが鍵となる。すなわち、中国的リーダーは、部下のやる気を引き出すために、信賞必罰で臨むと同時に、温情主義を併用するパターンが多い。

　一方、日本的組織の運営に慣れた相談・調整役タイプの生産型日本人管理者は、中国人を管理する際、言葉の壁により、コミュニケーションを取れないとか、思い通りに動かせないとき、命令だらけ、怒りっぽくなる傾向が圧倒的に多い。その結果、優秀な現地人部下は、日本人上司との人間関係がうまくいかないと、転職を選ぶ誘因の１つとなる。

## 4　日本的「技」と欧米的「才」へのアプローチ

　日本企業の強みは、生産現場にあるといわれてきた。それを支えるものが、日本的「技」である。日本的「技」とは、「５Ｓ運動」「チームワーク」「QC活動」「カンバン方式」等、いわば現場主義に基づく「生産ノウハウ」[13]を軸にしたものであり、「長期雇用」「内部昇進」「平等主義」「人間尊重的経営」等、いわば日本企業に特徴的な雇用や人事管理、組織運営等の「経営ノウハウ」がセットになり、共鳴的に機能する「インテグレーションの組織能力」[14]である。

それは、多文化・他地域においても、一定程度適用可能であり有効性を持つものとみられる。例えば、部品設計の微妙な相互調整、開発と生産の連携、一貫した工程管理、濃密なコミュニケーション、チームワーク、OJT教育方式等が挙げられる。

　日本的「技」は、「日本型経営」を構成するパーツであるが、両者はいずれも欧米企業の長所を取り入れ、日本に適合するように改善・工夫を織り込んできたものである。

　海外日系メーカーにおける「日本型経営」に問題があれば、海外への適用のあり方を見直す必要があろう。さらに、「日本型経営」の本質、その根幹をなす日本人自身の考え方や行動様式、アイデンティティ等への問題提起として捉えることが求められている。

　一方、日本企業よりも先行した歴史を有している欧米多国籍企業は、マネジメント分野において、比較優位にある。「欧米型経営」の強みは、合理主義に基づき、人間の才能を低コストで、最大限に引き出す「人づくり」の仕組みにあり、事務系管理員や中上級管理職層に評価されている。それに対して、「日本型経営」の強みは、「ものづくり」の現場体制にあり、現場の作業員や指揮者層に評価される。

　「欧米型経営」の特徴としては、リーダーシップ論や人事制度、能力・成果主義等があげられる。本章では、「欧米型経営」に優れたものを、「才」（経営原理やエリート主義等）として捉える。リーダーシップ論、能力・成果主義のいずれも、「才」の一字の上に成立していると考える。

　日本・欧米・中国の経営の特徴、その強みと弱みを、（1980年代～2000年代初め）先行研究をふまえてピックアップし、日本型、欧米型、中国型として捉え直したのが、図表5-1と図表5-2である。これらの特徴は、固定的なものではなく、グローバル化が進むなか大きく変容する過程にある。

## 5　中・日・欧のハイブリッド経営
　　―中国的「徳」・日本的「技」・欧米的「才」の三位一体化―

　近年、中国企業においては、急激に進展する競争環境のなかで勝ち残るため

図表5-1　日本型・欧米型・中国型経営の強み

| 国別 | 日本型経営 | 欧米型経営 | 中国型経営 |
|---|---|---|---|
| 経営慣行 | ボトムアップ経営、平等主義、人間尊重的経営、従業員主義、人本主義、強いチームワーク、等 | エリート主義、加点主義、トップダウン経営、R&D経営戦略、形式的経営、弱肉強食の市場競争原理、等 | 旺盛な学習意欲、企業家精神、学歴主義社会、長い歴史を持つ伝統文化、弱肉強食の市場競争原理、等 |
| 工場経営 | 多品種少量生産、資源節約型生産、エコ的生産、現場主義、品質重視、5S運動、強い技術開発力と革新力、強い生産労務管理とOJT教育、等 | 強い単品種大量生産システム、強い経営企画力と財務管理力、強い市場販売力と経営戦略、最先端を追求する経営思想、大量で優秀な人材の存在、等 | 低賃金で雇われる労働者の存在、強い市場販売主義、強い模倣力、メリハリの利いた人事制度、単純型大量生産労務管理制度、強い市場販売力と経営戦略、等 |
| 組織運営 | 長期志向的経営、率先垂範型経営者と優秀な中間管理階層の存在、報徳的な経営倫理、顧客志向、利他主義、原則を重視する経営風土、等 | 原則と契約を重んじる傾向、能力・成果主義、早い昇進、顕在能力と潜在能力を重視する人事考課システム、強いOFF-JT教育、等 | 経験や知識重視、信賞必罰、柔軟なルール経営、臨機応変型経営思想、強い出世志向と競争精神、「徳人」や人情を重んじる経営思想、等 |

図表5-2　日本型・欧米型・中国型経営の弱み

| 国別 | 日本型経営 | 欧米型経営 | 中国型経営 |
|---|---|---|---|
| 経営慣行 | 大衆主義、暗黙知経営、減点主義、事なかれ主義、集団を重視する恥の文化、弱い成果・結果管理の仕組み、等 | ボトムアップ経営、個人主義、カネ中心の経営、株主利益重視主義、短期雇用志向、人間配慮の欠如、等 | 不透明・不公平な経営制度、礼儀と野蛮の併存の文化社会、血縁・人脈主義文化、短期業績志向、等 |
| 工場経営 | 閉鎖的な市場競争、過労死現象、弱い潜在能力評価人事システム、年功序列、遅い昇進、職務権限の曖昧さ、等 | 弱い労務生産管理、品質より量重視とコストを重視する生産、短期業績志向、顧客へのサービスが不十分、強い労働組合の存在、等 | 優秀な技術人材の不足、品質より量生産とコストの重視、粗放型成長方式と弱い生産管理、弱い技術開発力、偽造&コピー文化、等 |
| 組織運営 | エリート層の育成システムの不在、弱い事務員管理、権力をカサにきた言い方、多才の排除、フロンティア・スピリットの欠如、等 | ワンマン型経営慣行、利益至上主義、金銭主義、弱いチームワーク、格差を拡大させる人事考課システム、社員の協力精神の欠如、等 | 原則無視の傾向、折衷主義、リベート志向、拝金主義、利己主義、相互暗闘の経営風土、国際型経営管理者の不足、等 |

出所：程永帥［2012］「中国における日系メーカーのニューリーダーシップ論―「技」「才」「徳」の三位一体化による管理者づくりと経営現地化に向けて」（博士論文）、吉原英樹・林吉郎・安室憲一［1988］『日本企業のグローバル経営』東洋経済新報社、藤野哲也［1995］『比較経営論』千倉書房、安室憲一［2003］『中国企業の競争力』日本経済新聞社、等を参考にして作成。

に、欧米型の成果主義や能力主義、エリート主義等の活発な導入がみられる。経営者をはじめとする管理層の多くは、「得」（利益や成果等）の経営に腐心するあまり、自身の修養に関わる「徳」（道徳性や倫理観等）意識が弱くなっている。法律の不完備に加え、中国人の思考・行動の原理が大きく変化してきている。

例えば、企業トップは会社の利益しか考えず、社員各々も自己中心的に考える傾向が強まり、社会への帰属意識の欠如、徹底した個人主義、公よりは私の優先、責任回避の傾向等の実利主義や拝金主義が、現れるようになった。そして、企業の脱税行為、コネと金があればなんでも解決する風潮が横行し、日常的な贈収賄、そして党・官・財を結ぶ桁外れの汚職・腐敗も深刻の度合いを強めている。

こうした状況は、決して持続可能なものではない。むしろ、長期的には社会や地域、さらには人材の劣化につながるとみられる。立派な組織や技術があり、金銭を潤沢に持っていたとしても、持続的に発展するか否かは、経営理念と人材の質、彼らの働き方いかんにかかっている。事業発展を願うならば、まず「人間学」[15]を中心とした経営の視点を取り戻すことが必要である。そのため、企業経営者や管理者は、「徳」を高め、人間性を豊かにする責務があることを忘れてはなるまい[16]。

中国伝統文化のエキスは、人間の品性や人柄を高める「人間学」であり、「徳」に集約することができる。中国の「儒家思想」であろうが、「道家思想」であろうが、それぞれの教えは、いずれも「徳」の一字の上に成立しているといってもよいであろう。

しかし、「徳」は、それだけではなかなか機能しない。先進的な「技」や「才」と結びついてこそ、社会的な力、経営の力に転化するのである。

本章においては、中国的「徳」をベースに日本的「技」、欧米的「才」の3要素を、図表5-3のように有機的に組み合わせ、人間発達の経営学の視点から、「技」「才」「徳」を兼ね備えた経営リーダーづくり（管理者や若者等の人材育成）を提起する。

特に、中国における日系メーカーの日本人管理者に焦点を当て、中国の巨大市場に根を張る上で、経営リーダーおよび管理者の新たな役割および使命とは何か、「ものづくり」の「技」[17]を「ひと（経営リーダー）づくり」にどう生かす

図表5-3 人間発達の経営学―「技」「才」「徳」を兼ね備えた経営リーダーづくり―

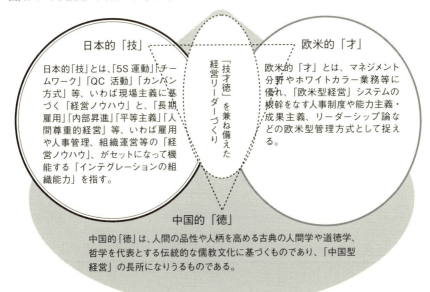

出所:程永帥[2012]『中国における日系メーカーのニューリーダーシップ論―「技」「才」「徳」の三位一体化による管理者づくりと経営現地化に向けて』(博士論文)をふまえ、編集し直したものである。

か、具体的な対策をどのように構築すべきか、を明らかにする。

　なお、人間の道徳危機を乗り越える上で、その良薬となるものは、「儒家思想」を代表とする中国伝統文化に潜んでいる。しかし、それは決して万能薬ではない。いかなるものにも、光と影があるからである。「儒家思想」も例外ではない。

　「儒家思想」の影は、「肉体労働者への軽蔑」、「男尊女卑的価値観」、「家父長制」[18]等である。それらは、社会の秩序を維持し安定を保つ等の長所がある反面、権力を有する者の現状肯定を支持する思想となりがちである。

## 6　中国における企業経営のあり方
　　―日系企業の経営現地化への提言―

　同じ東アジア地域に属する中国人と日本人は、同じ「儒家思想」の影響を受けているものの、仕事に対する考え方や思考方式・行動様式等が異なる。また、

日中両国文化に基づく組織形成の原理は、大きく異なり、組織のリーダーとしての性格も異なる。

　中国における企業の新たなる経営原理は、「欧米型経営」と「日本型経営」のそれぞれの強みを単に加算することではない、多くの事例分析をふまえ、「適応」と「適用」を超える本質的な「型」[19]（共通性）を見出し、定式化していくことである。自国の経営文化に関して、性急な批判や盲目的な肯定よりも、広い視野から客観的に「弱み」と「強み」を認識し、その上で、短所を避け長所を生かすことが重要である。今後、中国系企業にせよ、日系メーカーにせよ、「徳」を備えた人材、経営管理者の育成が急務となっている。

　以上の課題をふまえ、本章では、企業内外の調査に基づき、従来の経営論およびリーダーシップ研究とは異なる視点、すなわち「人間発達の経営学」の視点から、「技」「才」「徳」を兼ね備えた経営リーダーづくりを提示した。それに基づき、日本人管理者のリーダーシップの高め方、中国企業経営および日系企業経営現地化等のあり方、について提言する。

　そのエキスを、簡単に紹介したい。まず、日本人管理者のリーダーシップを高めるには、「意識の変革」「役割の転換」「使命の明確」の3つが重要である。

　すなわち、「物づくり」優先から「者づくり」優先へと意識を変革し、「権限死守」管理から「権限委譲」管理へと自らの役割を転換し、使命を明確にして「経営監視」から「経営監督」へとシフトすることである。

　次に、企業の倫理と経営理念の根幹に「ひとづくり」を据え、その可視化と標準化を進めることが大切である。「ひとづくり」のあり方、そのモデルや体制、人事考課制度等については、別途、提言を行っている。

　日系企業の経営トップ現地化についても、その仕組みを考案し提言した。すなわち、「徳・才」兼備の人材育成を図り、モニタリング体制を組み合わせたガバナンスを健全化した上で、日本人経営層の「譲権退位」による経営トップ現地化を進めることが肝要である。

　以上にみるような、日系企業の経営のあり方、改革への提言は、中国企業に対しても貴重な示唆になると考える。

## 7　おわりに

　企業は、地域のなかに根ざし、地域とともに発展する。外資系企業においても然りである。グローバリゼーションが進むほど、ローカリゼーションの持つ意味、両者のバランスの重要性が高まる。中国における日系企業の経営現地化のあり方、その具体的提言も、そうした文脈の中で捉えることができる。

　程永帥［2012］[20]は、日系企業の経営変革モデルとして提示した。むしろ、それは中国企業により切望されている課題に他ならず、中国企業の21世紀型経営モデルとして捉え直すことができるのではなかろうか。

　本章は、そのような問題意識から、十名直喜［2012］[21]の視点も織り込み、コンパクトにまとめ直したものである。「技」「才」「徳」を兼備した三位一体の経営、ひとづくりは、地域づくり（まちづくり）と結びつき、よりサステイナブルな発展を可能にする。ひと・まち・ものづくりの三位一体化は、日本のみならず中国においても21世紀的な課題となっているのである。

　次章では、「日本企業のグローバル化と経営理念の創造的展開」について具体的に論じていく。

注
(1) 徳主才従：人間の「人格・徳」と「才能・知識」が両立できないとき、間違いなく「人格・徳」に重きを置く。『菜根譚』には「徳は才の主、才は徳の奴なり」とある。人徳は主人、才能はその召使い、才能ばかりがあって人徳が備わっていなければ、主人のいない家、召使いが勝手気ままにふるまっているのと同じことである。広瀬幸吉［2008］『人間関係をよくする気づかい術』東京書籍、132頁。
(2) 守屋洋［1985］『中国古典の人間学』プレジデント社、8-10頁。
(3) 「青は藍より出でて、藍より青し」は荀子の名言であり、秦の始皇帝の宰相である李斯や法家の理論を集大成した韓非子が荀子の弟子である。守屋洋［2008］『右手に「論語」左手に「韓非子」』角川新書、12-58頁。
(4) 守屋洋、前掲書、12-58頁。
(5) その理由は、同じ体制と文化環境の下で、優良企業に成長し社会から尊敬評価されている企業は、結局経営者の人格、教養と密接な関係があるからである。劉東超［2006］『全球化与中国伝統道徳』国際儒学連合会。
(6) 山本七平［1983］『帝王学』日本経済新聞社、11-24頁。
(7) 山本七平［1991］『人間集団における集団研究』祥伝社、1頁。

(8) 荒川直樹［1998］『中国で製造業は復活する──東芝大連社の挑戦』三田出版社、11‒59頁。
(9) 加護野忠男［1997］『日本型経営の復権』PHP研究所、2頁。
(10) 吉原英樹［1992］『日本企業の国際経営』同文舘、180頁。
(11) 中村圭介・石田光男［2005］『ホワイトカラーの仕事と成果』、東洋経済新報社、205頁。
(12) 田中信彦［1996］『中国で成功する人事失敗する人事』日本経済新聞社、49‒52頁。
(13) 十名直喜［1994］『日本型フレキシビリティの構造』法律文化社、21‒32頁。
(14) 藤本隆宏［2007］『ものづくり経営学──製造業を超える生産思想』光文社新書、24頁。
(15) 守屋洋［1985］『中国古典の人間学』プレジデント社、25‒29頁。
(16) 楊光華［2007］『企業道徳建設論』中央文献出版社、16‒17頁。
(17) 若松義人・近藤哲夫［2001］『トヨタ式人づくりモノづくり』ダイヤモンド社。
(18) 李年古［2006］『中国人の価値観』学生社、16頁。
(19) 十名直喜［2008］『現代産業に生きる技──「型」と創造のダイナミズム』勁草書房、13頁。
(20) 程永帥［2012］「中国における日系メーカーのニューリーダーシップ論──「技」「才」「徳」の三位一体化による管理者づくりと経営現地化に向けて」（博士論文）『経営政策専攻博士後期課程研究シリーズ15』名古屋学院大学大学院。
(21) 十名直喜［2012］『ひと・まち・ものづくりの経済学──現代産業論の新地平』法律文化社。

# 第6章
# 日本企業のグローバル化と経営理念の創造的展開

井手芳美

1　はじめに
2　NUMMI（トヨタ・GM合弁会社）の経営にみる光と影
3　東芝大連社（東芝大連有限公司）の経営にみる光と影
4　トヨタにみるグローバル化と経営理念の史的展開
5　東芝にみる経営理念重視へのシフトとグローバル化
6　おわりに


## 1　はじめに

　日本企業のグローバル化が進むなか、「日本的経営」とは何か、その特長と課題は何なのかが、あらためて問われている。こうしたテーマを考える上で、日本企業の海外直接投資が急激に増加した時代、いわばグローバル化の画期、にヒントがあるとみられる。

　日本企業の海外直接投資が激増し、日本企業全体のグローバル化が一気に進んだのは、1980年代半ば以降のことである。円高を機に国際化が進み「日本的経営」の海外移植・移転問題が浮上した。海外現地生産の拡大に伴って、海外における「日本的経営」のあり方、その普遍性・特殊性をめぐる議論が活発になされた。

　トヨタ自動車（株）とGMの合弁は、この時期を代表する先駆的事例の1つとして注目される。NUMMI (New United Motor Manufacturing, Inc. 合弁会社ニュー・ユナイテッド・モーター・マニュファクチャリング社。以下、NUMMI) は、トヨタとGMとの合弁会社として1984年2月21日、米国カリフォルニア州フリーモント市に設立された。トヨタにとって、NUMMIは、はじめての現地化の実験の場

でもあった。1984年12月10日にGM「シボレーノバ」を生産開始（1985年6月発売）してから、25年間操業を続けた。2009年、破産による国有化で経営再建に踏み出したGM社がNUMMIからの撤退を決め、トヨタも単独での事業継続は困難との判断に至り[1]、NUMMIは、2010年4月1日生産終了[2]している。

NUMMIでの実験を通して、トヨタの生産システムは、現地において一定程度に受容され、さらに生産終了までアメリカの先駆的な工場現場であり続けた。

トヨタがアメリカで行った経営は、何が現地で受容され、何が課題として残ったのであろうか。そこには、日本的経営の先進的な面と克服すべき面、いわば光と影が内包されており、グローバル化が進む現在においても本質に触れるものがある。

そして、1990年代に入り、世界は中国の市場に注目するようになる。日本企業も、改革開放政策のもと経済発展が著しい中国市場への認識を深化させ、対中投資を急速に拡大し、欧米から中国を中心とする東アジアへと生産拠点シフトを進めた。

その時代を代表する事例の1つとして、東芝大連有限公司（以下、東芝大連社）の進出がある。東芝大連社は、1991年9月25日に中国大連市の経済技術開発区に設立され、1993年4月1日に操業開始した。現在も、一般産業モーター、テレビ、PC用チューナー、医療機器などの製造販売を行い、事業を継続している[3]。東芝大連社は、人材の重視が大連市に認められ表彰されるなど、日本のものづくり経営・文化が中国で受け入れられた事例である。

東芝が大連で行った経営は、日本の経営の特長を生かし、さらに磨きをかけたものであった。東芝大連社は何を試みたのか、そこでの成果と課題（いわば光と影）は何であったのかが問われよう。

前記2つの事例にみるアメリカ、中国への経営移植は、職種は違えども日本的経営の特長や課題をみるうえで興味深いものがある。海外移転の本格化は、日本を代表する両社にとっても経営理念の見直しを促すなど、経営のグローバル化の画期をなしたとみられる。

四半世紀前後経た今日、人的資源と経営理念の視点から、日本的経営の特長と課題に光をあて、日系企業におけるグローバル経営のあり方、その創造的展開について、考察する。

## 2 NUMMI（トヨタ・GM合弁会社）の経営にみる光と影

### 2.1 NUMMI経営にみる光の側面

　1984年２月21日トヨタとGMの合弁であるNUMMIは、サンフランシスコ近郊、1982年から閉鎖していたGMのフリーモント工場を活用して設立した。資本金は２億ドル、出資は、50％対50％の持ち分（トヨタは現金、GMは現金ならびに工場の建物）であった。

　NUMMI経営における成功、すなわち光の側面は、旧GMの工場と人員を使いながら、生産性が２倍以上にアップしたことなどにも示されている。むしろ、トヨタの生産管理の方法が、アメリカの現場労働者の潜在的なニーズにも合致し、一定程度、受容された点に注目したい。それが可能になった要因として、次の４点をあげることができる[4]。

（１）人間尊重・平等主義

　現場労働者に受容された要因は、現場での働きやすい環境づくりを行ったことによるとみられる。OJT教育の実施、QCサークルの活用をはじめ、学び・考える環境づくりの工夫を凝らすなど、人間尊重・平等主義を一貫したことにより、勤労意欲、学習意欲が高まったのである。

（２）チームワーク制の導入

　設立当初よりNUMMIではチームリーダー制を設け、５人から７人位で構成されるチームを形成した。そして、１人１人にチームの生産、品質、安全に責任を与え、職場で働く労働者が信頼しあえるチームづくりを醸成させたのである。

（３）自らの現場を自らの手で「標準化」

　NUMMIでは、これまでエンジニアや生産管理担当者が行ってきた仕事を、現場労働者が担うことになった。自分たちの知っている現場作業を自分たち自身で分析、改善できるという「標準化」のやり方は、仕事の責務が増え労働強化につながるも、自分の仕事、自分の職場生活を自分でコントロールできるという点で、現場労働者の気持ちを捉えた。

(4) 労使の信頼関係構築

　労使協調を基本的精神とすることで、労働組合との信頼構築に積極的に対応した。米国労働運動史上においても、画期をなす「成果」とみられる。

## 2.2　NUMMI経営にみる影の側面

　一方、NUMMI経営には影の側面、すなわち克服すべき課題も少なくなく、次の4点をあげることができる。

(1) ホワイトカラーへの受容の難しさ

　NUMMI経営の課題は、ホワイトカラーや中間管理職への受容・浸透が難しかったことである。その原因について島田晴男［1988］は、日本企業の行動の問題点を挙げている[5]。

　第1に、アメリカ産業社会あるいは企業社会における報酬の構造やキャリア形成のあり方が日本と異なるため、アメリカ人管理職に日本人のような無制限な情報共有や教え合いを期待することはできないということである。

　第2は、日本の経営者が外国人管理職を経営幹部の要として本気で育てようとは思っていないし、また企業のあり方としてもそのようになってはいないということである。

(2) 均質性、集団主義、同一思考性の強要

　十名直喜［1993］は、NUMMIの採用選考の基準が何よりもチームワークに対する適正あるいは協調性におかれていることに課題がある、と指摘している[6]。資格や技能・経験といった客観的な基準によるのではなく、「チームワークに対する適正あるいは協調性」という主観的な基準による選考は、企業・チームのカラーから逸脱するものを排除することにつながりやすい。それは日本特有の集団主義、均質性であり、個人主義の強いアメリカ社会にとっては「強要」と受け取られかねない。

(3) 秘匿される人事評価

　十名［1993］は、日本的経営において、人事評価にかかわる情報は非公開の傾向が強く、その評価基準も、仕事の成果よりも「態度や行動パターン」を重視する傾向がみられ、長時間高密度労働に追い込む仕組みを内包していると指摘する[7]。

（4）工場内と外での情報ギャップ
　日本企業は、自分の実態や主張を正しく理解してもらうための適切な情報戦略が十全ではなく、工場の外では、塀のなかで何が行われるかが理解されず、それがアメリカ社会からの信頼感の低下につながっている。

## 3　東芝大連社（東芝大連有限公司）の経営にみる光と影

　次に、東芝大連社の経営を取り上げる[8]。東芝大連社は、日本型生産管理を中国でより高度化させ、生産管理の手法やものづくり文化を移植することに成功した企業である。その成功体験は、東芝の世界の生産拠点づくりに応用するモデルケースになった。その光と影の両側面に注目したい。

### 3.1　東芝大連社経営にみる光の側面
　東芝大連社は、1991年9月25日に中国大連市の経済技術開発区に設立された。操業は、1993年4月1日からである。資本金は、9,605.65万ドル。設立当初は主に、一般産業モーター、テレビ用基板への電子部品実装、ブラウン管の偏向ヨーク、コンピューターに使用する電磁遅延線の4品目の生産・販売を目的にスタートした。1994年からは、ビデオのドラムを稼働するドラムモーター、95年には、テレビ、ビデオ用チューナー、96年には、ビデオドラムの組み立て・ドラムの機械加工と次々と生産品目を追加している。
　従業員は1,348人、そのうち日本人出向者は18名、であった（1997年1月現在）。
　東芝大連社経営にみる成功要因、すなわち光の側面は、次の4つにあるとみられる。
（1）あらゆる作業の再定義化（暗黙知から形式知へ）
　東芝大連社にみる光の側面は、あらゆる作業を形式知化、再定義化したことである。それは会社内だけにとどまらず、行政（大連市）に対しても、形式知によるコミュニケーションを展開した。生産管理技術を国有企業に、規則・規定を文書化して大連市に公開し、日本企業が何を考え、どういう企業文化を持っているか理解してもらえるように努め、外へ向けての情報発信をしていった[9]。

（2）小集団活動の導入

　東芝大連社では、小集団活動の導入を図った。小集団活動の導入によって、現場の同じラインで働く小さな集団のなかで品質向上の活動を行ったのである。

（3）中国人中間管理職によるカイゼンの徹底

　日本の生産管理法をベースに、中国人の作業長や製造長の手によって中国人現場労働者に適した手法に改善され、それが徹底された[10]。中国人の中間管理職を育成し、彼らに管理を任せたことは成功要因といえよう[11]。

（4）労使の信頼関係

　東芝大連社では、93年に工会[12]を設立している。中華全国総工会を筆頭に、遼寧省総工会、大連市総工会、開発区総工会、その下に東芝大連社工会があるという階層構造となっている。東芝大連社の場合は、日本人を除く中国人で構成され、工会のリーダーである工会主席は、中国人の課長クラスの共産党員の中から選挙で選ばれている。東芝大連社では、共産党員を採用したことでその対応は非常にうまくいったという[13]。

## 3.2　東芝大連社経営にみる影の側面

　東芝大連社は、日本型生産管理を中国で見事移植することに成功させた企業であったが、その一方で克服すべき課題も少なくない。影の側面としては、次の3つをあげることができる。

（1）徹底した個人別管理

　東芝大連社では、生産活動に必要なものを短期間で軌道にのせるため、徹底した個人別管理を行っている。作業能率・質などを徹底して個人別にデータ化し、それらはすべて各職場に掲示され、目視化されている[14]。個人の権利やプライバシー、個性、ライフスタイルまでも管理されているようにみえ、人間尊重にはほど遠いものとみられる。

（2）日本人管理職中心の経営

　東芝大連社を成功に導いたのは、当時日本から出向したベテランの管理職であった。設立当初は、19名の日本人スタッフがプロジェクトに関わっている[15]。成功は、日本人管理職の努力の結果といってもいいであろう。しかし、それは、中国人管理者の育成を阻む要因にもなりかねない。

## (3) 厳しい雇用契約

　東芝大連社は、すべての社員を2年契約にして早期退職システムを導入[16]していた。現在は、労働契約法が制定[17]され、2年間の契約は限られたものになっているが、当時は、それが許されており、2年後に更新か退職かを通知されていたという。企業にとっては、人員の流動性を高めることができるが、本人の意にそぐわない退職事例が生まれるなど、帰属意識を低下させる要因でもある。

　以上、NUMMIと東芝大連社の経営にみる光と影の分析により、日本的経営は、人的資源の働きで高い成果をあげる光の側面もあれば、人的資源に過度に依拠することで経営そのものが人的資源に左右されるという影の側面も含まれるということが明らかになった。

## 4　トヨタにみるグローバル化と経営理念の史的展開

### 4.1　人的資源と経営理念

　企業の目的を達成するのに必要な要素は、一般に経営資源と呼ばれ、ヒト・モノ・カネ・情報の4要素からなるといわれている。そのうち、「最大の潜在能力をもつ資源」[18]とみられるのが、ヒトに関わる人的資源である。日本企業のグローバル化は、人的資源管理の質をいかに高めるかが大きな鍵といえよう。

　それを生かすためにも、国籍に関係なく本社の経営理念・方針を十分理解させ、現地法人の持つ潜在能力を十分発揮できる経営戦略と人づくりが必要になる。

　では、経営理念は、経営や人的資源にどのような影響を与えるのか。本節では、NUMMIの親会社であるトヨタを事例にとりあげ[19]、分析する。

### 4.2　トヨタのイノベーションと経営理念

　創業から75年を経たトヨタにとって、変革の支えとなりメルクマールとなるものは経営理念、といえるかもしれない。経営理念は、時代を捉え、時代の一歩先ゆく方向性を指し示し、今日のトヨタを築いた源にもなっている。

　『トヨタ自動車75年史』[20]によれば、経営理念の原点は、「豊田綱領」[21]（図表6-1）

にある。「豊田綱領」とは、豊田佐吉の考え方を、豊田利三郎、豊田喜一郎が中心となって整理し、成文化したものである。1935年10月30日に発表された。「豊田綱領」は、トヨタグループ各社に受け継がれ、全従業員の行動指針としての役割を果たしている。トヨタの積極的な海外進出は、この理念から始まり、グローバル事業へと発展している[22]。

図表6-1　豊田綱領

| |
|---|
| 1、上下一致、至誠業務に服し、産業報国の実を挙ぐべし |
| 2、研究と創造に心を致し、常に時流に先んずべし |
| 3、華美を戒め、質実剛健たるべし |
| 4、温情友愛の精神を発揮し、家庭的美風を作興すべし |
| 5、神仏を尊崇し、報恩感謝の生活を為すべし |

出所：トヨタHP

## 4.3　経営理念の新次元化―国際社会に信頼される企業市民―

　トヨタは1991年の時点で、約160の国・地域で販売を行い、22の国・地域に生産拠点を構えていた。事業活動のグローバル展開は勢いを増し、文化や価値観の違いを超えて世界各国・地域の人々と協力して事業を推進することが非常に重要な課題となっていた。

　こうした情勢を背景に1991年3月、世界に通用する基本理念を制定することとなった（図表6-2）。この基本理念は、世界のオールトヨタの求心力として、全社員が共有するトヨタ哲学であり、1人1人の行動に反映すべきものとして、1992年1月に発表された。

　基本理念の制定にあたっては、NUMMIの社長など海外経験の豊富な豊田達郎副社長が中心となり、担当専務がサポートした。NUMMIは、トヨタの海外展開における初の実験現場であった。海外展開するなかで、企業価値の統一がいかに必要かを痛感したのではないだろうか。価値の統一のためには、理念は欠かせない。基本理念の見直しには、NUMMIで体得したことが色濃く反映されているように思われる。例えば、1992年に制定されたトヨタ理念には、「国際社会から信頼される企業市民をめざす」という文言が第1項にある。これは、

図表6-2　1992年に制定されたトヨタ基本理念

1. オープンでフェアな企業行動を基本とし、国際社会から信頼される企業市民をめざす
2. クリーンで安全な商品の提供を使命とし、住みよい地球と豊かな社会づくりに努める
3. 様々な分野での最先端技術の研究と開発に努め、世界中のお客様のご要望にお応えする魅力あふれる商品を提供する
4. 各国、各地域に根ざした事業活動を通じて、産業・経済に貢献する
5. 個人の創造力とチームワークの強みを最大限に高める企業風土をつくる
6. 全世界規模での効率的な経営を通じて着実な成長を持続する
7. 開かれた取引関係を基本に、互いに研究と創造に努め、長期安定的な成長と共存共栄を実現する

出所：トヨタHP

NUMMIでの現地化の経験が生かされているとみられる。

　NUMMIで展開されたトヨタ生産システムは、アメリカの自動車業界に大きな影響を与えたが、アメリカ社会からの社会的反発も少なくなかった。島田［1998］は、「コーポレット・シチズンシップに対する理解と自覚の不足」をあげている[23]。

　島田は、「コーポレット・シチズンシップ」を「企業市民性」と訳し、日本にはその概念が育っていないことを指摘している。企業も、自分の属する社会を暮らし良い社会にするため、できるだけ社会に貢献することが求められる。企業にとって、地域、社会に受け入れられることは、持続的経営につながる。この精神の重要性の認識は、1980年代の日本企業には薄かったようだ。それが、1992年に制定した基本理念には、「国際社会から信頼される企業市民をめざす」と第1項に明記されている。これは、NUMMIなど諸外国において現地経営を展開するなかで、トヨタが学びとったものといえる。

## 4.4　地域に根ざしたグローバル経営―グローカル化に向けて―

　さらに、1997年4月には基本理念の部分的な改定を実施した。トヨタ基本理

念の見直しでは、グローバルを意識した内容に改定している。グローバルに考えて、ローカルに行動するというグローカル化の姿勢が、理念には表れている。改定後の「トヨタ基本理念」は図表6-3のとおりである。

1992年に制定された理念には、「地域に根ざした」という文言があり、1997年には、「各国、各地域の文化・慣習を尊重し、地域に根ざした企業活動」とある。「地域に根ざした」というのは、トヨタが良き企業市民となり、地域での社会づくり、街づくりに貢献することでもある。この理念を反映して、世界各地でお客様に一番近いところで判断を下し、それぞれの地域に根ざした企業活動をより重視した経営方針をとっている。

また、グローバル化の促進は、進出した国・地域の理念にも色濃く現れている。例えば、天津一汽豊田汽車有限公司[24]（以後、天津トヨタ）の基本理念（図表6-4）は、誰に（中国に）、何をし（魅力ある自動車を届けて）、何を目指すか（中国の自動車業界、中国の経済発展に貢献、人材育成）がより明確に文書化され、中国に根ざした経営基盤を確立しようとするトヨタの現地化促進の志が、天津ト

**図表6-3　1997年に改定されたトヨタ基本理念〈1997年4月改正〉**

| |
|---|
| 1．内外の法およびその精神を遵守し、オープンでフェアな企業活動を通じて、国際社会から信頼される企業市民をめざす |
| 2．各国、各地域の文化・慣習を尊重し、地域に根ざした企業活動を通じて、経済・社会の発展に貢献する |
| 3．クリーンで安全な商品の提供を使命とし、あらゆる企業活動を通じて、住みよい地球と豊かな社会づくりに取り組む |
| 4．様々な分野での最先端技術の研究と開発に努め、世界中のお客様のご要望にお応えする魅力あふれる商品・サービスを提供する |
| 5．労使相互信頼・責任を基本に、個人の創造力とチームワークの強みを最大限に高める企業風土をつくる |
| 6．グローバルで革新的な経営により、社会との調和ある成長をめざす |
| 7．開かれた取引関係を基本に、互いに研究と創造に努め、長期安定的な成長と共存共栄を実現する |

出所：トヨタHP

図表6-4　天津トヨタの基本理念

1. 中国の法制・文化・習慣を尊重し、地域に開かれた公正な企業活動を通じて、地域、社会から信頼、敬愛される企業市民を目指します。
2. 中国のお客様に魅力あふれる自動車をお届けし、中国自動車社業界の発展に貢献します。
3. 天津一汽トヨタの健全な企業活動を通じて、天津市及び中国経済の発展に貢献します。
4. 人材育成に重点を置き、現地化を推進することで中国に根ざした経営基盤を確立します。

出所：天津トヨタ（天津一汽豊田汽車有限公司）HP

ヨタの基本理念に込められている。

　2011年3月、豊田章男社長はグローバルビジョンを発表している。そこでは、日本の本社は大きな方向性を示し、具体的な経営計画などは各地域に委ねるとしている。それにより、国内外で地域とコミュニケーションを図りながら、ニーズや文化の掘り起こしを目指し新たな関係づくりを始めている。例えば東北では、自動車産業・新規事業・社会貢献を3本柱とする「東北復興支援の取組み」[25]を発表し、企業内訓練校の開校や工業団地のスマート化、農商工連携事業の開始などを相次いで展開している。

## 4.5　チームワーク重視の課題

　1992年に制定され、1997年に改定された理念には、いずれも「個人の創造力とチームワークの強みを最大限に高める企業風土」とある。日本企業の生産現場は前述のようにチームワークで仕事をすることが多い。そのため、その人がチームワークに対する適性を持つかどうかが選考の重要なポイントとなる。

　しかし一方で、「個人の創造力」を求めている。チームワークを重視することは、時に「個人の創造力」を抑える企業風土にもつながりやすい。また、協調性を重視した採用は、個性的な人材の採用機会を失いかねない。それは、トヨタの求める「創造」の限界といえるかもしれない。互いに尊重したなかで、「個人の創造力」と「チームワーク」のバランスを取る企業風土をつくることが、

トヨタの可能性を広げることにつながるといえよう。

## 5　東芝にみる経営理念重視へのシフトとグローバル化

### 5.1　東芝における経営理念のはじまり

次に、東芝大連社の親会社である東芝を取り上げ[26]、経営理念が経営や人的資源にどのような影響を与えているかを分析する。

東芝は、1875年、東京・銀座に工場を創設した。これが後の田中製造所の創業であり、東芝の発祥となった。それから20年後の1893年、田中製造所は芝浦製作所に改称している。

技術の進歩に伴い、重電と軽電を組み合わせた製品の需要が高まるなか、芝浦製作所と東京電気は1939年に合併し「東京芝浦電気株式会社」が発足した。

この時、明示化はされていないが「国際的に見て、世界屈指の大電気工業会社を目指す」という高い志が、東芝の理念の始まりであった。世界屈指の会社を目指す東芝の精神は、ここに原点があるとみられる。

### 5.2　創業100年を機に経営理念の明確化

東芝は創業100周年（1975年）を迎えるにあたり、経営理念を制定した。経営理念と経営方針は、1973年10月に明示化されている[27]（図表6-5、6-6）。

日本の海外直接投資は、1960年代後半から急増しているが、東芝もその時代から海外への拠点を広げており、世界企業を志向している。海外事務所は、1965～1969年にかけて活発に設置[28]されている。東芝出資による販売会社も、世界主要都市に設立している[29]。東芝は、国際化を意識し100周年を機に、経営理念を明文化したと考えられる。

### 5.3　経営理念に基づく東芝グループのグローバルな価値統一

1984年、東京芝浦電気の略称である「東芝」に社名を変更（英文では1978年から「TOSHIBA CORPORATION」に変更）した。1990年4月に制定された東芝グループの経営理念（図表6-7）には、東芝グループ全体[30]の進むべき方向性が3つに集約して表現されている。東芝経営理念は、欧米、中国など10か国語に訳さ

図表6-5　1973年に制定された東芝経営理念

「東芝は、人間尊重の立場に立って新しい価値を創造し、豊かで健康的な生活環境づくりに努め、以て人類社会の進歩発展に貢献することを経営理念とする」

出所:『東芝百年史』

図表6-6　1973年に制定された東芝経営方針

東芝は顧客第一、消費者志向に徹する
1．東芝は世界企業を志向し国際的視野に立って企業経営を行う
2．東芝は国の内外ともに地域との協調連帯をはかる
3．東芝は社員に自己実現の場を与えその資質を最大限に発揮させる
4．東芝は伝統あるシステム技術を駆使して時代の先取りを行う
5．東芝は資源の有効活用に積極的に取り組む
6．東芝は公害をなくし自然との調和をはかる
7．東芝は公正な利潤を確保し株主、社員および社会に報いる

出所:『東芝百年史』

図表6-7　1990年に制定された東芝グループ経営理念

東芝グループは、人間尊重を基本として、豊かな価値を創造し、世界の人々の生活・文化に貢献する企業集団をめざします。
1．人を大切にします。
　東芝グループは、健全な事業活動をつうじて、顧客、株主、従業員をはじめ、すべての人々を大切にします。
2．豊かな価値を創造します。
　東芝グループは、エレクトロニクスとエネルギーの分野を中心に技術革新をすすめ、豊かな価値を創造します。
3．社会に貢献します。
　東芝グループは、より良い地球環境の実現につとめ、良き企業市民として、社会の発展に貢献します。

出所:東芝HP

れ、世界各国で使用されているという。1990年代は、バブル経済が崩壊し、平成不況に陥っていく。こうした時代背景のなかで、世界一の企業になるためには、国内、国外問わずグループ全体での一致団結が求められる。グループ全体の価値の統一を図るために、経営理念を制定したと考えられる。

　トヨタも、1992年に基本理念を制定している。日本を代表する両社が、同じ時期に経営理念を制定しているというのは、決して偶然ではなかろう。日本企業がグローバルな時代の変化に対応するためには、社員1人1人の力が必要であり、その求心力を経営理念に求めたとみることができる。

### 5.4　人間尊重の理念と課題

　東芝グループの理念である「人間尊重」「人を大切にします」は、東芝大連社経営においても尊重された。若い中国人が平社員から順次昇格できるシステムをつくり、自己実現の場を与えた。こうした個人の自己実現の場を与えたことが、中国人のやる気を引き出すことにつながった。

　その一方で、東芝大連社は、短期間で成果をあげるために、現場労働者に厳しい個別管理を実施した一面もあることは忘れてはなるまい。「人間尊重」「人を大切にする」の「人」とは誰を指すのか。顧客なのか、株主なのか、従業員なのか、何処かに比重をおき過ぎるとそのバランスは崩れてしまう。世界一を目指す東芝グループにとって、このバランスをいかに保つかが常に問われているといえよう。

## 6　おわりに

　本章では、NUMMIと東芝大連社という2つの海外現地経営の光と影を分析し、日本的経営は、人的資源に依存しやすい構造にあることを検証した。今後、グローバル経営が進むなか、経営資源の中で最大の潜在能力を持つ人的資源の管理をいかに生かすかが鍵になる。そのためには、本社の経営理念・方針を十分に理解し、現地法人においてその能力を発揮できる人材と経営システムづくりが必要になると考える。

　トヨタの経営理念は、創業してまもない1935年に制定された「豊田綱領」に

原点がある。その後、日本の国際化とともに、国際社会に信頼される企業市民化を目指し、1992年に新たに経営理念が制定された。さらにグローバル化が進むなか、1997年には経営理念が改定され、地域に根ざした経営が提示された。

　一方、東芝は、創業時には、明示化された理念はなかったものの、その後の合弁の際にも高い志を受け継いだ。そして、創業100年のときに、その志は明示化された。1990年には、グループの価値統一のために東芝グループの経営理念を制定している。

　2社にみる経営理念制定の変遷をみると、共通項が浮かび上がってくる。それは、世界・日本における経済、時代が変容するごとに、「この会社は何のために存在するのか」という経営の原点すなわち理念に立ち返っていることである。そして、会社の経営理念を、時代に沿った理念へと変革し、新たな求心力にして、会社を発展させていることである。

　まさに、経営理念のイノベーションが、持続的経営につながっていることを示唆しているといえよう。これは、2社に限ったものではあるまい。グローバル経営下における日本企業の「日本的経営」とは、経営理念を重視した経営であり、それが地域に根ざした創造的発展にもつながるのではなかろうか。

**注**
(1) トヨタ自動車75年史編纂委員会［2013］『トヨタ自動車75年史』トヨタ。
(2) トヨタHP　総合年表（2013.12.6）http://www.toyota.co.jp/jpn/company/history/75years/data/overall_chronological_table/2001.html。
(3) 東芝によると（2013.11.29）薄型テレビの生産をしていた東芝大連電視有限公司（1997年設立）は、薄型テレビ生産を12月末までで終了すると発表した。1997年から主に日本向けのテレビを生産していた。東芝大連社は清算し、900人いる従業員は経済保証金を払って原則解雇するという。
(4) 島田晴雄［1988］『ヒューマンウエアの経済学』（岩波書店）を参考にし、独自の視点でNUMMIの経営にみる光と影を分析する。
(5) 島田晴雄、前掲書、258頁。
(6) 十名直喜［1993］『日本型フレキシビリティの構造』法律文化社、123頁。
(7) 十名直喜、前掲書、124頁。
(8) 荒川直樹［1998］『中国で製造業は復活する』（三田出版社）を参考にし、独自の視点で東芝大連社の経営にみる光と影を分析する。
(9) 荒川直樹、前掲書、139頁。
(10) 荒川直樹、前掲書、27頁。
(11) 1997年4月当時、第1期生が順次昇格し、全課長19名中12名が中国人である。
(12) 工会：中国の労働組合のことである。基本的に工会は、中国共産党（政治）、人民政府（行

政)、人民代表大会(立法)とは独立した組織であるが、現実的には、工会の幹部は共産党員であり、共産党の政治指導に従っている。
(13) 荒川直樹、前掲書、141-142頁。
(14) 荒川直樹、前掲書、159頁。
(15) 荒川直樹、前掲書、115-119頁。
(16) 荒川直樹、前掲書、132頁。
(17) 2008年に労働契約法が制定。使用者は労働者と2回以上の更新をした場合、無固定期労働として契約を継続させる必要がある(労働契約法第14条)。
(18) Drucker,P.F.［1954］"*The Practice of Management*" Harper & Row, Publishers New York（上田惇生訳［1996］『現代の経営 下』ダイヤモンド社)。
(19) トヨタHP　http://www.tftm.com.cn/japanese/gsjj/jbln.htm（2013.12.1)
(20) トヨタ自動車75年史編纂委員会［2013］『トヨタ自動車75年史』トヨタ。
(21) 「豊田綱領」では、すべての項目が「一、」と表現されているが、1992年、1997年に経営理念と比較できるように番号をつけている。
(22) 2012年12月末現在、トヨタは27か国/地域に52の海外の製造事業体があり、トヨタ車は、海外の160か国/地域以上で販売されているという（トヨタHP海外生産会社)。http://www.toyota.co.jp/jpn/company/about_toyota/facilities/worldwide/（2013.12.23)。
(23) 島田晴雄、前掲書、258頁。
(24) 天津トヨタは、2000年6月にトヨタと天津汽車との合弁会社として設立された。トヨタが中国で乗用車の本格生産を始めたのは2002年で、10月に乗用車ヴィオスの生産を開始している。
(25) トヨタ自動車HP http://www2.toyota.co.jp/jp/news/11/07/nt11_0705.html（2014.6.30)。
(26) 東芝HP http://www.toshiba.co.jp/about/com_j.htm（2013.12.1)。
(27) 東京芝浦電気［1977］『東芝百年史』ダイヤモンド社。
(28) 『東芝百年史』によると、海外事務所は、1964年末においては11か所（アルゼンチン・ブラジル・ニューヨーク・シカゴなど)。
(29) 1965年ニューヨークに東芝アメリカ社、67年東芝インタナショナル社（サンフランシスコ)、68年東芝ハワイ社（ホノルル)、民安東芝有限公司（香港）など、4年間に7社を設立している。
(30) 東芝グループは、2013年3月末現在、東芝および連結子会社590社で構成されている。

第3部

# 地域産業とまちづくり

グローバル経営とは、各地域に根差した経営の国際展開であり、ローカリゼーションの多様な展開とみることができる。グローバル化の時代にあって、地域に目を向けることの意味は何か、地域の産業と経営、まちづくりのあり方とは何か。第3部は、それらのテーマについて、生業、地域産業、複合的経営、地域創造、持続可能等のキーワードを手がかりに考察する。

　第7章は、地域産業と企業経営に焦点をあてる。福井県小浜市における若狭塗箸産業と食のまちづくり事例を通して、地域産業と企業経営のあり方、今日的課題を明らかにする。
　産業は「生業と仕事を産み出すこと」、企業は「生業と仕事を企てること」とみると、地域づくりの活動そのものが地域産業であり、地域づくりをコーディネートし意思決定することが企業経営と捉えることもできる。分離・分化と再結合・融合化という視点から小浜論に光をあて、地域産業と企業経営の新たな見方を提示する。

　第8章は、中国の内モンゴルをモデルにして、農林牧畜業を軸とする複合型経営による持続可能な地域づくりを提示する。内モンゴルではいまや、経済発展の名のもと破壊型開発が横行し、生態系の破壊、環境汚染などが深刻化している。その深刻な現実に警鐘を鳴らし、内モンゴルにおける持続可能な産業・地域づくりを対置する。
　林業を軸に農業、牧畜業を組み合わせ、さらに食品工業による付加価値アップを図り、観光業とも組み合わせ販路開発・ブランド化を進めるという、複合型経営の展開である。

　第9章は、「持続可能」なまちづくりに焦点をあてる。持続可能なまちづくりを、「持続可能な社会の構築に貢献するまちづくり」と捉え直し、その具体的な実践を、地域創造の視点から提示する。「地域創造」とは、地域に内在する固有の価値や能力を再発見し、創造的に新結合するプロセスであり、地域全体の持続的な発展と人間らしい生き方を促す営みである。
　名古屋港に隣接する地域においてまちづくり事業を展開する港まちづくり協議会の事例をもとに、地域創造型まちづくりのプロセスを明らかにする。

# 第7章
# 地域産業と企業経営

杉山友城

1　はじめに
2　伝統的地域産業と現代的地域産業
3　地域産業と地域づくり・企業経営
4　持続可能な地域産業と企業経営の実現に向けて
　　――コーディネーター論とキャリア論――
5　おわりに


## 1　はじめに

　第3部の目的は、地域に根ざしたローカルな視点から産業と地域のあり方を捉え直すことである。その一角を担う本章は、小浜論[1]（福井県小浜市の塗箸産業とそれを支える企業・人材、そして「食のまちづくり」の歴史的背景と政策の評価）を媒介にして、地域産業と企業経営のあり方、今日的な課題を提示するものである。
　その方法は、小浜論を「分離・分化から再結合・融合化へ」の視点から再考察するとともに、産業や企業という分析単位から、コーディネーターやキャリアという人的側面にまで踏み込み考察を加える。すなわち、産業や企業に係る構造、組織、政策といった伝統的な分析視覚を基礎としながらも、いくつかの他分野にも及ぶ一種の学際領域的なアプローチを行う。
　地域産業やそれを構成する企業、また企業経営は、我々の生活を担保する重要な役割を担っている。我々の人生における機能的な側面から眺めれば、切り離されてはいない。しかし、精神的な側面では、地域産業や企業と生活は、分離・分化している。これは、単に構造的、組織的、そして政策的な課題を解決すればよいという単純なものではない。

過度な方法論への傾倒に警鐘を鳴らし、硬直化した視点（機能的アプローチへの偏重）を揉み解す新たな視点を示すことが本章のねらいでもある。

## 2　伝統的地域産業と現代的地域産業

### 2.1　伝統的地域産業―単一製品特化と閉鎖型分業体制―
（1）若狭塗箸とは何か

　福井県の南西部に位置する人口約3.1万人の小浜市は、全国シェア8割を誇る「箸の産地」である。あえて産地の名を出さず、（輪島や河和田などの）他産地や観光地への製品供給を含め、多様な販路開拓を繰り返した結果として、今日のシェアを獲得した。知名度と引き換えに、生産量や出荷量を伸ばしてきたといえる。観光地での「土産用塗箸」には、小浜産という標記はふさわしくなく、あえて秘匿にしたというかつての事情もある。

　さて、ここでいう「箸」とは、何か。伝統的工芸品産業の指定を受ける「若狭塗」から独自に一人歩きした1）「古代若狭塗箸」や2）「塗立箸」、さらに、戦後から使われている合成樹脂塗料の開発と生産段階での機械化や量産化の確立により大量に生産される3）「塗箸」、そして転写技術[2]によって生産される4）「箸」など、小浜市で生産されるすべての種類の箸を指している[3]。これら全ての総称が、「若狭塗箸」である。

　製造技法や原材料が異なる4種の塗箸が、小浜という狭いエリアで集中して生産されている。何より、塗箸という単品のみを生産する事業所が集中立地しているのは、日本全国を探しても当地のみである。ここに、若狭塗箸と若狭塗箸産地の固有性の1つを見出すことができる。

（2）若狭塗とは何か―若狭塗の歴史

　若狭塗箸の源流である若狭塗の歴史をさかのぼると、慶長年間（1596～1615）に辿り着く。小浜の豪商組屋六郎左衛門が、国外から入手した（志那漆芸が施された）漆塗盆を当時の藩主に献上し、1597（慶長2）年に小浜藩の漆塗御用職人松浦三十郎が、この漆塗盆に施された漆芸を模倣して、小浜湾の海底の様子をイメージさせるデザイン性の漆器を製作したことが始まりとされている。

　1634（寛永11）年に若狭の国に赴任した藩主酒井忠勝が、これを「若狭塗」と

命名し、専門の職人以外にも、庇護奨励を加えることで下級武士（足軽）が内職として、刀の鞘を研ぎだしていた。

大陸文化との交流によって持ち込まれた漆器の模倣から始まり、その後、地域資本ともいえる自然（景観）と職人の創造意欲や創造活動が融合することで、地域固有の漆器が誕生した。そして藩主がその価値を認めたことが、「若狭塗」という地域固有の伝統的工芸品産業の起点となり、その後400年余にわたって受け継がれることになるのである。

## （3）若狭塗箸産地の維持発展の背景―単一製品特化型の発展
### 明治および大正時代の若狭塗と若狭塗箸

明治時代の若狭塗は、士族の授産事業として注目され、1880（明治13）年には、西脇忠治ら士族8人により「若狭塗会社」が設立された。販路拡張に努めた彼らは、製品を国内外の博覧会や共進会に出品するなど、若狭塗を全国的に広め、この時、産地形成の基礎を築いている。

1910年には、若狭塗漆器同業組合が、県費の補助を受け徒弟養成所を設立する。また、県から技術者がそこに派遣されるなど、製造面における裾野づくりがなされ始めた。その結果、1913（大正2）年には、製造工程が簡素化された「塗立箸」が考案され、安価で品質が一定な若狭塗箸を、安定的に製造供給できるようにしたのである。

1916年には、重要物産同業組合法によって、若狭漆器同業組合が、また1923年には塗立箸の若狭塗箸購買販売組合が設立されたこともあり、1924年には、明治中期の30倍に上る1,500万膳へと生産量を飛躍的に伸ばした。その結果、若狭塗箸（古代若狭塗箸と塗立箸の合計）が、若狭塗全体の生産額の8割を占めるまでに達したのである。

当時、1,500万膳もの大量生産を可能にしたのは、木地づくりの段階で半馬力の動力を使った箸榛打抜機を導入したことと、それに加えて、当地に、職工や臨時幼年工など、豊富な労働力があったからである。

当時、漁家や町家でこの職業に変わったものが多い。当地域の主要産業であった製糸業とともに若狭塗箸に関わる仕事は「一家総稼ぎ」ともいわれ、地域の労働力需要を広く掘り起こした。

職人の手仕事という性格が色濃い若狭塗とは異なり、この時代の若狭塗箸（特

に塗立箸）は、職人の手仕事とは程遠く、地域ぐるみの分業や製造方法の革新によって、明治期に地域の産業へと発展していった。

### （4）昭和期の若狭塗箸

　昭和に入ると、安価品を大量生産したことが原因で、生産過剰に陥り、その結果、1927（昭和2）年7月には、6割の生産制限を行っている。にもかかわらず在庫調整が進まず、乱売や競売が行われ、さらには、恐慌のあおりを受け、1930年には、ついに当地域の主要生産物から若狭塗箸は姿を消した。

　この状況を深刻と受け止めた県は、若狭塗製造業者の8割を占める家内工業的な小規模事業所の経営改善策として、工業組合の設立を指導し、若狭塗箸工業組合の設立を認可したのである。

　若狭塗箸工業組合は、若狭塗箸販売組合と連携し、生産統制の徹底化、製品改善や販路拡大を推し進め、一旦は生産量の回復が見られた。しかし、従来からの粗製乱造と売り崩しにより下落した価格は、簡単には回復することがなく、在庫過多に陥るなか、生産者らは、組合員以外への統制を県と商工省に要望することになる。

### （5）俵田光蔵の功績―コーディネーターとしての役割―

　1945（昭和20）年、若狭塗箸産業を支え、大きな影響を与えた人物が、大阪よりこの地に移り住んでいる。その人物こそ、塗箸一筋に生きた俵田光蔵である。

　若狭塗箸の世界に生きることを決意した俵田（当時38歳）は、1946年に塗箸の製造技術を習得するため、妻の実兄である藤田鉄蔵に師事し、翌1947年には、「若狭塗箸製造・俵田光蔵商店」を開業した。事業開始当初は、問屋に卸すことができるものばかりではなく、粗悪品ともいえる類を戦後の物不足にあった大阪に持ち込み、売り捌いたこともあった。だが、生計を立てるためとはいえ、その行為に対し、職人の誇りに苛まれた俵田は、「こんな箸は二度とつくってはならない」と自責の念とともに、新たな闘志と信念を内に秘めることになった。

　高度成長の1955年、作業性の良い化学塗料が開発されたことにより、さらなる大量生産を可能にした。しかし俵田は、化学塗料を好まず、産地の流れとは裏腹に、かたくなまでに本漆を守り続けたのである。

　日本経済が拡大へと向かい始めた1961年、若狭塗商工業協同組合から箸製造業者達が分離し、若狭塗箸工業協同組合（以下、箸組合）が発足した。箸組合

は、業界の発展を託し、1965年に浦谷岩蔵とともに俵田を顧問に委嘱して、翌1966年には、俵田が理事長（代表理事）に選出された。俵田は1987年まで理事等を務めており、俵田が業界に与えた影響力、功績は大きかった。

　当時の俵田が最も懸念したことは、化学塗料や自動機の導入による量産化に伴い、「箸は安いもの」という観念や認識が広まったことである。「産地を自滅に追い込む値下げ競争は絶対に避けなくてはならない」と、古代若狭塗箸を守り続けた俵田は、問屋の「俵田の箸は高い」という批判を浴びながらも、産地存続のため、若狭塗箸の存続のためにも適正価格を主張し、2000（平成12）年の廃業時まで、それを貫き通したのである。

## 2.2　現代的地域産業—開放型（国際）分業体制と分離型拡張—
### （1）現代の若狭塗箸産地の状況—若狭塗箸の生産および流通形態

　産地の現状を、生産と流通の面から眺めてみたい。箸木地の原材料になる木は主にインドネシアやベトナム、フィリピン、ニューギニアなどの亜熱帯地域、竹は中国や台湾で生産され、現地で原木加工や木地加工（一部）が成された後、半製品として商社を通じ輸入されている。木や竹といった箸木地の材料は、現在8割以上が海外からの輸入となっており、海外への依存度が高い。かつては、木地加工を行う事業所も当地域に多く立地していたが、こうした海外依存の高まりにより経営が圧迫され、その数を減らしている。

　製造工程の面では、原木加工をされた木地材料や、それらを木地加工した半製品を、当地域の木地加工事業所が商社を通じ輸入し、木地加工を施し木地完成品として塗製造事業所に納入している。塗製造事業所のなかには、木地加工事業所を通さず、直接海外から木地完成品を仕入れる事業所も存在する。多くの塗製造事業所は、木地や塗料などの原材料を仕入れ、塗加工や箸封、シール貼り、封入などの段階を踏み、箸完成品を仕上げている。

　主として、原材料を海外から輸入、もしくは国内から仕入れ、箸完成品を製造し、問屋によって流通される形態で産地を形成しているのである。かつては、木地原料も産地内で採取し、木地加工を行い木地完成品にしていた。さらには漆取りも行い、生産面においては域内完結型の産地構造を保ってきたが、時代の流れとともに、グローバルな分業体制へと変化している。

## (2) 若狭塗箸生産の形態と現状―分離型拡張による専門化―

　当地域において塗箸の製造を行う事業者または事業所は、「工房的事業者」「古代若狭塗箸製造事業者」「多品種大量生産型事業所」「新市場創造型事業所」の4種類に分類できる。

　「工房的事業者」とは、伝統的工芸品としての若狭塗漆器（箱や盆類）を製造するかたわら、箸を製造する事業者である。一連の作業を、1店舗で1人の職人が、約1年間かけて全て行う。

　次に「古代若狭塗箸製造事業者」とは、古代若狭塗の技法を継承し、箸のみを製造する事業者である。若狭塗の技法を箸製造に特化させ、本漆による古代若狭塗箸や塗立箸の伝統的な若狭塗箸のみの製造を行っている。各職人が、分担された工程をそれぞれ行うといった形で作業を行っているが、これは、分業というよりは、徒弟制に近い形態である。

　「多品種大量生産型事業所」とは、古代若狭塗箸や塗立箸を一部製造しながら、機械化によって大量に生産を行っている事業所であり、生産の大半は転写技術によって生産される箸である。

　最後に「新市場創造型事業所」とは、古代若狭塗を尊重しつつも、若狭塗からの脱皮を図り、独自の感性で新たな箸分野を切り開く事業所である。また、道具という箸の機能だけではなく、箸の領域に留まらず、新たな付加価値を加えた箸などを製造し販売している。

　日本各地には様々な塗物産地があるが、「他地域では、漆器製造がメインで塗箸の割合は極端に少ない。一方、若狭では、漆器に携わるのは4社のみで、45社ある若狭塗箸は、若狭塗から完全に独立したひとつの産業になっている」[4]。

## 3　地域産業と地域づくり・企業経営

### 3.1　地域産業と地域づくりの融合―産業主体から文化・生活主体へ―
#### （1）なぜ、若狭おばま「食のまちづくり」を取り上げるのか

　小浜市は、日本海側、北陸地方の福井県の南西部に位置し、若狭湾に面した人口3.1万人の小さな市である。かつて奈良時代には、伊勢・志摩、淡路（洲本）とともに天皇家へ食材（海産物）を献上する「御食国（みけつくに）」として、北

の台所とも呼ばれた。

　いまでも小浜港に水揚げされる良質で新鮮な海産物は、京都や奈良など関西地域において「若狭もの」と呼ばれ、「若狭かれい」などは高級食材として認知度が高い。また、「小鯛の笹漬け」など固有な水産加工品も多く、水産加工産業は当市の三大産業[5]の１つになっている。

　一方、隣町の高浜町やおおい町、美浜町や敦賀市には原子力発電所が立地し、周辺一体は原発銀座とも呼ばれる。そうしたなか、小浜市は脱原発を宣言し、近隣市町とは異なる姿勢を一貫してきた。

　主要な産業は、外来型の電子部品関連製造業、移出産業としての塗箸産業と若狭湾の海産資源をもとにした水産加工産業、そして民宿といった観光産業である。

　観光産業とはいえ、その絶対的資源ともいわれる温泉があるわけではない。また、東京を起点とした場合、小浜には４時間40分ほど、例えば大分の湯布院町（由布市）へは４時間30分ほどであり、時間距離としてはさほど変わらない[6]。さらに、小浜市に温泉が沸かないこともふまえれば、観光地としての魅力は乏しいといわざるを得ない。

　換言すれば、小浜市の「食のまちづくり」の事例は、立地や資源に恵まれなくとも、限られた地域資源と住民の知恵や行動力によって、地域を再生し、持続的な地域づくりが可能であることを証明した事例の１つである。「食のまちづくり」による取り組みを取り上げ、整理する作業は、立地が悪い、資源が乏しいと嘆く悲観的なわが国の各地域にも応用可能な地域づくりの方法や視点を提示できると考えるからである。

（２）食のまちづくり条例による地域づくりの特徴と成果

食のまちづくりのあゆみ

　小浜市における「食のまちづくり」は、前市長・村上利夫[7]が2000（平成12）年８月、市長就任を期に「市民参加型のまちづくり」を掲げ、2001年９月に「食のまちづくり条例」を制定し、2002年４月の施行によってスタートした[8]。

　2003年４月には、全国の行政でも類をみない、食育を推進する専門職員「食育専門員」を採用し、「食のまちづくり課」が核となり、「食のまちづくり」を推進した。

## 食のまちづくりの手法

　食とは、何か。小浜市では、「食材の生産から加工、流通、料理を経て食事に至るまでのあらゆる段階及び食文化や食に関する伝統、歴史までを含む概念」と位置づけた。「食のまちづくり」推進にあたって、6つの柱（キーワード・達成目標）を掲げている。その柱とは、1）食育・食文化、2）観光、3）農林水産業、4）環境保全、5）食の安全・安心、6）健康長寿である。食を通じて、これらの推進・実現を図るというのが、「食のまちづくり」の基本概念である。

　そもそも「食のまちづくり」は、村上が掲げた市民参加型まちづくりの核であるため、小浜市12地区の市民が主体となり、地域振興計画を策定し、その振興計画を市が汲み上げ、市全体としての基本計画を策定するというボトムアップ手法がとられている。与えられた羅針盤ではなく、住民自らがつくった羅針盤であるため、積極的な市民の参加と実践、そして着実な成果が得られている。

## 拡がりをみせる食のまちづくり

　地域内部の取り組みであった「食のまちづくり」は現在、食を通じ、多くの地方自治体や地域との交流へと拡張している。例えば、三重県伊勢市、志摩市、鳥羽市、南伊勢町、兵庫県洲本市とは「御食国サミット協定」を結んでいる。さらには、2006（平成18）年10月には、小浜市が旗振り役となり「全国食のまちづくり大会[9]」が開催されるなど、地方の小さな市が発信した「食のまちづくり」が全国へと拡がりをみせた[10]。

　「食のまちづくり」の地道な実践は、市民の「生活の質の向上」に留まらず、観光交流人口の増加、域内再生産の拡大を促している。さらには、食のまちづくりを推進するまちの食材であれば、安全・安心であるという担保から、大資本までをも巻き込み、大手回転ずしチェーンで使用する米の一括仕入を受注するに至るなど、経済面にまでも波及効果が現れている。

　さらに2015年の「ミラノ国際博覧会」に出展する日本館のイベントでは、「キッズ・キッチン」（幼児から小学生を対象にした食育教室）や若狭塗箸の研ぎ出し体験をメインに、和食文化をアピールする計画を立てている。

　1つの小さな市から発生した「食」という文化を軸とした地域づくりの活動。それが、各地域を刺激し、交流や新たな創造的活動、さらには大資本を巻き込んだ産業化へと展開するに至っている。小浜市の「食のまちづくり」は、日本

文化の象徴にまで拡張したダイナミックなモデルとして、高く評価することができる。

## 3.2 地域産業と企業経営にみる分離・分化および再結合・融合化の視点
　　　―小浜論からのアプローチ―

### （1）産業はなぜ誕生するのか

　産業論の関心と対象は、これまで次のようなものとされた。「産業構造の転換、経済成長に伴う内部構造の変態にある。したがって、設備投資や新規立地を活発に行う（それは技術革新と密接に関連している）新産業や成長産業、あるいはその逆に負の設備投資や事業所の閉鎖を行う衰退産業が分析対象となる」[11]。

　すなわち、すでに存在している産業が対象となり、成長や発展、衰退のメカニズムに対して関心は強いものの、その産業がなぜ誕生したのかは、さほど重視されていない。

　誕生のメカニズムから、産業の成長発展・衰退の本質を探ることも重要な視点である。産業は、何らかのものに、何らかの刺激が加わり、分離・分化および再結合・融合化することで誕生し、成長発展、または衰退へと進むと考えられる。結論を急げば、人々の生活に刺激を加えることで、産業は誕生するのである。

### （2）生活と産業の融合化の視点

　若狭塗は、大陸文化との交流によって持ち込まれた漆器の模倣に始まり、その後、地域資本ともいえる自然（景観）と職人の創造意欲や創造活動が融合することで、地域固有の漆器として誕生した。そして藩主がその価値を認めることによって、その後400年余にわたって受け継がれることになる「若狭塗」という地域固有の伝統的工芸品産業が、産声を上げることになった。他方、明治期には「若狭塗会社」が設立されることで、企業化され、さらに大正期には地域ぐるみの分業が、地域産業としての基盤を形成したのである。

　産業の発展や衰退の要因を、経済合理性という物差しのみで評価し、または、政策の良し悪しで判断する以前に、地域産業が人々の生活と融合しているか否かが、重要な視点になりうる。

### （3）企業経営にみる分離・分化の視点

　若狭塗箸産地の発展要因の1つは、産業構造上の分業体制の確立と、企業の

投資基準や戦略方針としての分離・分化にあった。

企業を経営するうえで、選択・集中・差別化は、避けては通れない宿命といってもよい。現在の若狭塗箸産地における事業所形態の分化は、若狭塗箸産業に携わる経営者の経営判断によるところが大きい。資源は有限であり、特定分野へと資源を集中投下することによって、専門化が進み、固有の事業所形態が誕生することで、地域産業としての柔軟性と強靱性を兼備することになる。

### （4）もう1つの融合化の視点—産業・企業の生活化

人々の生活から、産業や企業の種が創造されるのであれば、人々の文化や生活から分離したままの産業や企業は本来、存続しえないはずである。しかし、「生活と仕事のバランスを整える」といった議論を耳にするようになって久しい今日、生活と仕事は、分離・分化しているといわざるを得ないはずである。すなわち、人々の文化・生活と産業や企業が分離・分化しているのが現代の姿である。

果たして、これは正常な姿であろうか。企業や産業の発展過程を眺めると、そこで活躍した人々は皆、生活と仕事を分離・分化させたままにしてはいない。生活そのものが仕事であったともいえる。

また、小浜市にみた食のまちづくりは、こうした今日的課題を解決するためのヒントを提示している。産業を核としたまちづくりではなく、文化・生活を核にすることで、地域産業、地域企業、そして人々の生活を底上げするまちづくりは、新たな視点の1つといえよう。

## 4　持続可能な地域産業と企業経営の実現に向けて
　　—コーディネーター論とキャリア論—

### 4.1　コーディネーターとは何か

ジョン・ラスキンは "Unto This Last"（1860年発表）において、マスター職人や流通業者、斡旋人（御用聞き）などを、「仲介者」として取り上げている[12]。ラスキンによると、経営者（「商人」という言葉で表現）というのは実は大変な仕事である。社会の資源を信託されていて、それを損なうことなくより大きな成果にして社会に還元するという、最も難しい仕事を担う立場にある[13]。しかも、

労働者を雇うということは、意味ある仕事を与え育てるということでなければならない[14]。

　本来の経営者の仕事は厳しいものがあり、社会的使命を担い社会に捧げるという最高の義務を果たさねばならないという視点は、経営倫理をめぐる今日的課題の原点となるものであり、組織の社会的使命に注目するドラッカーの視点[15]とも通ずるものがみられる。企業は今日、文化装置や文化財として捉える見解もみられ、経営者は社会の資源をコーディネートして社会に還元する人に他ならず、まさに企業版コーディネーターといえる。

　他方、地域づくりの観点からでは、企業版コーディネーターは無論、行政版、NPO版、市民版なども含まれるなど、コーディネーターの概念は多様に存在し得る。

　事実、小浜論で見た俵田光蔵は企業版コーディネーターであり、村上利夫は行政版コーディネーターである。彼らの活躍は注目しなければならないが、全てを1人で成し遂げたともいい難い。彼らの支援者として活躍した人々は数えきれない。

　すなわち、コーディネーターとは、特定の何者かを指しているのではないともいえる。また、俵田は企業経営者としての手腕を発揮しただけではなく、地域産業、地域文化を守るという信念のもとに行動していた。市民版コーディネーターとしての側面も持ち合わせていたのである。

## 4.2　コーディネーターは特殊能力なのか

　大阪都市経済調査会［2005］では、産業という側面から、コーディネーターに必要な資質・要件をまとめている。最も重要であるのは、「人間性・求心力」である。「カリスマ型の人はコーディネーターには向かず、威張らない人であることが重要」で、他には、「調整能力、課題発見能力、コミュニケーション能力なども重要視」している。その反面、「専門性や予測・想像力、問題解決能力などは、コーディネーター自身が持っていなくても、それらを備えた人材とのネットワークを持っていれば良い」。ただし、「コーディネート活動を始める時点で人脈・ネットワークを持っていない人はコーディネーターに向かない」[16]としている。

前記の資質・要件では、コーディネーターの性格的な側面や、特殊能力的な側面が強調されている。しかし、これらに当てはまらないケースもあるであろうし、当てはまらない人物は、コーディネーターにはなれないのであろうか。

そこで、キャリア論の概念を持ち込み、検討してみたい。キャリアといえば、ビジネスキャリアを想起するケースが多い。しかし、キャリアとは「人生における役割」であり、ドナルド・E・スーパー［1995］[17]は、キャリアを「人生のある年齢や場面の様々な役割の組み合わせ」と考えた。子ども、学生、職業人、配偶者、家庭人、親、余暇を楽しむ人、市民といった役割のバランスを、個人個人がどうとるのか、と捉えたのである。

産業や企業経営の側面では、職業人（ビジネス）キャリアに注目が集まる。企業経営者であれば、他のキャリアを犠牲にしてでも職業人としてのキャリアを重視する。または、職業人としてのキャリアを全うすることに人生を捧げるという覚悟と決意が、能力の獲得や向上に向かわせる。

人間性や求心力、調整能力や課題発見能力、人脈・ネットワークを持ち合わせているにこしたことはない。これらは努力次第で獲得し、磨き上げることは可能である。問われるべきは、努力へ向かう行動と気づきである。行動は「心（マインド）」に起因し、よって、コーディネーターとしての「心」が磨き上げられたならば、誰もがコーディネーターにはなれるのである。

## 4.3　いま、地域産業と企業経営に求められる「心・体・技」の三位一体化

地域産業も企業経営も成長発展を実現し、持続可能性を担保する構造や方法、政策などをいかに整えていくのかが課題であることはいうまでもない。小浜論でも、地域産業や企業経営の強靭さと柔軟さは、4タイプの固有の事業所形態という構造的な側面、分業という方法論的側面、そして、行政の関与という政策的側面の三位一体性にあった。他方、地域づくりとしての成果は、食を軸としたまちづくりという構造、住民参加という方法、そして、政策としての取り組みという三位一体性にあったといえる。

しかし、三位一体性を論じる前に、とりかからなければならない議論がある。それが、産業システムアプローチを構成する「文化的アプローチ」すなわち、もの・サービスを生産・供給する活動に携わる人々の働き様、生き様、そこに

蓄積される多様なノウハウや生活文化にも目を向けることである。

　地域産業も企業経営も、即効性を求めるがあまり、方法論（テンプレート型）に陥る傾向が強い。しかし、方法論は「技」である。より重要な課題は、習熟した「技」を絶妙なタイミングで生かす「体」すなわちセンスにある。センスとは「藝」でもあり、盗むことはできない。意識して、磨き続けることで上達するものでもある。「技」「体」も、習熟し磨くという行動に移す原動力は「心」に他ならない。「心」が固まらなければ、行動は変わらない。行動が変わらなければ、「技」も「体」も高まることはない。

　人々の働き様、生き様、そこに蓄積される多様なノウハウや生活文化に、人々の「心・体・技」が投影されている。生活（人生）と地域産業や企業経営を分離・分化させたままにすることなく、再結合・融合化させる精神、視点、方法とは何か。それを問い直すことが、地域産業、企業経営に課せられている。

## 5　おわりに

　ここでは、小浜論（若狭塗箸産業と食のまちづくりの事例）を媒介として、現代の地域産業と企業経営に課せられた課題は何かを示した。それは、生活（人生）と地域産業や企業経営を分離・分化させたままにすることなく、融合化させる精神、視点、方法とは何かを問い直すことであった。そして「心・体・技」の三位一体という視点を提起した。

　分離・分化は、とりわけ技（スキル）の範疇であり、再結合・融合化は体（センス）の範疇である。分離・分化と再結合・融合化から生まれるトレードオフを解消する、または正しくバランスを整えられるかは、プラスにもマイナスにも転嫁できるという意味で心（マインド）次第である。

　かつて生業と仕事は、異なる概念であった。生業とは金銭を得るための仕事であり、金銭を得ない活動（地域活動、政治活動を含む）が仕事であった。すなわち、生業は職業人としてのキャリア（役割）を意味し、仕事とは、子ども、学生、配偶者、家庭人、親、余暇を楽しむ人、市民という概念を含むものといってよい。

　「業」を生業と仕事と定義するのであれば、産業は「生業と仕事を産み出すこ

と」、企業は「生業と仕事を企てること」といってもよい。ならば、産業と企業は、そのいずれも、また機能的かつ文化的にも、我々ひとりひとりに埋め込まれていなければならない。

　このように産業や企業を捉え直すことができるのであれば、地域をつくる活動そのものが「地域産業」であり、地域づくりをコーディネートし、意思決定することも「企業経営」、という新たな概念が浮かび上がる。我々の文化・生活に産業も企業も埋め込まれている（融合している）ことが、地域産業や企業、そして地域の持続可能を担保する絶対必要条件といえるのではないだろうか。

注
(1) 小浜論：2012年の博士論文「地域活性の理論と方法」でまとめたものである。
(2) 箸の木地に機械でデザインや模様が彩られたフィルムを巻きつける技術。
(3) 小浜市で生産される「箸」木地の原材料は主として竹である。プラスチックなどの樹脂は木地として使用されない。
(4) 坂口香代子［2008］「若狭箸工業組合（福井県）日本の伝統工芸を「時流」と結ぶ道を探る　若狭塗箸の今」『Crec中部開発センター162号』中部開発センター、62−63頁。
(5) 三大産業は水産加工業以外に、塗箸製造と一般機械器具製造である。
(6) ここでの時間距離とは、ジョルダン乗換案内（http://www.jorudan.co.jp/norikae/）によって、東京9時30分発として検索した結果である（2014年12月4日現在）。
(7) 村上は、福井県農林部長、農林大学校教授、福井県議会議員などを経て、小浜市長に就任している。
(8) ちなみに、当時は国内初のBSE報告がなされ、また、食品の偽装表示が多発するなど、日本において、食の安心・安全に対して関心度が高まり始めた頃である。
(9) 参加都市は、青森県鶴田町、秋田県横手市、埼玉県川越市、静岡県富士宮市、石川県金沢市、愛知県一宮市、京都府京都市、奈良県奈良市、三重県伊勢市、大阪府茨木市、兵庫県洲本市、鳥取県鳥取市、香川県丸亀市、愛媛県今治市、高知県南国市など全国の46自治体。小浜市開催。
(10) 他にも、奈良市の全小学校が2007（平成19）年より民宿体験として、小浜市の民宿において体験学習を開始している。
(11) 山崎朗［1991］「産業論の存立根拠──産業組織論再批判」『越後和典教授退官記念論文集』滋賀大学経済学会編、410頁。
(12) ラスキン［1971］『ラスキン　モリス』中央公論社、155頁。
(13) ラスキン、前掲書、76頁。
(14) ラスキン、前掲書、76,149頁。
(15) ピーター.F.ドラッカー［1991］『非営利組織の経営──原理と実践』ダイヤモンド社。
(16) 大阪都市経済調査会［2005］「産業支援コーディネーターに関する調査報告書」16−17頁。
(17) Donald E Super［1995］"Life Roles, Values, and Careers" Jossey-Bass。

第8章

# 持続可能な地域・産業づくりと複合型経営
――内モンゴルにおける農林牧畜業への日中比較アプローチ――

白　明

1　はじめに
2　内モンゴルにおける草原産業の論理構造
　　――複合型経営を軸にした持続可能な産業経営に向けて――
3　農林牧畜業・「新型工業」・観光業との複合
4　日本と内モンゴルでの調査事例にみる複合型経営モデル
5　持続可能な地域づくりへのプロセス
6　おわりに


## 1　はじめに

　前章では、現代産業における「地域産業と企業経営」について、様々な視点をふまえて論じてきた。本章では、農林牧畜業を軸にした地域産業の活性化・持続的発展のあり方を、日本と内モンゴルの比較視点から論じていく。すなわち、内モンゴルにおける「草原産業」の経営と地域づくりに光をあて、いかにして生態系を保持しながら持続可能にしていくかという課題にアプローチする。

　草原は、人類が生存する温もりの故郷であり、社会の進歩や経済の発展に大きな役割を果たしている。草原は、牧畜業や農業、林業の発展にとって、最も重要な基盤であり、草原に賦存する豊富な鉱山資源、観光資源なども、工業生産や観光業発展の大きな要素となる。また、草原は、生態系にとって最も基礎であることを、何よりも銘記しておく必要がある。

　しかし、改革開放以来、中国全土に吹く経済成長優先の「風」が、沿海地域から周回遅れの経済発展を遂げる内モンゴルを衝き動かしている。その結果、内モンゴルでは、草原を横切る高速道路や鉄道、および舗装道路などのインフ

ラ整備が進み、「鉱山資源開発」などによる工業の急拡大がみられる。確かに、経済成長がもたらす著しい効果は一目瞭然であるが、他方からみると、「生態系の破壊」「環境の汚染」が深刻化し、結果的には「破壊型開発」になってしまっている。

そのため、本章では、内モンゴルにおける資源開発による「破壊型開発」に警鐘を鳴らすとともに、「草原産業」には、鉱物資源開発のみならず、「農林牧畜業」の活性化が最も重要であるということを指摘する。すなわち、内モンゴルにおける農林牧畜業の現状と課題を論じるとともに、「観光業」や「新型工業」[1]との複合による「持続可能な地域づくり」を提言する。

本章を通じて、内モンゴルにおける「持続可能な地域づくり」には「複合型経営」が最も適しているということを明らかにするとともに、その実践の道筋を提示する。

## 2　内モンゴルにおける草原産業の論理構造
### ―複合型経営を軸にした持続可能な産業経営に向けて―

内モンゴルは、大草原の恩恵に恵まれ、自然環境が魅力的で、昔から生態系を維持しながら牧畜業を中心に生計を営んできた地域である。任継周は、草原産業における生産層を前植物生産層・植物生産層・動物生産層・後生物生産層の4つに分類している[2]。

テクシビリグ［2009］は、この4つの草原産業の生産層を次のような論理構造で捉えている[3]。4つの生産層の関係を、産業構造の視点からマクロ的に捉えている点が注目される。

（1）前植物生産層は、景観層ともいい、動植物産品の収穫を目的とせず、自然景観の形で社会に貢献するものであり、観光業に結びつく。

（2）植物生産層は、言葉通りのものであり、植物の新たな生産による収穫を目的とするもの、いわゆる農業のことを指す。

（3）動物生産層とは、畜産物の生産を目的とする草原の牧畜業のこととしている。

（4）後生物生産層とは、自然資源や鉱産物の開発などをいかに生態系とバラ

ンスを取れるかを目的とする草原の工業のこととしている。

その他の先行研究では、個別産業について取り上げる「特化論」が多く、これからの内モンゴルの持続可能な産業経営についての論述は見当たらない。

それに対し、テクシビリグのこの論理構造・論理内容からは、非常に「マクロ的」な観点で内モンゴルの自然と産業を論じていることがうかがわれる（図表8-1点線の上の分）。

確かに、草原産業の生産層をこの4層に分類するのは、優れた着眼である。しかし、それをどのような形で持続可能につなげていくかが課題である。テクシビリグは、4層の生産層について個別に捉えて論じているが、4者間の関係についてはそれほど述べていない。したがって、「マクロ的」な観点からの論説となり、内モンゴルにおける産業構造の分析にとどまっており、具体的な経営方式などの「ミクロ的な」分析に至っていない。しかも、内モンゴルの草原産業に最も不可欠な「林業」については、ほとんど論じていない。

そこで、筆者は次のような視点と政策を対置する。すなわち、テクシビリグの「マクロ的な」産業把握（4つの生産層）をさらに掘り下げ、「ミクロ的な」観点から捉え直し、具体的な経営方式として提案する。

図表8-1　草原産業における複合型産業経営の論理構造図

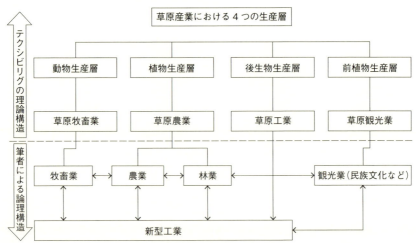

出所：テクシビリグ［2009］「内蒙古草原経済発展研究」中央民族大学・博士学位論文（7頁）を参考に筆者作成。

まず、4つの草原産業の生産層のうち、動物生産層の「牧畜業」を中心とし、植物生産層を「農業」と「林業」の2つに区分するとともに、牧畜業との連帯関係を分析する。
　次に、それに伴う後生物生産層の「新型工業」の構築を図るとともに、牧畜業・林業・農業の複合型経営方式をつくり上げる。
　また、各生産層の「高付加価値化」を図るために、草原本来の前植物生産層の機能を生かした景観を基礎に、更に内モンゴルならではの民族の伝統文化・習慣などをエッセンスとする「見せる産業」＝観光業の構築へと視野を広げる（図表8-1）。
　つまり、牧畜業・林業・農業とその産物を活用した新型工業を複合化させ、これらの産業を見せる観光事業へと発展させ、更なる高付加価値を図ることによって内モンゴルの持続可能な産業経営を実現させるという論理構造である。

## 3　農林牧畜業・「新型工業」・観光業との複合

　内モンゴルは、2000年に入ってから「西部大開発政策」に組み入れられ、全面的な開発・発展が進められた。内モンゴル草原における「資源開発」はもちろんのことながら、国内外問わずに「企業誘致」を進め、地域全体の内部的・外部的な発展を促してきた。しかし、その発展に伴う「生態系の破壊」「環境の汚染」も深刻化しており、事実上は「破壊型開発」になっているともいえる。
　そのため、内モンゴルにおける地域の発展には、「破壊型開発」の資源依存だけではなく、生態系とのバランスのとれた「持続可能な産業経営」の構築が最も必要である。それは、「農林牧畜業の三位一体化」・「新型工業」・「観光業」による「複合型経営」の構築である。

### 3.1　農林牧畜業の「三位一体化」

　内モンゴルは、モンゴル高原に位置しており、古くから牧畜業を中心に生計を立てて来た。しかし、近年の自然環境の悪化や社会情勢の変化によって、牧畜業も新たな時代に突入しようとしている。
　すなわち「過放牧・過剰開墾」による草原の「砂漠化」や、家畜の「放牧禁

止」などの環境的・政策的問題によって、ある特定の地域では、多くの牧畜民が止むを得ずに家畜の頭数を減らすか、家畜の飼育をやめ農業に専念するか、などの選択を強いられている[4]。

したがって、砂漠化が酷く進んでいる地域では「家畜離れの現象」が起きている。とはいえ、家畜を本心から嫌いになった牧畜民は1人もいない。そのため、いままでの伝統的な牧畜業の「放牧習慣」を残しながら、これからの先進的な現代牧畜業へと徐々に変貌していく現状を受け入れるのが賢明な政策である。

内モンゴルは、牧畜業を中心としている地域であるが、はるか昔からの農業の浸透も徐々に草原の牧畜地域を蚕食していた。現在、万里の長城沿いや東北三省（遼寧・吉林・黒竜江）と隣接している地域、河套（かとう）平原[5]などでは、ほとんどの「牧畜民」が半牧半農の「農牧民」[6]へと変わったのである。したがって、内モンゴルも中国の一、二に数えられる農業地域となっている。すなわち、内モンゴル地域の経済発展にとっては、農業もなくてはならない産業となっている。

しかし、内モンゴル地域の土の質は砂漠化しやすい砂地が多いうえに、近年の無計画な過剰開墾や交通網の建設などにより、牧草地の縮小や更なる砂漠化などが進んでしまった。

こうした砂漠化が深刻な問題となっている内モンゴルでは、牧畜業と農業の未来もそれほど楽観的ではない。砂漠化の深刻化が全地域住民の生活維持を脅かす存在となっているとともに、近隣の地域・国にまで影響を及ぼしているのが現状である。

周知の通り、内モンゴルの砂漠化を止めるには、植林が絶対的条件である。砂漠地に植林をすることによって、砂漠の拡大を防ぎ、土壌の回復が促進される。したがって、土壌の蘇った土に自然に草が生えることにより、家畜の「林間放牧」が可能となる。

そうすれば、家畜が「放牧禁止」という政策から解放され、牧畜業本来のあり方の「放牧」が再現される。それに、家畜が林間の雑草を駆除してくれるうえに、排出した糞などが自然に堆肥肥料となり、土壌に還元され、森林・木材の育成にも貢献できる。牧畜の世話人にとっても、家畜が柵や牛舎に閉じこめられ

たままではなくて済むため、糞などの処理の手間やコストが省けるのである。
　一方、農業に対しても、林業の役割は著しいのである。林業による砂漠化防止が、農業にとって絶対的効果があるのみならず、木がある程度の大きさになるまで、「林間畑作」ができるというメリットがある。それに、林業が防災・防風の役割も果たすため、台風並みの嵐から農業の被害を低減させるといった相乗効果もある。
　つまり、内モンゴルの持続可能な地域発展には、農林牧畜業の「三位一体化」が欠かせず基礎条件となるのである。

## 3.2　付加価値アップに向けて「新型工業」の構築
　前記のように、内モンゴルにおける農林牧畜業の「三位一体化」が持続可能な産業経営の柱となるのであれば、さらに、三位一体の各産業から産出される物に対して、付加価値をつけることが求められる。
　いわゆる、後生物生産層の「新型工業」の構築が必要である。つまり、牧畜業・農業・林業の産物を加工し、製・商品化、ブランド化することによって付加価値を高める。「破壊型開発」にもつながる従来型の鉱工業、化学工業などをなるべく減少させるのも狙いである。なぜならば、一方的な資源開発などによる鉱工業や化学工業の拡大が、環境や日常生活に深刻な影響をもたらしているからである。
　内モンゴルは、豊富な資源を有しており、多くの鉱山や地下資源が魅力的である。近年の資源開発も進んでおり、内モンゴルおよび中国の経済発展の支えともなっているのが現実である。しかし、限りある資源の支えがいつまで続くのか定かではない。資源開発に伴う鉱工業、化学工業の拡大と同時に環境破壊が進むなか、自然資源を掘り尽くした後の内モンゴルの状況は、考えるのも恐ろしいものがある。
　生態系が破壊され、生物多様性が失われると、草原本来のあり方も崩れてしまう。その結果、内モンゴルの産業経営そのものが持続可能ではなくなり、自滅可能に至る恐れも出てくるであろう。そうした事態を防ぐには、工業全体の中で、牧畜業・農業・林業の産物を活用した「新型工業」の比率を引き上げることが、非常に重要になってくる。

### 3.3 観光牧場・観光農園の推進

　農林牧畜業の「三位一体化」は、草原産業を持続可能なものにする基礎であるが、「前植物生産層」の草原観光業は、草原に広がる既存の自然景観をありのままで示すことにより、人々に癒しと楽しみを提供するものである。すなわち、既存の景観を保全し洗練化することによって、多くの観光客を引き寄せるという、産業生産層である。

　そこでは、ものづくりではなく、自然と伝統文化を生かしたサービスが重要なポイントとなる。まずは、自然と伝統文化の保護・管理を行い、観光の場・機会として提供する。訪れた観光客に、自然や地域住民との多様な交流の機会と場を提供するというものである。

　草原観光業は、「前植物生産層」としての自然景観と、その中で育まれてきた民族の生き様や働き様の複合体として捉えることが大切である。それゆえ、民族の伝統文化や習慣、さらには牧畜業・農業・林業・新型工業なども、観光に結びつけて活かす必要がある。

　つまり、観光牧場・観光農園・観光林・観光工場（工場見学）などの計画的構築も、これからの草原観光業発展の課題である。すなわち、草原観光業の発展への期待は非常に大きいものがある。

　こうした草原観光業の役割を確実に果たすことによって、内モンゴルの持続可能な産業経営の発展と安定を図ることができるであろう。

## 4　日本と内モンゴルでの調査事例にみる複合型経営モデル

　日本はアジアの最も先進国でありながら、牧畜業も世界的に有名である。北の北海道から南の沖縄まで、各地域の特徴を生かした牧畜業が存在する。

　本節では、「複合型経営」の成功モデルとして、日本のレジャー観光型牧場の「愛知牧場」と観光型農園の「伊賀の里モクモク手づくりファーム」（以下、「モクモク」）、および内モンゴルに新しく芽生える「蒙和公司」（以下、「蒙和」）、を取り上げる。

　そして、これらにおける先進技術や経営方式＝6次産業化した「複合型経営」が、内モンゴルにおける持続可能な地域発展のための「複合型産業経営」にど

のように活用できるかを検証する。

## 4.1　心の癒しと潤いの聖地「愛知牧場」

　名古屋から最も近い牧場とされるのは、日進市に位置する「愛知牧場」である。愛知牧場は、バーベキューやパターゴルフも楽しめる名古屋近郊のレジャー施設として評判がかなり良いところである。

　愛知牧場は、都市（名古屋）近郊に位置し、放牧地や牧草地を有しておらず、牛乳の生産・販売を主業としており、来場者を喜ばせるための施設の設置やイベントなどが開催されていることから、「レジャー観光牧場」であると認識される。愛知牧場は、自然と調和の取れた観光型牧場としても有名である。

　1954（昭和29）年に愛知兄弟社として愛知牧場が順調にスタートし、地道に歩み始めた。10年が経った頃に牧場の敷地内に東名高速道路が通ることとなり、牧場を２つに分けてしまったが、その補償金を資金にして1966年には100頭の牛を収容できる牛舎が完成した。３年後には、牛乳工場が完成し、「あいぼくミルク」の販売がスタートした。

　1987年には、喫茶店「愛牧ログテラス」を開店し、その２年後には、家庭菜園「あいぼく友の会」[7]と動物広場が開設された。1990（平成２）年には、販売店「モーハウス」が開業され、２年後に、ソフトクリームなどの販売を始めたのである。その翌年に、「クラブハウス」ができあがり、乗馬クラブとパターゴルフ事業が開業された。

　また、1994年にバーベキューガーデンが設置され、1998年には、「ゲストハウス」[8]が完成し、各種体験教室がスタートした。2000年からは「地域牧場交流会議」という全国組織が結成されたことにより、「教育ファーム活動」[9]を開始、また、「手づくりアイスクリーム」などの製造販売も開始した[10]。

　愛知牧場は、人口密度の高い名古屋市（約6,950人/km²）を中心に半径車で１時間以内に1,000万人以上の人口があるという立地条件に恵まれ、それをターゲットに様々なイベントが楽しめる観光娯楽施設を整えている。都市近郊のレジャー牧場として発展し、訪れる客（年間25万人）にとっては、正に「心の癒しと潤いの聖地」となっている。

## 4.2　のんびり楽園「モクモクファーム」

　三重県伊賀市に位置する「伊賀の里モクモク手づくりファーム」は、農業生産法人伊賀の里モクモク手づくりファームが運営する「複合型農業公園」である。通称は「モクモクファーム」という。日本では、街に住まいのある多くの人々が日々の生活に追われており、週末や休日などになると日帰りや短期間の旅行に出かけるなどして、その疲れをリフレッシュしているのがよくみられる光景である。そのリフレッシュの楽園として「モクモク」は非常に人気を誇っている。

　「モクモク」は、複合型経営による「6次産業化」の先駆者として日本各地に知られており、韓国、台湾などにも企業誘致されるなど評判がよいのである。

　「モクモク」の原点は、1984（昭和59）年三重県産のブランド豚（伊賀山麓豚・伊賀豚）を限定にハムやソーセージ、ウインナなどの製造販売を始めたのが最初であった。現在、事業拡大をして、農業（米、野菜など）、牧畜業（牛乳など）、製造業（ハム類のほか、地ビール製造、パンづくり、豆腐づくり、アイスクリームなど）、販売・サービス（直売店、通販、レストラン、宿泊施設など）の運営を行っている。観光地としても評価の高いところで、家族連れなど年間50万人あまりが訪れる行楽地（ファーム面積14ha）である。

　そして、会員数は4万5,000人に上り、モクモクを訪れる来場者の9割を占めているといわれている[11]。モクモクの正社員は、142人、契約職員95人、パート・アルバイト約800人といった1,000人余りの人が活躍する会社組織である[12]。

　「モクモク」の1次産業は、農業と牧畜業（酪農）の経営を行っており、農業では、米をはじめ、トマトづくりやイチゴ、ブルーベリー、シイタケなどの農場がある。牧場経営は、ジャージーによる牛乳の生産が中心であり、ジャージー牧場以外の動物は観光用である。

　2次産業は、製造と加工を行っており、豚肉の加工（ハム、ソーセージなど）をはじめ、地ビールの製造、豆腐やパンづくり、牛乳の加工などを行っている。

　3次産業では、販売、外食、宿泊などのサービスが行われており、「モクモク」の1次、2次産業から生産された製品の販売や来場者に対するサービスの提供をしている。

　これらの農作物や製造、加工品などは、モクモクが運営する直営店や通販で

購入することができるほか、「モクモク」のレストランでも販売されているため、採りたて・つくりたての味わいが楽しめるといった魅力がある。

「モクモク」は「安心と安全の両立をテーマに」という経営理念を掲げ、訪れる観光客にとって、かけがえのない「楽園」となっているのである。

### 4.3　地域シンボルを目指す「蒙和公司」

「蒙和」は、内モンゴルの赤峰市アルホルチン旗の天山（モンゴル語では、チャバガと呼んでいる）鎮に所在しており、2011年の4月に設立された小さな会社である。企業理念は、「経済と自然環境を調和させ、地域社会に奉仕するとともに、信頼のある会社になるために努める」としている。この理念から、生態系と調和のとれた地域づくりに取り組むという姿勢がうかがわれる。

経営者のウリジスルンは、兵庫県立大学の経済学研究科で博士号を取得し、先進ノウハウを持つ人物である。日本で身につけた知識や経験を生かし、地元地域の経済に貢献し、砂漠化が進むこの地域に緑を蘇らせることを目的にこの会社を設立した。従業員は、経営者を含み5～6人程度である。現在、羊の飼育を中心にしており、その他農業や林業にも事業拡大をしている。

最初の年間投資は300万元余りであるが、設立後1年で、1,100頭の羊を飼育することとなり、8,450㎡の畜舎、3,000ムー[13]（10元／1ムーの年賃金）の実験基地を有するようになった。また、1日12ｔの飼料を加工できる工場を持っているうえに、活動や運送用のマシンが揃っている。事業内容は、牧畜業・農業・林業を複合させた経営としての企業であり、家畜用の飼料を加工するための小さな工場も持っているのである[14]。正に、農林畜産業と新型工業の複合といっても過言ではない。

ウリジスルンは、日本との関わりも深く、日本企業などの誘致も進めている。2013年から日本の愛知県豊川市にあるT社との合弁会社設立[15]（農林牧畜事業）の手続きが進んでおり、現地政府側も「企業誘致」のメリットがあるため積極的にサポートをしている。

今後の事業拡大では、モンゴルレストランの経営（外食産業）と牛の肥育、および毎年ナーダム大会やオボー祭り[16]などの開催を企画している。すなわち、運動競技や祭りなどの開催で観光客の誘致を図る目的であり、観光事業への参入

も視野に入れている。

　こうした蒙和のような企業組織が地域おこしになり、その他地域・農村とつながれば、1つの地域経済圏が構築され、持続可能な地域づくりが実現できると展望する。地域経済圏の構築を目指す蒙和は、必ずその地域のシンボルとして成長するであろう。

## 5　持続可能な地域づくりへのプロセス

　ここまで、内モンゴルにおける複合型経営について、理論的分析・事例研究によって論じてきたが、本節では、その「複合型経営」の導入とそれによる村単位での地域づくりを具体的に分析・検証する。

### 5.1　日本に学ぶ「複合型経営」の導入

　複合型経営方式を行う企業団体の成功モデルとして、日本の愛知牧場とモクモクについて調査研究を行ってきた。それに、内モンゴルの事例としても蒙和を取り上げ、各社の事業内容と特徴をそれぞれ分析したのである。確かに、愛知牧場やモクモクのようなモデルは内モンゴルでは見当たらないが、それを単なる比較に終わらせてはいけない。なぜなら、日本と内モンゴルという国と地域の違いと環境の違いがあるため、単純比較によるのであれば、内モンゴルは比較にならないのが事実である。

　しかし、別の視点から比較すると、図表8-2にみるように、内モンゴルの未来への展望が非常に明るいということがわかる。

　今後の展望において、発展が緩やかとみられるモクモクに対して、蒙和は成長発展の余地が非常に大きいとみられる。事業内容において、モクモクのように幅広い分野に参入が可能であり、従業員数の面でも、さらなる雇用拡大が可能である。何よりも使用土地の面積から見てもモクモクの7倍以上あるため、様々な事業展開の可能性が大きいといえる。蒙和の問題は、資金面での弱さであり、資金面での問題が解決できれば、これからの事業展開に道が開かれることになる。その面では、蒙和は日本企業との合弁会社設立の手続きが進んでいるため、資金面での困難も解決に近づいている。すなわち、蒙和にとっては、

図表8-2　モクモクと蒙和の単純比較

| | モクモク（1988年設立） | 蒙和公司（2011年設立） |
|---|---|---|
| 従業員数 | 1,000人以上（非正社員を含む） | 5人 |
| 事業内容 | 6次産業化（幅広い分野に参入） | 1次と2次（特定分野に限定） |
| 土地面積 | ファームの14ha＋いくつかの農地合わせて30ha未満（筆者予測） | 畜舎以外に230ha以上 |
| 年間来客数 | 50万人 | 0人 |
| 年間売上 | 約50億円（2012年） | 約1,600万円（2013年）<br>（1元＝16円で換算） |
| 今後の事業展開と展望 | モクモクの事業展開は、緩やかであり、今後は林業に参入する予定である。 | 蒙和の状況は発展の初期段階にあり、さらなる発展の可能性がある。それに、海外との協力も進んでおり、将来が明るい。今後は、日本企業と合弁企業を設立し、外食産業と観光事業を展開の予定である。 |

注：筆者作成

非常に明るい未来が予測されている。

　愛知牧場やモクモクのような企業組織の複合型経営方式を、内モンゴルに適した経営方式にアレンジし、特色のある持続可能な「複合型経営方式」にしていくことが求められている。

### 5.2　村単位による地域づくりの重要性

　本項では、近年砂漠化が酷く進んでいる内モンゴルのホルチン地域の産業発展について、村単位で考え、複合型経営方式の実行プロセスのプランを考えてみる。すなわち、生態系を守りながら、持続可能な地域発展を創出、維持するには、以下のプロセス・条件が必要である。

　〈ステップ1〉草原地（湿地）と砂地の境目に「防砂・防風林」（以下、防災林）をつくり、砂漠化の拡大を防ぐ。そして、この「防災林」を砂漠化地へ波及させ、砂漠の土壌を蘇らせるとともに木材・果実の産出を図る。

　〈ステップ2〉砂地の畑作を徐々に取りやめ、「退耕還林・還草」[17]のシステムをつくり上げる。本来の砂地の植物を基に、家畜の餌となる根の深い植物（草）を徐々に普及させ、家畜が放牧できる牧草地として活用する。そして、負荷の

範囲内で、牧草地帯の所々に牧場を設け、家畜の管理を徹底的に行う。

〈ステップ３〉「防災林」の内側に沿って、畑作地をつくり、必要に応じて、牧畜の餌、飼料に使用し、余りの分は販売して資金に回す。また、木がある程度大きくなるまで、林間の畑作も可能であるので、できる限り利用する。

〈ステップ４〉畑作地の内側の草原地では、草原本来の草を基に栄養の良い草を生えさせ、家畜が冬を越すための餌の産地として活用し、「草原の機能」を最大限に活性化させる。

〈ステップ５〉住民地や牧場の近くには、観光客用の施設やモンゴルゲルなどをつくり、年に数回の「ナーダム大会」や「オボー祭り」を開催するようにし、民族の伝統文化の精神を守りながら観光客を誘い、草原観光業の活発化によって村の発展に取り組む。

〈ステップ６〉経済的な余裕が一定程度出てきたところで、牧畜業・農業・林業の産物による「新型工業」の構築を行う。すなわち、生産した原材料に付加価値をつけ、地域産物の製・商品化、ブランド化を図り、自らの販売促進を行うようにする。

以上、この６つのステップを実施する場所（時期）と実施内容、およびその目的・効果・期待性は、次の図表8-3の通りになる。

以上に述べたような計画条件の実行に基づく、村単位の持続可能な複合型経営モデルができあがれば、村から村へと次々に伝播し、一つの地域経済圏ができあがる。したがって、この発展モデルが地域から地域へと内モンゴル全体に波及し、新たな内モンゴルとして生まれかわると確信する。

## 6　おわりに

本章では、内モンゴルにおける持続可能な産業経営のあり方とそれに伴う地域発展の課題と方策を打ち出した。これは、内モンゴルにおける「複合型経営モデルの創造」への第一歩である。

内モンゴルの現状は、資源開発や企業誘致などによる「破壊型開発」が深刻な問題となっている。確かに、資源開発や企業誘致がもたらす経済的効果は著

図表8-3　村単位の複合型経営方式の実行プロセス

| 実施場所 | 実施内容 | 目的・効果・期待性 |
|---|---|---|
| 草原地と砂地の境目 | 防風・防砂林を設置する | 1．砂漠化を防止する<br>2．土壌を蘇らせる<br>3．木材・果実の産出を図る<br>4．打ち枝を燃料に使用する<br>5．その他 |
| 砂地の畑作地など | 退耕還林・還草を行う | 1．牧草の自然回復を促す<br>2．牧草の栽培を行う<br>3．放牧できる牧草地として活用する<br>4．負荷によって牧場を設置する<br>5．その他 |
| 防風・防砂林の内側 | 畑作地として活用する | 1．食糧の自給自足を図る<br>2．家畜用の餌・飼料に使用する<br>3．販売して資金の増加に活用する<br>4．その他 |
| 畑作の内側の草原地（湿地） | 家畜の冬越し用乾草産地を設ける | 1．草原本来の牧草を育成管理する<br>2．家畜用の冬越し用の乾草を生産する<br>3．観光客を魅了する草原地として利用する<br>4．その他 |
| 住民地や牧場地周囲 | 観光用のモンゴルゲルや施設を設置する | 1．ナーダム大会（民族風の運動会）<br>2．オボー祭り<br>3．観光客を誘う<br>4．民族文化の伝承を発揚させる<br>5．外部社会との関係構築を図る<br>6．観光収入を図る<br>7．その他 |
| ある程度経済的余裕が出たとき | 牧畜・農・林業の産物によるものづくりの「新型工業」を構築する | 1．牧畜・農・林業の産物に付加価値をつける<br>2．原材料の商品・製品化を図る<br>3．ブランドの構築を図る<br>4．直売店などを設け、地産地消販売を促進する<br>5．その他 |

出所：筆者作成

しいものの、その開発に伴って「生態系破壊」「環境汚染」の問題が深刻化しているのも事実である。しかも、この資源開発や企業誘致がもたらす経済効果は、一般地域住民の生活に直接的には反映されていない。むしろ、直接的に反映されているのは、その地域住民の日常生活にかかわる生態系の破壊や環境の汚染などである。

　こうした内モンゴルの現状をふまえ、その打開に向けて研究や調査分析を行った結果、生態系とのバランスのとれた産業構造が必要不可欠であることが判明した。草原産業にとっては、資源開発や企業誘致などによる工業の発展が大事ではあるが、それをいかにして生態系とのバランスを効率的に図りながら地域づくりをしていくか。環境保全を維持しながら、持続可能な地域発展をいかに図っていくかが、これからの内モンゴル地域の課題である。

　以上、本章では、現代産業における「農林牧畜業」を中心とする地域産業と経営のあり方を理論的・実践的に論じた。すなわち、内モンゴルにおける「持続可能な地域づくり」に向けて、複合型経営方式に基づく6次産業化による地域産業（農林牧畜業）の活性化・持続的発展を提案した。

　次章では、「持続可能なまちづくり」について具体的に論じていく。

注
(1) 「新型工業」とは、筆者が定義する工業のことであり、広義での工業（化学工業・重工業など）の意味ではなく、草原産業の牧畜業・農業・林業の産物に対しての加工（商・製品化・ブランド化）を行う工業（食品加工、木材・家具などの製造販売を行う）を指すものである。
(2) 任継周は、中国工程院（Chinese Academy of Engineering）の院士（学士院の会員）で、草地農業科学家である。中国唯一の草原産業科学界の院士である。
(3) テクシビリグ［2009］「内蒙古草原経済発展研究」中央民族大学・博士学位論文、1頁。
(4) 砂漠化問題は内モンゴルだけではなく、全世界が注目している問題である。中国では30年以上前から深刻化しており、いまだに様々な対策が打ち出され、砂漠化と戦っている。その政策のうちの1つが2000年代初頭に施行された家畜の「放牧禁止」である。
(5) 河套平原：中国北部、黄河の上流部の平野。河套とは黄河の屈曲しているところという意味で、内モンゴル高原南部において、賀蘭山脈とオルドス高原の間を北流してきた黄河が、陰山山脈に当たって東転し、さらに山西の呂梁山脈に当たって南転する、そのおのおのの屈曲部を中心に形成する平野をいう。内モンゴルの包頭市やバインノール市、オルドス市がその地域にあたる。
(6) 農牧民：半牧・半農（兼営）の経営方式を行っている地域の住民を指す言葉となっている。
(7) あいぼく友の会（家庭菜園）はもともと、地域の子どもたちへの奉仕で始めた「サツマイモほり」が始まりで、そこから愛知牧場が来場者の受け入れが始まったとされている。

現在は、貸出家庭農園となっている。
(8)　「ゲストハウス」は、JRA（日本中央競馬会）からの補助金で建てた施設である。
(9)　愛知牧場の「教育ファーム活動」では、「牧場は子どもたちに感動と生きる力を与える」「酪農体験を通じて、食と命の学びを支える」などの社会貢献活動を行っている。
(10)　愛知兄弟社［2004］『あいぼく50年史』（4－12頁）と愛知牧場のHPより。
　　　http://www.aiboku.com/outline/（2013.5.15）
(11)　筆者が「モクモク」に行った研修で、役員インタビューから得た情報による（2013.7.29）。
(12)　モクモクHPより（http://www.moku-moku.com/farm/index.html）（2013.10.29）。
(13)　ムー（中国語では「亩」と表す）とは、面積を表す記号であり、中国で土地面積を測る単位として幅広く使われている。1 h＝15ムーである。
(14)　筆者の蒙和公司への調査内容に基づくものである。
(15)　ウリジスルンは、T社の元社員で、T社の計画で、内モンゴルの故郷に実験のために「農林牧畜事業」を行っていた。実験が成功し、それをさらに進めるために合弁会社の設立を進めている。
(16)　「ナーダム大会」と「オボー祭り」は歴史的な草原の祭典であり、モンゴル民族の伝統文化である。「ナーダム大会」は運動会の意味をしており、「オボー祭り」は、古くから伝わる宗教上の儀式であり、地域ごとに7－8月にかけて行われる。
(17)　退耕還林・還草：過剰開墾した農地の畑を取りやめ、木を植えたり、草を生やしたりして自然の緑に戻すことである。主に砂漠化を防止するための制度である。

# 第9章
# 持続可能なまちづくり
―「地域創造」視点からのアプローチ―

古橋敬一

1 はじめに
2 持続可能な社会の構築に貢献するまちづくり
3 地域創造型まちづくりへの視座
4 なごやのみ（ん）なとまちをつくる
5 おわりに

## 1 はじめに

　人類の持続可能性が経済成長とともにあると信じられていた時代、産業はまちをつくり社会を発展させる中心的な役割を担っていた。しかし、産業史には、そうした産業発展の負の側面に対する批判も数多い。『資本論』第1巻［1867］は、当時の劣悪な労働環境を痛烈に批判し、『沈黙の春』［1962］は、環境汚染による公害問題を告発した。また、「来るべき宇宙船地球号の経済学」［1966］や『スモール・イズ・ビューティフル』［1973］は、新たな共同体思考や価値観の転換を提案した。しかし、いずれの批判や提案をもってしても、経済成長を軸にした発展の方向性は揺るぎないままであった。
　これに対し、複数の有識者からなるローマクラブは、本格的な警鐘として『成長の限界』［1972］をまとめ、人類の持続可能性を問い直した。そして1987年、この危機を乗り越えるための創造的なコンセプトとして誕生したのが「持続可能な発展（sustainable development）」である。「持続可能な発展」は、産業や経済活動そのものを否定するのではなく、地球環境から人間の尊厳までを含んだ社会的な発展のあり方を問い、それらにマイナスの影響を与える要因へとアプローチするものであった。その当初は、先進国と発展途上国の軋轢もあったが、こ

こ数十年の間で「持続可能な発展」の理念と概念にも共通の認識が得られるようになり、それに基づいた政策と実践への流れが形成されるようになっている。

いまや「持続可能な発展」は、環境・経済・社会を横断するテーマとして鍛え上げられ、世界の様々な分野において知られる。現代産業の新たな展開に、「持続可能な発展」は必須のものである。これまでと同じ過ちは、繰り返せない。産業は大きな転換期にある。

これに対し、本書は、産業の織りなす文化的側面にも着目し、現代産業の可能性を多角的に論じている。第3部を貫くテーマは地域産業とまちづくりであるが、第9章に与えられたテーマは、「持続可能なまちづくり」である。まちをつくってきた産業が、ある種の（機能的な）限界を露呈するなか、文化的側面から捉え直すと、限界の見え方が溶解し新たな可能性が浮かび上がってくる。本書の中心的な論者は、そこに現代産業の新たな展開の一局面を見出そうとする[1]。その先見には同時に新しいまちづくりの兆しも垣間見えるが、本章が光をあてるのは、この新しいまちづくりの兆しについてである。

## 2　持続可能な社会の構築に貢献するまちづくり

### 2.1　持続可能な発展の定義

「持続可能」とは、「持続可能な発展」という用語に関連するもので、環境問題における時間的な公平性をつかさどる概念を基礎としている。「持続可能な発展」そのものは、「持続可能な開発」とも訳され、また、「持続可能性（sustainability）」という表現形式も含めて、環境分野に限らない現代社会の様々な文脈に登場している。

「持続可能」という用語が世界的に注目されるようになったのは、1987年の国連による環境と開発に関する委員会（通称、ブルントラント委員会）が出した報告書『Our Common Future（邦訳：地球の未来を守るため）』以降である。同報告書において、「持続可能な発展」は人類の課題として取り上げられ、「将来世代のニーズに応える能力を損ねることなく、現在世代のニーズを満たす発展」と定義された。

こうした地球環境資源の有限性を基準とした考え方は、言語化されてみれば

容易に理解できる。伝統的共同体の狩猟採集などにおいては、むしろ古来大切にされてきた共生のアイデアでもあった。しかし、ここでのポイントは、このアイデアが「持続可能な発展」として定義、明文化されたことである。それによって、他の同様な考え方や従来型のアイデアが、再評価されたと考える。

## 2.2　持続可能な社会とは何か

　国政上の重要課題について、分野横断的なプロジェクトチームがまとめた報告書において、矢口克也［2010］は「持続可能な発展」理念の到達点をまとめている[(2)]。矢口によれば、「持続可能な発展」とは、「3つの持続可能性の質的水準が向上した状況」という。「3つの持続可能性」とは、①環境的持続可能性、②経済的持続可能性、③社会的持続可能性である。

　注目されるのは、それぞれに内容が明確にされていることである。すなわち、①環境的持続可能性は「自然及び環境をその負荷許容量の範囲内で利用できる環境保全システム」、②経済的持続可能性は「公正かつ適正な運営を可能とする経済システム」、③社会的持続可能性は「人間の基本的権利・ニーズ及び文化的・社会的多様性を確保できる社会システム」。

　「持続可能な社会」とは、「環境的持続可能性を前提とし、経済的持続可能性を1つの手段とし、社会的持続可能性を最終目的・目標とする関係性のなかで、世代間・世代内衡平等が確保」されつつ発展している社会である、といえる。また矢口によると、「持続可能な社会」は、具体的な社会（「一定の『場＝地域』」）において実現されるべきものである。「一定の『場＝地域』」とは、自治会や町内会等の地域、国、地球、さらに家庭、企業（産業）レベルの各レベルを指し、その担い手は、そこで生活するステークホルダーとしての住民・市民、NPO・NGO・企業等のアソシエーション、公的組織等である。

## 2.3　現代のまちづくりと持続可能性

　現代社会の各分野が抱えている諸問題は、お互いが複雑に絡み合いながら問題群としての様相を呈している。それらの抜本的な解決を指向するためには、より総合的な視点からのアプローチが重要になってくる。しかし、どのような問題であれ、解決のためのアプローチには具体性が求められ、担い手も必要と

される。

　これに対し、まちづくりには、そうした具体性や担い手を基本としつつ、より総合的でソフトな取り組みを重視するイメージがある。そのため、近年では、様々な分野が現代のまちづくりに期待を寄せるようになってきた。

　そして、持続可能性論の分野からも、現代のまちづくりには大きな期待が寄せられている。先述した3つの持続可能性を担保発展させていく社会の構築には、地域のステークホルダーによる、コミュニケーション・合意形成・協働の実践が不可欠とされているが、それらはまちづくりの実践そのものともいえるのだ。

　これまでみてきた内容をふまえると、本章のテーマである「持続可能なまちづくり」とは、「持続可能な社会の構築に貢献するまちづくり」として、その本義を定めることができる。単にまちづくりの永続性を題目にしているのではないのである。しかし一方で、地域のまちづくりは、具体的な問題から出発することを特徴とするため、持続可能な社会の構築はいささか過大な目標となってしまう[3]。それでは、持続可能なまちづくりの具体的な実践とはどうあるべきなのか。

図表9-1　持続可能なまちづくりの位置づけ

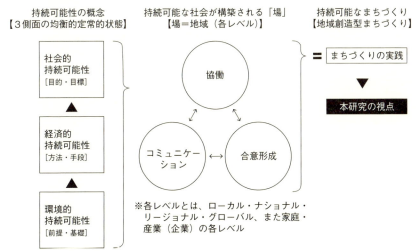

出所：矢口［2010］の理論を参考に筆者作成

第9章　持続可能なまちづくり　179

## 3 地域創造型まちづくりへの視座

### 3.1 地域創造とは何か

"Think globally, Act locally" という言葉がある。「地球規模で考えて、足下から行動していく」というこの言葉には、持続可能な社会を構築していくための姿勢が示されている。しかし、先述のように、まちづくりの実践は切実な地域の問題を目の当りにして始まるケースが多い。それは、「考えるよりも先に動く」ことであり、その意味では、"Act locally" が先にくる。つまり、まちづくりが持続可能な社会の構築に貢献するためには、"Act locally" から始まる実践プロセスのなかに、"Think globally" という視点を組み込まなければならない。

ここでは、1つの仮説として「地域創造」をコンセプトにしたまちづくりの新たな展開を提起したい。地域創造は、現代におけるまちづくりの新たな展開として筆者が考案したオリジナルコンセプトである[4]。まちづくりが持続可能な社会の構築に貢献するための1つのアプローチとして、地域創造型まちづくりが有効であるというのが、本章の立場である。「地域創造」とは何か。筆者は、次のように定義する。

「地域創造とは、地域社会の人、自然、産業、文化、歴史に備わっている固有価値や潜在能力を再発見し、創造的に新結合させるプロセスを通して、地域社会に暮らす人々が生きる力を発揮し、地域社会全体を持続的に進化させるまちづくりの新たな展開である」

地域にもグローバルな視点は重要である。しかし、まずは自らの地域を知らなければ、オリジナリティのある展開はない。地域創造型まちづくりにおいては、まずは地域の資源、その固有価値に目を向けることを重視する。そして自らの潜在能力を育むことも重視している。地域資源の中に宿る固有価値を発見するのは人間であり、その活用も関わる人々の潜在能力にかかっている。人が育たなければ、固有価値は眠ったままであり、場合によっては、搾取や単なる消費の対象にも陥ってしまう。地域創造の要となるのは人とその成長なのである[5]。

本章では、この地域創造型まちづくりにおいて育つ人材こそが、持続可能な

社会の構築に貢献するまちづくりのキーパーソンになると考える。地域資源のなかに宿る固有価値を発見し、地域のまちづくりに活用していくためには、それらの前提となる環境を守り、経済という手段を活用し、社会的な目標の中に位置づけながら、地域資源の持続可能性を担保していかなければならない。持続可能性への視点は、地域創造型のまちづくりのなかでは、合理的な視点として獲得されるものと考えるが、それを理解・伝播していくのは人である。やはり、キーパーソンの育成（＝人づくり）は、要といえる。

### 3.2 地域創造型まちづくりのプロセス

地域創造型まちづくりのプロセスを推進するにあたっては、SECIモデルを採用している。SECIモデルは、経営現場の具体的な実践から抽出した知識創造のプロセスモデルである[6]。SECIモデルは、①共同化（Socialization）：暗黙知の共有、②表出化（Externalization）：暗黙知を形式知へ転化、③連結化（Combination）：形式知を結合、④内面化（Internalization）：形式知から暗黙知を習得、する段階へと展開される。SECIとは、この4段階のプロセスの頭文字である。その始まりは計画ではなく実践から始まる。そのプロセスの中に、人とその組み合わせの集団が共に成長し発達していく視点が、組み込まれている。

地域創造型まちづくりの地域資源は、人、自然、産業、文化、歴史に備わる固有価値や潜在能力である。それらに宿る固有価値の有効化は、それを理解できる人々の潜在能力の発達にかかっている。そのため、個人の気づきや発見を共有し、それを人々に伝え広めていくプロセスを通じ、より多くの人々の理解を育むことが重要である。

地域創造型まちづくりでは、SECIのプロセスを参考に、人と集団や組織がともに成長し発展していくプロセスをマネジメントし、地域資源の固有価値をブランディングしていくことを戦略的に展開する。すなわち、SECIモデルを前提としたプロセスのなかで、①共同化（S）において、地域資源の固有価値を発見し育てる人々が、②表出化（E）において、持続可能性への視点の必要性を獲得または再発見し、③連結化（C）において、それを広めていくというプロセスが考案できる。持続可能性論においては、1人1人の行動変革が大きな課題であるが、それは、このプロセスを経て持続可能性への視点が④内面化（I）された

人々によって、実現されることになる。その中心が、先述のキーパーソンである。

### 3.3 理論を仮説とした新たな実践

本節では、「地域創造」というコンセプトを中心としたまちづくりによる課題解決の理論的フレームワークを述べた。それは、地域の中の具体的な地域資源に目を向けて、その価値の再発見に取り組む。そして、そのプロセスで育ちゆく人々の行動変革こそが、持続可能な社会を構築する具体的な一歩となるというものである。

地域創造型まちづくりを理論的に語るのであれば、前記のような考え方となる。しかし先述したとおり、まちづくりの現場では、まず実践が先行するゆえ、理論的フレームワークは、あくまで実践を客体化した仮説モデル、として考えるべきである。

繰り返し述べているように、「持続可能な社会の構築」というような目標をそのまま掲げることは、一般的な地域のまちづくりには過大すぎて現実味がない。まずは、地域の中にある資源に目を向ける取り組みを重視していくことが肝要である。その際、地域創造型まちづくりの理論的なフレームワークは有効な仮説となる。しかし、各地域が持続可能な社会を構築するためには、この仮説を参考にしつつも、その地域にふさわしい実践を展開する必要がある。

本来であれば、各地域の比較検討も有意義であるが、紙面に限りもあるため、以下では筆者が現在進行形で取り組んでいる実践の一端を紹介したい。

## 4 なごやのみ（ん）なとまちをつくる

### 4.1 港まちづくり協議会の実践事例

本節で扱うのは、名古屋市港区の名古屋港に隣接する西築地学区と呼ばれる地域において、まちづくり事業を展開する港まちづくり協議会の事例である。港まちづくり協議会の原資は全て公金であることから、地元住民のみならず各種行政機関との連携が必須である。そこでは、リーダーシップを発揮し、協働事業を企画・運営するまちづくりの担い手や事業者を有機的に組織化する調整

能力が問われる。また同時に、公的機関の立場から協働事業を委託・管理する準行政組織としての責任を果たすことも求められる。

近年のまちづくりにおいては、市民と行政の協働が大きな課題となっているが、普遍的な解決モデルは未だ確立されていない。港まちづくり協議会のように、資金・組織・制度が整備されているケースは全国でも稀である。しかしそれ故に、この取り組みは、先駆的実験モデルとしての宿命を背負うといえる。ここでは2013年の３月に作成したまちづくりビジョンを参考にして、当地区の歴史的背景と港まちづくり協議会の特徴的な取り組みを概観し、地域創造型まちづくりの視点から分析する。

### （１）産業構造の転換と名古屋の港まちの変容

名古屋港が開港したのは、1907（明治40）年のことである。ものづくり名古屋の物流の拠点として発展した名古屋港を支えた港まちが、現在の西築地学区を中心とした港周辺地域であった。1965年までの名古屋港には、大型の貨物船が頻繁に来港し、運搬業者の艀や貨物列車、トラック等が活発に行き交っていた。そして、港まちには様々な国の船員や荷役労働者が集まり、大変な賑わいだったという。異国情緒漂う港まちからは、名古屋の中心部に通じる路面電車も運行しており、多くの人々が頻繁に利用していた。そこには、「名古屋の港まち」の原風景があった。

しかし、船舶の大型化や港湾機能の高度化に伴い、1968年に金城ふ頭のコンテナ岸壁が新設されると、当地区の物流は著しく減少した。やがて、商業の停滞、人口流出が顕著となり、それまでの活力は急速に失われることとなった。こうした産業構造の転換は、港まちから港湾労働者の姿を消し去り、それらの人々がつないでいた様々な人間関係を解体した。地域の絆が薄れていく中、当地区特有の課題として認識されるようになったのが、「市民に親しまれる港づくり」であった。

### （２）始まる港まちづくりとその展開

1980（昭和55）年、当地区は名古屋市全体の「地区総合整備事業」のなかに正式に位置づけられ、「築地地区総合整備事業」がスタートした。ウォーターフロント開発、公共施設整備、メインストリートの江川線整備、市街地再開発、密集地整備等のハード整備事業、これら一連の取り組みは、現在につながる本格

的な港まちづくりの事始に位置づけられるものである。

　そのようなハード整備事業をきっかけとして、西築地学区においては、地域住民を代表とするまちづくり組織が誕生した。それらは、ワークショップ等の新たな手法も積極的に取り入れながら活発な活動を展開していった。行政主導の働きかけをきっかけとしつつも、住民主体のまちづくり活動が活性化していった展開は、名古屋市のなかでも先進的なまちづくり事例として知られている。

　1991（平成3）年、住民主体のまちづくりが盛んな西築地学区を対象に、「築地ポートタウン計画」が策定される。この計画は、住民、企業、行政が共通の目標を持ち、連携しながらまちづくりを進めていくための指標として、名古屋市と名古屋港管理組合が共同で作成した行政計画である。この計画に基づき、ガーデンふ頭における名古屋港水族館や名古屋港イタリア村の整備、土地利用転換の促進によるシートレインランド等の開設、江川線整備や住環境整備等の様々な成果が積み上げられることとなった。

　この計画は、目標年次が名古屋港開港100周年の2007年に設定されていた。それ以降は社会経済情勢の変化等をふまえた改定が、5年を目安に実施されることになっており、2015年現在は2回目の改訂への取り組みが行われている。

## （3）港まちづくり協議会の発足とその概要

　2006（平成18）年8月、西築地学区にボートピア名古屋が開設された。これに伴い、名古屋市には、競艇を施行する自治体（蒲郡市など）から「環境整備協力費」（ボートピア名古屋の売上金の1％）が交付されることとなった。名古屋市は、これを原資とするまちづくり事業を推進するために、「港まち活性化の方針」を策定した。この方針に基づくまちづくり事業を実施するのが、港まちづくり協議会である。

　2015年現在の港まちづくり協議会は、これまでに充実させてきたハードや地域住民・団体・NPO・事業者等と培ってきたネットワークを有効活用し、次なる展開を目指す転換点を迎えている。そうした転換点に際し、これまでの取り組みを整理し、その後の事業展開を展望するためにまとめられたものが、2013年に作成されたビジョンである。

## （4）名古屋みんなの港まちを目指す

　港まちづくり協議会では、これまでの事業展開のなかで、既に「なごやのみ

図表9-2　み（ん）なとまちVISION BOOKの抜粋

表紙

P.14～15　コンセプトの紹介

出所：みなとまちVISION BOOK

（ん）なとまち」というコンセプトが生み出されていた。現場では、「港まちづくり協議会は、何をしているのか、何を目指しているのか」という質問に一言で答えられ、かつ事業全体の基盤となるアイデアとして、このコンセプトを活用していた。

　そのアイデアの背景には、近年に全国へ広がり始めた「名古屋」というブランドを生かすこと、「港まち」という固有の地域資源を生かすこと、そして「みんな」という言葉の中に公共性や協働のニュアンスを含ませるなどの意味合いが込められていた。また、ブランディングという視点からすれば、まずは多くの人々に浸透することが重要であるが、「『なごやのみ（ん）なとまち：名古屋みんなの港まち』を目指す」というのは、良い意味で特別感がなく、受け入れられるのもスムーズであった。

　ビジョンを作成するにあたっては、このコンセプトを、当該地域の歴史や現状の中で精査し、定義化を図った。そして、「なごやのみ（ん）なとまち：名古屋中のみんなと楽しめて、全国の皆さんに誇れる『みんなの港まち』を目指します」という定義を明らかにしたのである。このコンセプトを実現させるための未来展望がすなわちビジョンである。このコンセプトとビジョンに基づき、いくつかの事業は既に動き出している。

例えば、防災に関する事業では、名古屋で最も海に近い港まちだからこそ、地震や津波に備える取り組みを実践し、その先駆的な活動を発信していくことにも力を入れている。そこでは、「助けられる防災から、自ら助かる防災へ」を掲げ、幼稚園の子どもと親を対象としたプログラムをデザインする先進的な取り組みにも挑んでいる。

　また、コミュニティガーデンに関する事業では、港まちの家庭から出る生ゴミを簡易コンポストで収集し、隣まちの農園に運び堆肥化、港まちのコミュニティガーデンの肥料として使うという循環をデザインしている。土づくりから始めるまちづくりの取り組みは、地域だけでなく行政サイドからの期待も高く支援もいただいている。

　港まちの地域資源に目を向けて、港まちの内外の人々が一緒に取り組み、その姿を全国に向けて発信していく。その一連の取り組みの総体で、コンセプトの実現化を目指していく。その取り組みは、まだ始まったばかりであるが、小さくとも確実な成果を積み上げつつある。

## 4.2　地域創造型まちづくりの視点から紐解く
### （1）固有価値の再発見

　名古屋市の中でも、最も海に近いエリアに属する港まちとしての当地区の地域資源に目を向けると、やはり港まちとしての固有な施設や倉庫等の建物などが浮かび上がってくる。近代化に貢献した歴史的建築物は、近年では貴重な地域資源として世界的に評価されている。当地区においては、それらの多くは既に取り壊されてしまっているが、その歴史性に学ぶことは有意義なことといえる。

　特に名古屋の港まちの原点が、その当時からものづくり名古屋の発展を支えた「みんなの港まち」だったという史実は重要である。「名古屋の港まち」の原風景には、多様な人々の交流があり、それを受け入れることで成長・発展してきた港まちのあり方が示されていた。この歴史的本質こそが、港まちの固有価値といえる。

　地域創造型まちづくりの視点からすれば、この港まちの固有価値とそれを理解し活用できる人々の潜在能力を同時に成長・発展させていくことが重要とい

える。

(2) コンセプトを創造しビジョンを描く

　地域創造型まちづくりの始まりは、与えられた条件のなかで最善を尽くそうとする実践であるが、それはSECIモデルでいうところの「共同化 (S)」の段階といえる。港まちづくり協議会は、それが設立される以前の港まちづくりの歴史的経緯や団体性格の特殊性から、様々な期待やアドバンテージがあると同時に固い公的制約を受けている。それら所与の条件の中で、最善を尽くそうとする真摯な実践を重ね、後につながる気づきや発見を含めた経験値を培った。

　そして、この実践の中から「なごやのみ（ん）なとまち」というコンセプトが誕生している。これは、SECIモデルにおける「表出化 (E)」の契機となる重要なポイントである。このコンセプトが示されたことで、より多くの人々が港まちづくり協議会の取り組みの方向性を理解し始めるようになった。このコンセプトには、地域の内外の人々の理解を得ること、協働の推進や公共性のPRなどの戦略的意図も含まれており、かつシンプルで汎用性がある。「なごやのみ（ん）なとまち」は、まさに実践の中から創造された実用的なコンセプトとして評価できる。

　そしてコンセプトは洗練され、定義化が図られると、それを軸にしたビジョンが作成されることとなった。このビジョンの誕生が次なる「連結化 (C)」の契機と評価できる。この段階では、コンセプトを軸にしたビジョンが多くの人々に伝わることで、その実現化が目指される。現在の港まちづくり協議会の取り組みは、この段階に入っている。

　持続可能性への視点については、次の節に詳細を述べるとして、ここで言及しておきたいことは、地域創造型まちづくりの実践が、必ずしも仮説通りのプロセスでもって自動的に進むのではないということである。そこには、仮説を参考にしつつも現場体験を読み解き、より創造的なマネジメントを重ねる実践が欠かせない。

　「なごやのみ（ん）なとまち」というコンセプトが確立されたとはいえ、それを新しい人々に理解してもらうことは、簡単でないし、それを活用できる人を育てるのもまた困難である。それは、いまもそしてこれからも続く課題である。しかし、その課題に向き合うマネジメントの実践こそが、従事者らの潜在能力

を鍛えることにつながる。このマネジメントへの従事者をはじめ関係する人々の潜在能力が成長・発展することで、地域資源の固有価値をより豊かに享受できる可能性が広がるのである。

### （3）港まちづくりにおける持続可能性への視点

　港まちづくり協議会の取り組みのなかでは、「持続可能な社会の構築に貢献するまちづくり」を表立って掲げていない。しかし先に、地域創造型まちづくりのプロセスを経て育ちゆく人々には、持続可能性への視点を理解することが可能となると指摘していたが、この現場にはそれがあてはまると考えている。しかし、その理解を浸透させるには、時間も必要であるし、マネジメントの力量も問われるところである。港まちづくり協議会でも、そのようなマネジメントは、随所に織り込まれている。例えば、以下のようなものである。

　港まちづくり協議会のビジョン作成のプロセスには、協議会のメンバーだけでなく、学識経験者、各種の専門家、デザイナー、現場関係者などにも協力を得ている。そこには、地域内外のステークホルダーによる、コミュニケーション・合意形成・協働の実践があった。ビジョンでは、港まちづくり協議会の2つの方針（「港まちのにぎわいづくり・地域づくり」）を軸にして、3つのテーマ（「暮らす」「集う」「創る」）が考案された。それらが、先の持続可能性論における「環境」「経済」「社会」のフレームワークと重なるのは、決して偶然ではなく、それを鑑みて調整を図った結果なのである。いうまでもなくビジョンは押しつけるものではないため、3つのテーマは港まちづくり協議会のオリジナルであるが、3つの持続可能性への視点がまさにアイデアのフレームワークとして参考にされている。

　まちづくりの現場で、持続可能性というアイデアを前面に押し出すことは、難しい。しかし、マネジメント次第で、その取り組みの総体は、環境と経済と社会のバランス、すなわち持続可能な社会の構築へのプロセスにもつながる。港まちづくり協議会のケースでは、それが自覚的になされている。こうしたマネジメントの実践が、先に挙げた防災や地域環境改善といった、持続可能への意識を漂わせる意欲的な取り組みの実現につながっているのである。

　持続可能性論の分野では、1人1人の行動変革が大きな課題である。それには、SECIモデルでいうところの「内面化（I）」による深い学びが必要であるこ

とは、先に指摘したとおりである。しかし、この「1人1人」の立場はそれぞれに異なり、学びの深さもまた人それぞれである。地域創造型まちづくりの実践現場からの視点でいえば、まずはこのマネジメントに携わる現場従事者とそのステークホルダーが協議と実践を経て、この視点の理解に努めることが肝心である。その上で、戦略的により多くの人々の関心を集め掘り下げるための工夫を重ねていく。シンプルではあるがそうした具体的な実践こそが、持続可能なまちづくりへとつながるのである。

## 5 おわりに

　第3部では、地域に根ざしたローカルな視点から産業システムの実像とあり方が語られてきた。ここではそれらの小括を交え、本章を終えたい。

　第7章では、小浜というローカルな地域の産業と経営に光をあて、その歴史的背景、政策的展開の理論と実践、それを支える人材育成のあり方が論じられ、他にも通じる普遍的視点が示された。第8章では、内モンゴルの持続可能な地域と産業を実現するために、第1次産業を軸に第2、3次産業を戦略的に取り入れた複合型経営の6次産業モデルが提示され、持続可能性を鑑みたグローバル経営が地域に根ざしていくための道筋が示された。第9章では、持続可能な社会の構築に向けて、現代のまちづくりが貢献できることは何かを問い、「地域創造」というオリジナルコンセプトを提起し、港まちづくり協議会の事例を介して具体的な実践プロセスを考察してきた。

　このようにしてみると第3部の各章は、現代産業の客観的考察だけでなく、具体的な地域における主観的・主体的な実践の視点が織り込まれている。現代産業の新たな展開には、現実の世界に働きかけ、そこに変化をもたらそうとする主客一体の実践こそが重要である。そして、その実践こそが、現代の地域産業の1つの姿である。ローカルの実践から立ち上がるパワーが、グローバルな世界の持続可能性を牽引する時代は既に始まっているのである。

　地域とは、産業が誕生し躍動してきた「場」であり、人々の働き様と生き様の「現場」であった。本来であれば、地域の中にある自然との共生関係を基礎とする生業から糧を得るのが生産であり、各地域の生産物を交換し、互いの糧

を循環させて価値を享受しあうシステムが市場経済であった。現代の産業と経済システムは、その本質を見失いカオスの局面を迎えている。その局面にいかに創造的に立ち向かうのか。

　次の終章では、地域の視点に加え、さらに一歩踏み込んだ人々の生活文化の視点から、産業と地域と人々の生活が創造的に結びつく現代産業の姿を論じる。

**注**

(1) 池上惇［2012］『文化と固有価値のまちづくり―人間復興と地域再生のために』水曜社、十名直喜［2012］『ひと・まち・ものづくりの経済学―現代産業論の新地平』法律文化社。
(2) ここでは、国立国会図書館調査および立法考査局［2010］「持続可能な社会の構築」の第1部第2章を担当した矢口［2010］「『持続可能な発展』理念の実践過程と到達点」を参考に持続可能性の概念を整理した。
(3) 水俣市の「環境モデル都市づくり宣言」などの一部の先進的な取り組みにおいては、持続可能性への視点が生かされており、例外もある。
(4) 古橋敬一［2012］「地域創造の視点と実践―まちづくりの新たな展開をめざして」（博士論文）名古屋学院大学大学院。
(5) 固有価値と潜在能力の理論については、池上惇［2003］『文化と固有価値の経済学』（岩波書店）に依拠している。
(6) 野中郁次郎・竹内弘高［1996］『知識創造企業』（東洋経済新報社）では、個人の知識を組織的に共有し、より高次の知識を生み出す知識創造のプロセスが紹介され注目された。

### 終章
# 創造産業地域の再生と発展

池上 惇

1　はじめに―現代産業論の基本的な視点―
2　日本における「創造産業地域」の形成と発展
3　創造産業地域における3層構造の形成
4　創造産業地域の特徴と今後の展望
5　おわりに―産業・生活の地域システム―


## 1　はじめに―現代産業論の基本的な視点―

　本章は、各地で展開されている現代日本産業の多様な先進事例を念頭におく。そこでは、人々が厳しい環境破壊や人間疎外に耐えて、地域における自然の生態系や景観を生かしつつ、コミュニティにおける文化的伝統を継承し、芸術や学術から学び、地域の産業と生活を再生・発展させてきた。この過程こそ、まさに産業と文化の融合に他ならない。

　かつて産業といえば、いまの原子力発電所のように、白い構築物が、本来は美しい景観のなかに露出していた。大型の量産機器が自動的に動く。細分化された分業と限定された範囲の先端国際情報を頼りに、近寄りがたい危険のなかで科学者・技術者が現場作業者と働く。

　その場は、「無用の者、立入禁止」であり、人の健康、地域や伝統文化・芸術とは無縁の如き様相を呈していた。だが、いまや、無縁産業の時代が終わり、文化と産業が融合する「新たな時代」が始まっている。

　これまでの産業は、中軸が「機械」であったが、新しい産業では、中心が「担い手」＝「人」である。機械が主軸のときは、人は細分化された分業のなかで「機械の部品」に近い存在であった。いまや、人が主体性を持って、手仕事・智

慧・人格などを通じて機械を生かす時代がやってきた。あらゆる領域で、人が、地域固有の文化を継承しながら、各地に固有の多様な芸術から学び合い、創意工夫して、手仕事を身につけ、智慧を出し合い、自然を敬い、互いを尊敬しあう高い人格を持って、産業を営み始めたのである。

このような人材の実例が、地域再生・発展のなかで、数多く発見されており、互いの人間ネットワークが発展する時代を迎えている。

実は、多くの産業が、地域固有の資源や伝統の職人技を利用して生み出されている。

しかし、産業の大部分は、分業を利用して他地域から資源を輸入する。量産型技術を導入して大規模工場やオフィスをつくり、本社を大都市に移転し、さらに海外に進出して、地域からより離れる。地域は、都市に人材を引き抜かれ、後継者を失い、コミュニティのつながりをなくす。農林漁業や地場産業が衰退するなか、海外への工場移転が進行し、失業と産業空洞化が大規模に始まる。

さらに、地域や文化から離れた産業は、一極集中型となり、辛うじて生き残った各地の職人型産業を、下請けとして利用する。これまでの日本産業は、建設産業、素材産業、素形材産業、自動車産業、工作機械工業などを中心に、従来の産業集積・集中としての「タテ型」（下請け型）産業構造の影響を強く受けてきた。

いま、下請けから脱却して自立した独立中小零細産業も、伝統文化と芸術との融合によって、分散型産業地域＝「ヨコ型」への転換を模索しはじめた。工作機械工業などの事例が示すように、熟練・独創・技巧に優れた人材が、中小零細事業から新たな地域のニーズに応答して自立を目指し、最終製品を通じての顧客とのコミュニケーションを模索している。

他方、国際的な経済関係のなかでは、中国市場など、世界の市場との関係においても、手仕事・智慧・徳性を持つ人材へのニーズが高まっている。多くの現地企業は、しばしば、官僚機構などタテ型に影響され、公正な市場とはいい難い状況に直面する。このとき、トヨタのグローバル経営などが直面しているように、倫理性・知性・技能性の高い日本型経営システムの確立に向けての動きが注目される。産業のゆがみの原因である、官僚機構に依拠したタテ型統制の壁を超えて、関係諸国・地域にまたがる新たな経営理念と実践が模索されて

きた。

　国内では、地域産業といえば、企業城下町などの「タテ型」地域経営ではなく、地域に内在する固有の価値や人材の力量、職人能力などを再発見し、創造的に再結合するプロセスを研究する必要がある。各地の伝統産業、持続的な産業・地域づくりにおける複合経営（林業を軸とした農業、牧畜業、食品工業、観光業などの産業地域発展構想）、大都市におけるグリーン化産業など、持続可能なまちづくりの展望、成果の次世代への継承なども注目される（産業構造におけるタテ型とヨコ型）。

　かつて、産業とは人間が財を生産する活動とされた。だが、いまでは財を生産するだけでなく、それを機に創意工夫や努力を重ね"地域固有の伝統文化をいまに生かし技術と芸術を統合する力量"を生み出す。これは、人の「生き様」と生活の智慧を意味する（十名直喜［2012］）。

## 1.1　「産業・生活の地域システム」を生み出す智慧

　人々の智慧が社会に蓄積され継承・発展する過程で、「産業地域システムづくりの智慧」が生まれる。「都市再生と農村都市の広域的成長」の智慧でもある（Throsby, D. 2001）。

　そのような「産業・生活の地域システム」とは、現代産業・生活文化の発展や、まちづくり活動、人づくりの実践を契機に生み出される。人々は、一方では、地域ブランド品など「モノ＝商品」でありながら同時に文化性や芸術性を持つものを生み出す。そして、他方では、"健康で住み続けたい町・村"などの構造物・建築物を生産しつつ、同時に、自然資本を保全し、文化資本（伝統・習慣・職人能力など）を次世代に継承・発展させる。これは地域の「場」における"産業とまちづくり"であり、人々の人間発達過程である。

　かつて、産業といえば、「商品という名の"もの"」「構築物・建築物という名の"もの"」を生み出す場であって、人々は、ものをつくるための手段に過ぎなかった。人々は、金銭を稼ぐことはできても創造的な成果を生み出す労働の担い手とはみなされなかった。

　しかし、現代では、この「人々」こそ、協働しつつ、"もの"を生み出す。あるいは、"まち"を生み出す主体である。現代日本産業研究は、このことを示し

てきた（十名 [2012]）。

## 1.2 大量生産・大量消費・大量廃棄システムの崩壊と大不況

　かつて、近代化は、人々を道具とみなし、自然資本、生態系も成長の手段とされた。また、現代文明は、世界規模の巨大産業活動によって「大気中の酸素を生み出し二酸化炭素を吸収する植物」を減少させ土地が人類を養う力を奪ってきた（メドウズ他 [2005]）。

　この背景には、近代化、文明の嵐がある。そこでは、大規模な貨幣資本の動員や産業集積・集中と、財の大量消費・大量廃棄によって、①鉄をはじめ重要な役割を担う金属資源や石炭・石油などのエネルギー資源が乱掘され、②水が汚染され過剰に利用されて不足をきたし、③製鉄や精製、産業活動の過程で膨大な二酸化炭素が排出されて地球環境が脅かされ、④リサイクル・システムなき廃棄物（特に原子力エネルギー廃棄物）の累積がある。これらによって、地球そのものや人類、動植物の生命・生活が、重大な危機に直面している。

　これは、重大な人類の過失である。さらに、大規模な貨幣資本の集積は投機活動の支配を生み出し、大規模な産業集積・集中システムには慢性的な大不況が襲来した。これらは、文明・近代化の限界を示し、「智慧」を忘れた暴挙であった。

## 1.3 日本社会の生み出した智慧と文化資本の形成

　これからの現代産業研究は、「智慧を持つ人々が日本にいた」ことを示したい。日本人の智慧が、近代化の厳しい嵐のなかでも、この智慧を継承し発展させつつある。「産業・生活の地域システム」がこれである。この産業論は、自然との共生を基礎とし文化的伝統をいまに生かす職人の文化資本（倫理性・知性・手仕事を体得した創造力を持つ人材）に注目する。この視点は、国際的な研究の文脈のなかでは、マイケル・ポーターの産業クラスター論と共通する視点を持つ。すなわち、産業と地域の一体的な把握を特徴とする（Porter, M. [1998]）。

　日本には、各地に、文化資本を体得した人々が存在し、多くは、職人と呼ばれている。文化資本とは、「文化を生み出す元手（もとで）」であり、文化とは、伝統文化と、芸術・学術を指す。文化資本を持つ人とは、各地に固有の伝統文

化を継承しながら、各国の多様な芸術・学術から学び、創造的に発展させる力量を持つ。日本の農業者は、近世より百姓と呼ばれて、農業だけでなく、家内工業・手仕事、商業、文化的教養を持つものとされた。

現在、日本の文化資本を持つ人々の象徴的な存在は、都市で経営の経験を持つ人材であって、同時に、Ｉターンして農林漁業・地場産業、伝統的商業などを体験する人々である。彼らは、創意工夫のなかで、手仕事、智慧、人格を高めて文化資本を身につけてゆく。

これらの人々が、伝統文化を継承しながら現代の科学技術や芸術文化を身につけ、豊かな日本の自然と文化の土壌から学び、「産業・生活の地域システム」を生み出す主体となる。ここでは、「もの＝量産する大規模機械」から「人＝文化資本」への基軸の転換こそ、日本人の実践であり、現代産業論の核心である。

## 2　日本における「創造産業地域」の形成と発展

### 2.1　創造活動が産業構造に及ぼす影響

現代の産業においては、垂直型の統合を担う大量生産・大量消費方式にかわって、水平型のネットワーク構造を特徴とする「多品種少量生産・個性的消費」方式が発展し、物的な所有だけでなく「知的所有」によって経済発展が担われる時代となってきた（池上惇 [2003]）。このような産業の特徴は、技術の不変性や消費者嗜好の不変化を前提とした、従来の純粋経済学には馴染まない（Peacock, A. T. [1993]）。新たな方式は、絶えざる技術の変化と創造活動、消費者の嗜好の変化を、産業研究のなかに組み込む必要がある。

このような産業を「創造産業」と名づけるならば、創造産業の成果物は、量産体制の産物＝普通の商品とは違う（後藤和子 [2013]）。現代産業の基本的特徴について、Ｒ．ケイブズは、「創造的な財やサービス、それらの生産過程、および、創造的な芸術家の選好や嗜好などは、創造性が、ほとんど役割を演じない経済の他の分野とは本質的に異なったシステムを持っているということである。こうした違いは、経済の他の分野と区別するような、創造活動の基礎となる性質が原因である」と述べた（Caves [2000]）。

その原因としては、まず、「創造活動を担う人々は、一種の"職人＝クラフ

ツ・パーソン"であって、財が販売された後も、自分の生産物に関心を持ち続ける」こと、「創造の成果は、"多様なスキル"を持つ人々のコラボレーションを必要とすること」などであった。

　ここでは、芸術家などを「職人」として表現していることに注目したい。

　日本では、従来、職人概念は、芸術家とは区別され、学術人や科学者、技術者、専門職者、熟練労働者とも区別されてきた。また、篤農家、調理の名人、スポーツ選手など、各領域の卓越した技能を持つ人々とも区別されてきた。しかし、これらの多様な人々は、「創造活動を担う」「専門的なスキル」を持つ「職人」と総称しうる。職人がつくる産業地域を現代産業のモデルとして捉え、「創造活動が産業構造に及ぼす影響」を明らかにしよう。

## 2.2　柳宗悦の職人論をめぐって

　日本の職人の原型については柳宗悦の研究がある。彼は『手仕事の日本』において（柳宗悦 [1947]）、大量生産型機械の欠点を指摘し、手仕事なしで機械に任せると、地域の固有性を失い、平凡な標準品となる弊害がある、という。同時に、機械による大量生産体制は、企業の利益最大化の手段となり粗悪なもの、欠陥商品を生みやすい。本来、重視すべき働く人の価値や品物の品格や美を軽視することもある。「人間が機械に使われてしまう」ので、「働く人から」働く「悦びを」奪う。本来、労働の特徴である創意工夫や努力といった「生きる歓び」「創造の歓び」と結びついた仕事が失われやすい。いわゆる「疎外された労働」が支配的となり、金銭を稼ぐ手段としての労働が広がる。彼の指摘は杞憂ではなかった。

　他面、機械は前記の犠牲を伴うなかで、科学を究めて新技術を開発する科学者・技術者、芸術を身に着けたデザイナーなどを生み出す。この点には、彼は触れていない。

　これに対し、職人技能を基本とする「手仕事」「職人能力」の特徴について、次の7点を挙げている（柳 [1947]）。①地域固有性，民族性を持つ。②産物が手堅く丁寧につくられ品格性を持つ。③そこには、人間としてのモラルとして、互いの自由を認め合う習慣が生まれ、作品に心をこめるので、職人と、愛好家の「心が通じる」状況が生まれる。そこには、人間としての、自由と責任が保

たれる（自由と責任の倫理性）。④仕事に悦びが伴う（歓びと幸福への志向性）。⑤新しいものを創る力が現れ創造性が生まれる。⑥手仕事を最も人間的な仕事と見る見方が出てくる（人間の本性）。⑦人間的な「職人技の産物」がなくなったら、この世から美しいものが失われる（伝統と芸術の美・文化性）。

柳の指摘は、消費財を供給する工芸産業の労働に対するものであるが、日本の鋳物生産など、工作機械生産を支える労働、自動車のエンジンや部品を生産する労働も、名人芸としての職人技を基本としており、柳の指摘は適用しうる。

### 2.3　現代における職人仕事論の特徴

柳の時代における職人労働論は、現代の職人仕事論として、より総合的な職人研究へと発展させることができる。柳の時代には、情報技術による生産・流通・消費における変革はなかった。この変革は、機械と、職人との関係において、柳の研究を基礎としながら、「情報技術を媒介とした機械システムと職人の共生」の道を拓き、創造の成果を獲得した人々に、著作権料など知的所有による経済力を付与した。職人仕事の発展可能性が拡充される。

さらに、注目すべきことは、柳の時代の機械システムが大量生産体制を持ち込んで、低価格の量産品を消費市場に持ち込み、多くの職人産業や地場産業を崩壊させ、職人を失業させたことは記憶に新しい。だが、同時に、この過程は、職人が普通の非熟練労働者として、機械の助手になり、否応なく、仕事の変化に適応させられたことを意味していた。これは、産業革命が推進した「労働力流動化」である。地域性や物的財産所有などの過去から、人々は自由になり、前近代的な人的支配関係からも自由となる。学習や教育に機会があれば、豊かな知的所有を持つ可能性が生まれた。職人は仕事を失うが、新たな非熟練労働者の職場で、労働時間が短縮され教育と学習の機会があれば、人間として成長しうる（池上［1986］）。

一度、職人能力を体得しながら、流動化された労働市場に投げ出された人々は、厳しい状況のなかで耐え抜き、顧客のニーズに応答しながら、人間の潜在能力を開花して実現できる場合には、いかなる仕事にも適応しうる力量、自由な生き方のできる人格性を獲得する。

同時に、機械システムの生産過程への導入は、科学技術の成果を活用するこ

とによって、科学者や技術などの研究教育という新たな職業を生み出してきた。情報技術の確立と導入によって、科学者・技術者・デザイナーなどの増加傾向、特に医療や介護、福祉、健康などの領域では、この傾向が著しい。さらに、教育制度の普及によって、自然科学・社会科学、人文科学の専門基礎や教養、義務教育における多様な教員が増加し、芸術・文化に関する教育が行われ、芸術文化の創造者や芸術教育者という新たな職業を生み出した。

　日本の職業別就業人口から、1950〜2010年の長期的趨勢をみる。日本職人の代表格である農林漁業作業者は、構成比でみて1950年に全体の48.0％であったが、2010年には3.9％。また、中小企業に多くの職人がいる製造業は、一時期は増加後、2010年に、26.4％に減少。両者を合計すれば、30.3％である。減少したといえ世界的にみれば高い比率を保っている職人層は、新たに急増しつつある新職人層（専門的・技術的職業従事者、2010年＝26.4％、事務従事者は18.0％、合計44.4％）と交流しつつ学習すれば、相互理解・学習が日本の職人の可能性を開く（厚生労働省［2013］）。

　学術・技術・芸術における職業人は、厳しい状況にある職人（転職や失業などのなかで、建設業、サービス業に移動した職人を含めて）に新たな学習機会を生み出す力量を持つ。また、新たな職業人は、伝統文化を担う職人から新たな力量を獲得する可能性を得た。かつて、職人は、伝統文化の継承者であっても、特定の分業に固定された融通の利かない存在と思われたが、いまや、多様な職業に適応しつつ科学者・技術者・芸術家から学習しうる位置を獲得した。これは「全人」への道を拓く（池上［2012］）。このような土壌の上で「情報技術の導入」は、職人にとっての再生の契機となった。情報技術は、職人能力のうちで、模倣や複製が可能な部分を自動化された工程に変換し、機械ではできない新旧の工程に対応して職人能力を発達させる。「情報技術を活用しうる職人」が誕生して、生産工程の変革から、流通組織の改革、顧客との応答やホスピタリティへの対応に至るまで、すべての仕事を変革し経営のイノベーションを実践する。多数の独立自営事業者（最近、女性経営者の台頭も注目される）が、職人として産業・地域・社会を担う。創造産業地域生成である。

## 3 創造産業地域における3層構造の形成

### 3.1 持続可能な産業と地域の研究
―産業地域からの魅力創造(地域ブランド)・情報発信・訪問の人流―

　従来の重厚長大型の「タテ型」産業構造は、国際競争力を失い、大きな転機を迎えている(十名 [1993])。転機にあたって注目すべきは、従来の孤立化した分業体制と生存競争秩序による近代的な集中・量産体制にかわって、多品種少量生産の技術や、伝統文化・芸術文化によるデザインなど、人々が、身の丈に合う「人間主体」の技術や同度な情報・精密機械を生かして、協力し合い協働して成果をあげ、それを分かち合うシステムが誕生してきたことである。

　多様な企業、非営利組織、自治体などが、地域の社会問題、環境脅威などを解決するために、創造的なノウハウや仕事を提供し合い協働することによって、協力関係者総体としての経済的価値を高め、その成果を分配するシステムを開発した。M.ポーターは、これを創造的な価値分配のシステム (CSV) と名づけている (Porter, M. [1980])。

　企業における社会貢献活動は、従来、利益のある時期に限定される傾向があったが、現代は、社会問題や環境脅威への応答なくして企業の存立はないとの認識である。

　日本社会では、明治維新を迎えるまでは、商人が利益を蓄積できるのは、自然、顧客や世間の恩恵によるものであって、利益が出たならば、商人同士、百姓、地場産業人、町人、武士などが協力して、地域開発のための資金や土地や職人技を提供し合い、民衆を救済し荒野を良田に変えるのが伝統であった。二宮尊徳や石田梅岩の実践 (池上 [2012]) である。イギリス人、ラスキンにも、同様の主張がみられる。

　日本の伝統は渋沢栄一の東京における都市改良や大学新設(東京商大)や、資生堂の福原家による銀座開発、住友家の大阪都心開発などが進められた。戦後は、国家財政に依存した都市、地域の開発が中心で、東京一極集中や、市町村合併などによる過疎地の拡大、都心の空洞化などの傾向が顕著であった。

　この傾向に対する根本的な転換を目指す企業の動きは、3.11の震災復興支援を

継続するなかで始まった。富士ゼロックス（株）は、医療業務に従事する多くの方々と議論を重ね、紙カルテを電子化することで、在宅医療を支援する『患者情報統合システム』の運動を実現した（富士ゼロックス［2014］）。2011年10月、富士ゼロックスは、盛岡に復興支援室を開設し、釜石、大津地にある25か所の仮設診療所に、プリンターやコピー機能を備えた複合機を提供した。社会貢献活動の一環であった。この活動を契機にして、同社は、営業担当者だけでなく、スタッフ部門や開発経験者など多様な人材、「ニーズを発見して仕事を開発した経験者」たち、を被災地の仮設居住者の集まる診療所に派遣した。人々のつながりという文化的伝統をふまえ、自然と健康を最優先した取り組みであった。ここでは、大規模な生産の集積が生産性を高めるのではなく、コミュニティのニーズを把握し、非営利で自然や人間関係を生かしつつ、ニーズに応答する。地域分散的で自然と共生し、顧客志向のコミュニケーションを媒介とした信頼関係が、新事業開発につながる。生命を重視する文化が産業活動と融合したのである。

### 3.2　現代産業の基本構造＝産業地域の３層構造

　現代産業は、M.ポーターの産業クラスター論によれば、「産業と地域との一体性」を特徴とする。各企業は「地域の産業土壌」の基礎上で「ブドウの房＝クラスター」として公正に競争し共生する「創造的な事業」の集合体（Porter, M.［1990］）である。アメリカでは産業土壌とは、産・学・公共のネットワークが生み出す知識基盤であった。

　このようなネットワークを持つ産業地域は、従来の産業論にはない新たな枠組みを持つ。

　（１）産業と地域の一体性。産業と地域を一体のものとして把握していること。

　（２）無形財産の生産と、有形財産の国際的供給システム。産業の成果物は、「モノ＝有形財産」だけではなく、「ノウハウ＝著作物と特許、無形財産」である。

　（３）多様な学芸・専門人材の国際的共生。研究開発人材、学術人、芸術人、デザイナー、コンサルタント、商人、編集者、プロデューサー、コーディネーターなどの重要性。

以上、「産業と地域の一体性」が、アメリカでは、産学連携の知識基盤となり「創造的情報＝コンテンツ」を生み出す。

　だが、日本では、各地固有の"ものづくり"が職人・デザイナー・科学技術者らの協力によって根強く残り、創造的な「もの」をつくる。伝統や芸術と職人人生が創造的な情報＝コンテンツを生む。農業、製造業、サービス業へと比重を移す産業ではない。農林漁業・製造業・商業を残しつつ、「もの」と「情報」の生産が進む。さらに、創造的成果を生かした生産・流通・消費のシステムが生み出される。そこには、「"もの"と"情報"を創造する人びと」「それを、"商品・サービス"と"情報サービス"で顧客に伝える人々」「学習して創造活動に参加する顧客」という、3つの層の動きがある（池上［2012］）。

　日本の産業地域は、アメリカにはない次のような動きを創造産業地域、すなわち日本型産業クラスター（産業の3層構造）として示す。

〈第1の層〉　地域固有の職人能力が生み出す、産業と地域の創造

　日本各地における産業地域の動きを観察すると、有機農法を再生しつつ創造農村・創造都市と呼ばれる求心力が各地に存在し（佐々木雅幸・川井田祥子・萩原雅也編［2014］）、都市から農村あるいは地方都市への大きな「人流」が生み出されているのがわかる。その1つは、「里がえり」と呼ばれていて、盆、墓参り、正月、連休ごとに、大量の交流人口が発生することである。さらに、現在では、産業地域に向けて、多数のIターン、Uターンの「人流」が定住を視野に入れて農林漁業の再生などを目指している。最近では、外国人観光客も急増し、訪問、観光の「人流」が生み出されてきた。政府などの方策にも、「世界を惹きつける地域資源で稼ぐ地域社会の実現」という表現があり、地域資源開発の戦略分野として、農林水産物・食品、6次産業、コンテンツ・文化などの日本ブランドをあげている。雇用規模として、［農業］新規就農し定着する農業者を倍増し、10年後に、40代以下の農業従事者を約20万人から約40万人に拡大、［観光］訪日外国人の旅行消費がもたらす雇用効果は、25万人（2010年）→83万人とされている。いまの日本社会の動きを示す象徴的な動きとして注目したい（厚生労働省［2013］）。

　これらの「人流」は、従来の経済的動機による農村から都市への「人流」と逆方向である。この動きが意味することは何であろうか。①第1に、産業地域

の自然資本、文化資本の存在を背景とした、地域の「固有性」を生かした「創造的空間」が生み出されたこと。②第2に、それを土壌とした創造産業が、「農林漁業」「ものづくり」や、「健康づくり」「コンテンツづくり」などにおいて、動き始めたこと。③第3に、これらは、地域ブランドと総称される「魅力」が各地に生まれつつあり、「生命・生活、緑（自然・景観）、伝統と芸術の文化」の再生が始まり、さらに、発展しつつあることが示されている。

〈第2の層〉　創造的な表現による情報発信

　地域創造における新たな産業の第2の見通しは、「創造的な財」の市場形成と、地域の内外に情報を発信する「情報サービス産業」の発展・市場の形成である。それらは地域固有の自治・行政などの枠組みを越えて、「2階建て」ともいうべき市場をつくりだす。1階には、「創造的な財」の「物流」市場がある。ここには地元の卸売商・小売商・商店街から、道の駅、行商や田舎道に立つ「無人販売所」まで、多様な商業の場がある。このような商業の場は、地域外へも発展し、農村と都市を結ぶ交通手段を通じて、都心の商店街や個別の宅配便を通じて、消費者の下に届けられ生活者の人生を支える。

　2階には、この産業地域から多様な情報発信の拠点がある。1つは、「学校」「文化施設」などと総称されるもので、公立や民間の学校・大学・大学院、図書館、資料館、研究施設、美術館、博物館、音楽ホールなど芸術文化・伝統文化の発信拠点がある。

　もう1つの発信拠点は、書籍・写真集、映画、放送・テレビ局などのマス・メディアと、ネットを活用したデジタル情報の発信拠点である。自治体、NPO、商工会議所、観光協会、商工会、中小企業団体、各企業、個人などから産業地域に関する情報が発信される。

　「情報流」が、紙媒体、フィルム媒体、有線、電波やネットを通じ、日本各地、世界に向かう。「生命・生活、景観・自然、伝統と芸術の文化」に関わる情報が発信される。日本産業地域のモデルである徳島県上勝町は、（株）いろどりの横石知二社長の物語が書物、写真集、映画となって発信され、日本各地と世界から訪問者が絶えない（横石知二［2007］）。

　1階と、2階の情報の流れは、密接に関係していて、例えば、1階の「地場産業製品である特産繊維製品」の物流が、2階の自治体が発信する「地域ブラ

ンド」の「情報流」とともに、発信される。この場合には、「特産品の職人が、どのような人物であり、どのような職人技を持って、どのような製品を生み出しているか。この特産品の歴史的背景は何か」などの製品の「生い立ち・なりたち」の文脈が示される。これは、製品やブランドの「文脈価値」と呼ばれる。これは、心理学者が研究対象とする「ナラティブ＝物語」であり、職人の人生に関する情報である。このような情報は、人の人生の経験と、それに触れた人々の経験との交流を生み出すことが多く、職人と、顧客が、商人（経営者、編集者、情報発信者等）を媒介として、相互に理解し、学び合う。多様な職人の仕事と生活の物語によるコンテンツの生産と情報サービスの発信。これが、物流にも影響を与え、ものづくり職人への関心を高め情報を受信した人々の学習意欲を刺激する。

〈第３の層〉　訪問・観光産業の持続的発展

　多様な職人による新たな産業発展に関する第３の見通しは、メディアやインターネットなどからの情報によって創造農村・都市に共感するリピーター、学習者、調査研究者などが、交通運輸手段の発展とともに、移動コストが低減するなかで、現場を訪問し、創造者と対話し、新たな文化を創造する動きを生み出す。人生の希望や感動を模索する行楽・宿泊旅行の行動者率は、1990年代以降50％前後、訪日外国人数も2013年以降1,000万人に達する（矢野記念会［2014］）。これらの人流が、観光・訪問産業の発展を支える。

　これら３つの層の産業は、「物流」「情報流」「人流」を形成しながら、複数の産業地域を交流させ都市から農村への人流を生み出し、生命の尊厳を尊重し合い創造の成果を分かち合うならば、自然と共生する職人産業の継承・発展、理解、学習、発達の動きを生み出す。

　この流れは、最終的には、金融の流れにも影響して、従来は、各地の預金が東京に集中して国際金融の基礎となったが、今後は、都市から、農村への金融の流れが生み出され、「３層」で発展する産業地域を支える。これは、都市と農村の協力関係の再生であり、地元の預金が地元を支えるシステムの発展である。産業とは、本来、自立した生業を意味したが、現代産業は、もの・健康・文化の創造活動を通じて、各地に、分散的な独立自営の経営を発展させ、本来の産業を各地に根づかせる。

## 4　創造産業地域の特徴と今後の展望

　3層構造における顧客志向の一貫した傾向は、現代の地域経営においても、基本的な課題となっており、海野進は、次のように指摘している。「地域の課題解決に向けた地域資源の活用」は、顧客志向の地域経営のための土壌でもあり方向性でもある。さらに、「地域関係者の連携・ネットワークの重視」が地域の質を高めて「顧客価値の創造、発展」を実現。その結果「幸福度、地域顧客満足度、地域顧客価値度の向上」が達成される（海野進［2014］）。

　19世紀の産業革命と都市化のなかで、ラスキンらは産業実験を提唱した。「心のよりどころ」を失った市民に対し、農村との交流を進めるとともに、失われた職人産業や景観を再生して「心のよりどころ」を生み出し、さらには顧客が求める「職人の生み出す創造的な品物」、「地域ブランド」を生み出していった（Ruskin, J.［1870］）。

　この方向性は、いまも生きている。都市と農村の交流のなかで、都市からの人流と、金融の流れが生まれ、職人型商品や情報の都市への流れがある。景観再生と、産業再生、生活再生、金融・流通の再生が、同時並行的に進むのが特徴である。日本の典型的な「産業地域」を見よう。農山漁村を含む、地場産業などの発展と、商店街などの存在する多くの「中山間地域」がある。名古屋、京都のように、規模の大きいもの、人口3万人内外という岩手県遠野市、さらに小規模な徳島県上勝町など、多様である。山林に水源があり棚田から平野に出て河が生活のなかを流れ、小規模な水力発電も可能な農村・都市連携地域。このような地域では、通常、全員参加の祭りや行事があり、学区があり、水や道を協働して運営し、全員参加でコミュニティを支える経験もある。地産地消や地域防災、リサイクル・システム、伝統文化産業の永続性もある。日本には、このような地域が多い（藻谷浩介［2013］）。

　これらの産業地域を担う職人層は、農林漁業、製造業中小企業（矢野恒太記念会編［2014］）、商業から学芸を担う専門職者に至る。彼らのネットワークが、大工業や大流通機構が生み出した「タテ型」の経済がなしえなかった、地域再生を担いつつある。大災害や長期不況のなかで、日本の伝統である「結＝ゆい」

「知識結(ちしきゆい)」などの伝統が再生し、都市で発展した情報技術を持つ専門家の支援などを得て、再び、分権的で、水平的な人の流れや、資金の流れが動き始めたのである。さらに、地球環境問題の提起は、日本の産業地域クラスターの評価を高めた。それは、二酸化炭素を吸収し酸素を供給する森林（メドウズ他［2005］）や植物再生、有機農法による自然性の強い作物、ゼロ・エッミッションを目指す廃棄物などのリサイクル・システムに適合しうる「伝統的な"自然との共生"システム（水車・人糞の農業用肥料へのリサイクルなど）」の経験を持っていた。

「結＝ゆい」「情報技術」「グリーン化」が、創造的産業地域を特徴づける。

産業と地域が、地域固有の伝統文化や芸術文化によって融合する時代が始まった。そして、各地の職人が多様な領域で交流しながら、創造性を持って、次世代の後継者を育成するという「持続可能な地域と産業」に向けて動き出した。多様な職人の活動は、人々が体得した職人能力の形成と創造的発展（人に体化された文化資本）、次世代への継承を中心の課題としている。それらは、地域固有の伝統的な産業における職人能力だけでなくて、ケイブズがいう映画やコンテンツなどの創造産業、さらには、人々にとって心の故郷を生み出す、景観や祭りなどにも及んでゆく。現在の創造産業地域の主要な活動領域を挙げよう。

(1) 地域で"心の故郷"を育てる活動：「結＝ゆい」などが生み出す信頼関係を基礎に、防災、景観・森林保全・木材等運送システム・里山再生、流域美化、道、交通、祭り、馬、観光等。伝統文化をいまに生かす活動の基礎であり、次のような領域を包括する。

A）祭りと景観づくり、その中核にある、森林・鎮守の森、神社仏閣など再生や保全活動。

B）伝統的に、地域の協働のなかで結いや講などによって行われてきた活動の再評価。B－1＝防災活動における協力関係、B－2＝冠婚葬祭活動、医療・介護、福祉・教育活動、森林農地の事業での協働、B－3＝水の協同組合等による運営、B－4＝道の共同作業による補修や新設。

C）顧客のニーズに応答する公共活動。C－1＝景観・自然環境の保全・活用、C－2＝歴史的文化的まちなみの保全・活用、C－3＝文化財・文化遺産の保全・活用、C－4＝人と共生してきた動物の飼育・訓練・市場化。C－5＝地域固有の文脈価値の発見と研究によるコミュニケーション・ホスピタリティ

の発展。グリーン・ツーリズムによる都市・農村広域交流システム。

D）共通基盤＝交通・通信関係の構築物を構想・建設・運用する活動など。これらは、地域生活の物語であり、映画や映像などの技術・放送・通信技術などによって芸術性の高いコンテンツを生み出しつつ、創造産業地域の「ものづくりの土壌」をつくる。

（2）**地域の産業づくり**：土壌から育つ伝統の技と文化を今に生かす「ものづくり・市場形成・職人と顧客との対話の場」。農業・伝統産業・農工商情報連携・商店街・文化産業。

（3）**再生可能なエネルギーづくり・地域リサイクル・システム・グリーン産業づくり**：自然資本、太陽光、水力、風力、ゼロ・エミッション・システムなどの経営システム。

（4）**生命生活づくり**：生活文化産業。家族・子育て・衣食住と暮らしにおける建築士・弁護士・医師・看護師・介護士・保育士などとのネットワークとニーズへの応答関係の発展。特に、保育系、湯治系、建築系。

（5）**町と村を育てる教育・学術・芸術**：学校と文化施設を核とした「学芸文化による学び合い・育ちあいの場」。生涯教育・生涯研究の場づくり。幼児教育から大学院教育まで。

（6）**産・学・公共が創る基金と健全財政**：地域の総合的活動を支え税負担の軽減を志向。

　これらの"営み"を通じて、一方では、物流として多様な財が供給され内外の需要の応え、実物市場が形成される。他方では、情報流として多様な職人の物語が記録され、情報化され、芸術的表現が追求され発信される。情報流を感動を持って受け止めた生活者が「財の背後にある固有の職人情報」から学習しつつ現地を訪問。創造の"営み"や産物に直接に触れて自分の持つ感動や創造の体験を自覚する。現代創造産業地域の3層構造は、職人と生活者の文化資本を生み出す土壌である。この土壌を、まちづくり村おこし活動が生み出す。

## 5　おわりに―産業・生活の地域システム―

　現代日本の産業地域は職人が担う「ひと・まち・ものづくりの一体化したヨ

コ型産業社会」のモデルである。職人が生み出す、「もの」「精神的成果」「サービス」など、「文化的な財」は、ユネスコ文化遺産の増加とともにクール・ジャパンとして世界の注目を集めた。

　低成長期からリーマン・ショック以後、この傾向が強まり、3.11大震災・原発事故を契機としてさらに進む。それは、生命と生活の厳しい危機状態の下での、日本固有の「結＝ゆい」の伝統や、知識結、仕法などの経験を思い起こさせる実践でもあった。具体的には、ものづくり、技術開発と応用、技能継承・発展、まちづくり村おこし、産業と地域の並行的発展、ノウハウ・物質・エネルギーの総合的創造的な開発（Boulding［1992］）、多様な職人能力を開花させる人間発達、次世代への継承・発展などが注目される。これらの動きは、地域に根ざしつつ国際的な文化交流と接点を持つ、"和魂洋才の活動"であった。国際的な経験から学んで固有の文化を育む力量こそ、日本人の真骨頂である（池上［2012］）。

　かつて、産業は人間が財を生み出す活動としてのみ自覚されてきたが、いまでは、財を生み出すだけでなくて、生産活動を契機とした創意工夫や努力を背景に、"地域固有の伝統文化や習慣をいまに生かし、技術と芸術を統合しつつ"「人間の現代的な"生き様"と生活の智慧」を生み出す。現代産業の再生活動においては、もの・サービスを生産・供給する活動としての側面だけでなく、そうした活動に携わる人々の働き様、生き様、そこに蓄積される多様なノウハウや生活文化の側面から産業を見直し、再生の可能性を追求し解明する。前者を機能的アプローチ、後者を文化的アプローチとみなし、「両者を包括した視点から全体像を俯瞰しつつ各要素を分析するという手法」を、十名教授は、「システム・アプローチ」とみなされている。

　日本の創業型経営者や職人型勤労者・生活者・市民は、「豊かで厳しい自然を生かして共生する智慧」を生み出した。智慧は、「結」の伝統の上に職人が世界から多様な生活技術を学び創造しつつ美の創造によって、産業と生活の結合を促してきた。厳しい生存競争に耐えながら、3.11からの復興を実践するなかで、1人1人が、この課題と向き合っている。

# 執筆者紹介

十名直喜（とな なおき）［はしがき、序章、あとがき］
名古屋学院大学現代社会学部教授（2015.4～）
1948年生まれ
1971年　（株）神戸製鋼所入社（～ 92.1）
1992年　名古屋学院大学経済学部助教授
1994年　京都大学博士（経済学）
1997年　名古屋学院大学経済学部／大学院経済経営研究科教授（～ 2015.3）
2015年　名古屋学院大学現代社会学部教授
著書等　『日本型フレキシビリティの構造』（法律文化社、1993）／『日本型鉄鋼システム』（同文舘、1996）／『鉄鋼生産システム』（同文舘、1996）／『現代産業に生きる技』（勁草書房、2008）／『ひと・まち・ものづくりの経済学』（法律文化社、2012）他

納富義宝（のうとみ よしたか）［第1章］
名古屋学院大学外国語学部非常勤講師／愛知大学国際中国学研究センター（ICCS）客員研究員
1949年生まれ
1968年　（株）神戸製鋼所入社（～ 2009　定年退職）
1987年　愛知大学法経学部第Ⅱ部法学科卒業
1997年　中国／浙江大学工商管理学院碩士課程修了
2002年　名古屋学院大学経済経営政策専攻博士課程修了。博士（経営学）
著書等　「国際的再編下における中国鉄鋼業の台頭」『名古屋学院大学論集（社会科学篇）』第42巻、第1号（上）、第2号（下）（2005）／「再編進む国際鉄鋼業」―二人の鉄鋼王を通じて『ISSC現代中国ジャーナル』第4巻、第1号（2011）他

太田信義（おおた のぶよし）［第2章］
名古屋学院大学大学院博士課程在学中
1946年生まれ
1969年　東京工業大学工学部卒業、（株）デンソー入社
2002年　デンソーテクノ（株）社長（～ 2009.6）
著書等　「技術領域におけるアウトソーシングの役割と課題―自動車産業を主体にして―」（博士論文　審査済み）／「自動車産業における技術アウトソーシングの役割と課題」（名古屋学院大学大学院経済経営論集、2014）／「技術領域におけるアウトソーシングの役割と課題―東海圏でのアウトソーシングの実態調査をふまえて」（名古屋学院大学大学院経済経営論集、2013）他

藤田泰正（ふじた やすまさ）［第3章］
（株）クリエイティブ・システム取締役部長／NPO法人 東海マネジメント研究会理事長
1956年生まれ
1978年　日本大学法学部経営法学科卒業
2003年　名古屋学院大学大学院経済経営研究科修士課程修了
2007年　名古屋学院大学大学院経済経営研究科博士課程修了。博士（経営学）
著書等　「国際経営」坂本光司編『キーワードで読む経営学』（同友館、2007）／『工作機械産業と企業経営』（晃洋書房、2008）／「輸送機器産業」「楽器産業」浜松商工会議所編『遠州機械金属工業発展史2』（浜松商工会議所、2012）他

庵原孝文（いはら たかふみ）［第4章］
日本日中関係学会理事／東海日中関係学会副会長
1942年生まれ
1965年　南山大学経済学部卒業
　　　　名古屋銀行南通駐在員事務所長（江蘇省）、取締役国際部長歴任
　　　　名古屋学院大学大学院客員教授、大学外国語学部非常勤講師歴任
2010年　博士（経営学）
著書等　「東アジアの通貨不安と香港・中国」（名古屋学院大学中国事情研究会、1998）／「中国のWTO加盟とその影響」（インフォメイトNAGOYA、2000）／『日本企業の中国巨大市場への展開』（三恵社、2008）他

程 永帥（てい えいすい）［第5章］
鄭州軽工業学院大学専任講師
1979年生まれ、河南省出身（漢族）
2002年　河南財経政法大学商学部卒業、名古屋学院大学留学別科（〜2003.7）
2003年　名古屋学院大学大学院経営政策専攻博士前期課程
2006年　同上、博士後期課程。博士（経営学）（2012年3月）
2005年　河村電器産業（株）入社（〜2012.4、総務、人事等）
2012年　鄭州軽工業学院大学入職（専任講師）
著書等　「リーダーシップ形成論とその新展開」『経済経営論集第12号』（名古屋学院大学大学院、2009）／「中国新生代の特徴と日系企業の新たな経営課題」『経済経営論集第14号』（名古屋学院大学大学院、2011）／「中国における日系メーカーのニューリーダーシップ論」（博士論文）（名古屋学院大学、2012）他

井手芳美（いで よしみ）［第6章］
名古屋学院大学大学院博士課程在学中
1994年　愛知大学経済学部2部経済学科入学（～ 1998.3）
1997年　中国南開大学漢語言文化学院留学修了
2010年　名古屋学院大学大学院経済経営研究科博士後期課程（在学中）
著書等　「中国の日系企業にみる創造的経営と人づくり－「経営理念」を活かしたグローバル化の新地平」（名古屋学院大学大学院博士論文。2014年審査中）/「日本的経営にみるグローバル化と経営理念－トヨタと東芝の事例に学ぶ」（名古屋学院大学大学院経済経営学論集第17号、2014）/「転換期的中国労働状況与人的発展」『人的発展経済学新進展』（中国経済出版社、2012）他

杉山友城（すぎやま ともき）［第7章］
(株) アタックス コンサルタント
1976年生まれ
2003年　浜松大学大学院（現・常葉大学大学院）経営学研究科修士課程修了
2009年　名古屋学院大学大学院経済経営研究科博士後期課程単位取得退学
2012年　博士（経営学）
著書等　「地域の創造性に関する一考察」『ふくい地域経済研究第7号』（福井県立大学地域経済研究所、2008）/「地域づくりの思想と理論－内発的発展論と創造都市論を中心にして」『経済経営論集第12号』（名古屋学院大学大学院、2009）/「地域活性の理論と方法」（名古屋学院大学大学院（博士論文）、2012）他

白 明（ばい みん）［第8章］
名古屋学院大学大学院博士課程在学中
1975年生まれ、内蒙古自治区出身（モンゴル族）
2009年　金沢星陵大学経済学部 現代マネジメント学科卒業
2012年　名古屋学院大学大学院博士課程入学
著書等　「内モンゴルの産業発展における林業の重要性―日本の植林活動と森林再生に学ぶ」（名古屋学院大学大学院経済経営論集、2014）/「内モンゴル産業の持続的発展と環境保全―日本と内モンゴルの比較視点から」（日本日中関係学会HP、2014）/「内モンゴルにおける産業経営と地域発展―持続可能な複合型経営への日中比較アプローチ」（博士論文　審査中）他

古橋敬一（ふるはし けいいち）[第9章]
港まちづくり協議会事務局次長
1976年生まれ
2003年　名古屋学院大学大学院経済経営研究科修士課程修了
2006年　名古屋学院大学大学院経済経営研究科博士後期課程単位取得退学
2012年　博士（経営学）
**著書等**　「愛・地球博『地球市民村』の挑戦」（『経済経営論集第10号』、名古屋学院大学大学院院生協議会、2007）／「"働きつつ学ぶ"現場研究のダイナミズムと秘訣（下）：自己実現と社会貢献を結ぶまちづくりの実践と探求」（分担執筆、『経済科学通信1023号』、2010）／「地域創造の視点と実践－まちづくりの新たな展開をめざして」（博士論文、名古屋学院大学大学院、2012）他

池上 惇（いけがみ じゅん）[終章]
京都大学名誉教授／国際文化政策研究教育学会会長
1933年生まれ
1952年　大阪府立天王寺高校より京都大学経済学部入学。同経済学研究科、経済学博士
1961年　京都大学経済学部助手。以後、助教授、教授、学部長、福井県立大学大学院・京都橘女子大学（現・京都橘大学）教授を歴任
2012年　瑞宝中綬章受章
**著書等**　『人間発達史観』（青木書店、1986）／『財政学』（岩波書店、1990）／『財政思想史』（有斐閣、1999）／『文化と固有価値の経済学』（岩波書店、2003）／『文化と固有価値のまちづくり』（水曜社、2012）他

# あとがき

## 1　本書誕生の舞台裏

**企画・執筆・編集のプロセス**

　本書出版の企画に着手したのは、2013年末のことである。編者の背中を押していただいたのは、社会人研究者の育成・指導にいまも尽力される恩師（池上惇・京都大学名誉教授）である。そして、名古屋学院大学で博士論文をまとめられた社会人研究者9人にも、本書の趣旨をご理解の上、執筆をお願いし、ご快諾いただいた。

　その後の執筆・編集をめぐる1年に及ぶ研究交流は、その大半が電子メールを通じてのものであるが、実に味わい深いものとなった。

　本書の執筆・編集に向け、執筆者10人（中国在住1人を除く）が一堂に会したのは、2014年2月8日のことである。準備した報告資料は、100ページを超えるものとなった。各章の執筆者には、各論の1～9章は構想・レジュメ（2～3ページ）を、序章と終章はより詳しい構想を事前に提出してもらい、出版趣旨書や執筆要領なども織り込み編集したものである。編者の提案した基本的なコンセプトは、その場で一層深められ合意に至った。

　第1次原稿は、5月中旬にほぼ集まった。内容はいずれも申し分ないが、本のページ数を抑えるために、2～5割のスリム化・洗練化をお願いした。量・質ともクリアし、より洗練化された見直し原稿が、すべて揃ったのは、7月初めのことである。いずれも締め切りをクリアされるなど、驚くべき精鋭集団といえよう。その後、さらなる洗練化に2か月かけ、出版社に原稿を提出したのは8月末のことである。

　2014年9月には、3回の学会発表で本書のコンセプトを鍛え直すとともに、題名の再検討、それと連動しての「はしがき」、序章、「あとがき」の見直しも進める。最終原稿一式を再提出したのは、10月中旬となった。

「交流の広場」（電子空間）が「知恵の森」に

　この間、編集会議は１回しか開催できなかったが、電子メールでのコメント・意見交流は、数百回に及ぶとみられる。各執筆者と編者との意見交流を軸に、全体に関わるポイントは「交流の広場」などで全員の共有化を図った。７月中旬より水曜社の仙道弘生社長、佐藤政実氏に、また11月からは松村理美氏にもご参加いただいての編集・研究交流は、「交流の広場」の拡充を通して、さらに多岐にわたるものとなった。

　本書の題名をめぐる電子便での討議（９月下旬）に、そうした状況が凝縮してみられる。題名は、いわば顔・目に相当する。そこに本書のメッセージをいかに込めるか、編者にとっても想定外の激論が交わされた。電子メールでの討論は、２週間余で数十回に及び、その交信記録を編集した文書（「本書のタイトルについて」）も３万字を超える。

　主題、副題のキーワード（もの・ひと・まちづくり、産業システム、技と文化、地域創生）も、そうした議論のなかで再発見され、意味づけが深められ、再結合されたものである。これらのキーワードについて、次のような望外の評価を、恩師（池上惇）よりいただいた。編者の「地道なご研究の結晶だと思います。多様で個性的なカテゴリーを、総合的に、本来ある姿で結合しますと、研究対象の本質が、はじめて見えてくるのではないでしょうか。」

　産業を「智慧の森」と呼んだA.マーシャルにちなんで、「交流の広場こそ、智慧の森」（池上惇）と評されるほどの、貴重な示唆やノウハウの交流がみられた。それができたのも、半世紀近くに及ぶ恩師の薫陶をバネに、産業システム研究会（大学院十名ゼミ）における博士論文の共有体験を通して培った信頼の厚さであり、社会人研究者としての使命感と思いの共有、いわば理論と感性の絆によるものであろう。

## ２　本書に託す社会人研究者の熱い思い

クライマックスを迎えた博士論文３本との同時進行

　博士論文は、社会人にとって至難ではあるが実に意義深い挑戦とみられる。仕事と人生の暗黙知いわば巨大な知的鉱脈を掘り起こし、明示知として体系的

かつ創造的にまとめるという大事業である。深く悩みつつ、地道な研鑽を通して、磨きあげていくプロセスは、それぞれが個性に満ちた壮大なドラマでもある。

　この数か月間、本書の執筆者3人（太田信義、白明、井手芳美）は、博士論文の仕上げ・校正・申請・審査のプロセスとも重なった。彼らには、博士論文のエキスあるいは一部を、本書の1つの章にまとめてもらった。博士論文の執筆者は彼らであるが、その校正や指導などで伴走する編者はいわば博論の編集者にあたる。彼らにとって正念場であるが、編者にとっても試練の場となる。本書を含め、いわば4冊の編集を同時に進めているようなものであった。研究会や電子メールを通じての個別指導の内容は、彼ら3人が共有できるように工夫した。彼らにとっても、自らの博士論文をはじめ4冊の仕上げプロセスを同時体験するという得難い機会になったに違いない。

　それは、小生にとっても、過労とプレッシャーのなか、珠玉の如き体験であったといえる。彼ら3人を含む本書の執筆者11人には、貴重な機会を与えていただいたことに、心より感謝したい。

### 研究長寿のお祝い

　執筆者11人は、研究・教育面および年齢面からみて、3世代にまたがる。恩師、その薫陶を受けた編者、そして自ら博論指導した9人へとつながる研究の3世代間連鎖。そして年齢面でも、70～80歳代2人、50～60歳代4人、30～40歳代5人の3世代にまたがる。

　とりわけ、傘寿を超えてなお研究意欲にあふれ、素晴らしい終章を執筆された池上惇先生の健康・研究長寿を、心よりお祝いしたい。また、40年以上にわたる企業体験を生かすべく、60代半ばから博論に挑戦され、見事な力作をまとめられた庵原孝文氏、太田信義氏の研究長寿にも、拍手を送りたい。

### 創立50周年のお祝い

　名古屋学院大学の創立50周年（2014年）を、本書でもってお祝いしたい。本学は、優れた博士論文、社会人博士の輩出を通して、地道ではあるが学術的・教育的評価、大学としての格を高める力となってきた。50周年記念事業として社

会人博士を中心にまとめた本書は、国際的に比類のない学術書、日本発のオリジナルな産業システム論として、本学の研究史上においても画期をなすであろう。

本書には、日本学術振興会アジア拠点事業（「人間発達の経済学」日中研究交流プロジェクト）による共同研究の成果も、随所に織り込まれている。

**本書に託す願い**

本書が、研究者や学生のみならず社会人に広く読まれ、国や自治体をはじめ産業・企業などの現場で奮闘しておられる方々への励ましとなり、産業・地域研究や政策をより深く見直し産業・地域再生の一助になることを願ってやまない。

最後に私事にて恐縮ではあるが、本書の再校を進めていた2015年1月3日、長女と幼い孫3人を残し、急性心不全で帰らぬ人となった故・前田篤志（婿）の墓前に、本書を捧げる。

編者　十名直喜

## 参考文献一覧

### 序章　21世紀型産業システムへの視座

アルフレッド・マーシャル［1965-7］『経済学原理（Ⅰ）〜（ⅳ）』馬場啓之助訳、東洋経済新報社
池上惇［2003］『文化と固有価値の経済学』岩波書店
池上惇［2012］『文化と固有価値のまちづくり―人間復興と地域再生のために』水曜社
植草益［2000］『産業融合―産業組織の新たな方向』岩波書店
梅原猛［2013］『人類哲学序説』岩波書店
カール・マルクス［1867］『資本論』第1巻、大月書店、1968年
鈴木茂［2003］『ハイブリッド型ベンチャー企業』有斐閣
関満博［1993］『フルセット型産業構造を超えて』中公新書
ダニエル・ベル［1975］『脱工業化社会の到来（上・下）』ダイヤモンド社
ダニエル・ベル［1995］『知識社会の衝撃』TBSブリタニカ
十名直喜［1993］『日本型フレキシビリティの構造―企業社会と高密度労働システム』法律文化社
十名直喜［1996a］『日本型鉄鋼システム―危機のメカニズムと変革の視座』同文舘
十名直喜［1996b］『鉄鋼生産システム―資源・技術・技能の日本型諸相』同文舘
十名直喜［2008］『現代産業に生きる技―「型」と創造のダイナミズム』勁草書房
十名直喜［2012］『ひと・まち・ものづくりの経済学―現代産業論の新地平』法律文化社
十名直喜［2013］「ものづくりの再生は名古屋から」『週刊東洋経済』2013年5月臨時増刊号「特集　名古屋ものづくり宣言！」
中村静治［1973］『工業経済論』汐文社
日本経済新聞、2000年12月31日付
濱田隆士監修、ひきの真二［1987-88］『地球大紀行』①〜⑥、小学館
藤本隆宏［2003］『能力構築競争』中央公論社
フリードリヒ・エンゲルス［1884］『家族、私有財産および国家の起源』（大内兵衛他監訳『マルクス・エンゲルス全集』第21巻、大月書店、1971年）
松井孝典［1990］『地球＝誕生と進化の謎―最新地球学入門』講談社
マリオ・ボーリガード［2014］『脳の神話が崩れるとき』黒澤修司約、角川書店
丸山茂徳・磯崎行雄［1998］『生命と地球の歴史』岩波書店
南克己［1976］「戦後重化学工業段階の歴史的地位」『新マルクス経済学講座』有斐閣
宮沢健一［1975］『産業の経済学』東洋経済新報社
藻谷浩介・NHK広島取材班［2013］『里山資本主義―日本経済は「安心の原理で動く」』KADOKAWA
矢田浩［2005］『鉄理論＝地球と生命の奇跡』講談社
柳宗悦［1985］『工芸文化』岩波書店
山田盛太郎［1934］『日本資本主義分析』岩波書店

Clark, C. [1940] "The Conditions of Economics Progress" 1$^{st}$ ed.,1940,3$^{rd}$ ed.,1957（第2版1951年版の訳、大川一司・小原敬士・高橋長太郎・山田雄三編［1953-55］『経済進歩の諸条件』上・下、勁草書房）

J.S.ベイン［1970］『産業組織論（上・下）』丸善
Michael J.Piore & Charles F.Sabel ［1984］ "*The Second Industrial Divide; Possibilities for prosperity*" Basic Books Inc.（山之内靖・永井浩一・石田あつみ訳［1993］『第二の産業分水嶺』、筑摩書房）
Morris W., ［1877］ "*The Lesser Arts, or The Decorative Arts*"（内藤史朗訳［1971］「装飾芸術（1877）」』『民衆のための芸術教育』明治図書出版）
Porter, M.,［1990］ "*The competitive advantage of nations*" Free Press（土岐坤・中辻萬治・小野寺武夫・戸成富美子訳［1992］『国の競争優位』ダイヤモンド社）
Walter, A. & James, W. B. ed.,［2001］ "*The Structure of American Industry*" 10$^{th}$ ed.（金田重喜監訳［2002］『現代アメリカ産業論　第10版』創風社）

## 第1部　ものづくり産業の技術と経営

浅沼萬里［1982.6］「国際的展望の中で見た日本のメーカーとサプライヤの関係」経済評論第149巻第4,5,6
新木廣海［2005］『日本コトづくり経営』日経BP出版センター
池上惇［2003］『文化と固有価値の経済学』岩波書店
石野亨［1994］『鋳物五千年の足跡』日本鋳物新聞社
上野泰生、朴英元［2007.11］「人工物の複雑化とメーカー設計・エレキ設計―自動車産業と電機産業のCAD利用を中心に」東京大学MMRC　デスカッションペーパー　J-179
太田信義［2014］「自動車産業における技術アウトソーシングの役割と課題―製品設計を中心にしてー」『名古屋学院大学大学院経済経営論集』第17号
奥村正二［1941］『工作機械發達史』科学主義工業社
香取秀眞［1976］『金工史談全二巻』国書刊行会
環境省編［2013］『平成25年度版　環境・循環型社会・生物多様性白書』環境省
経済産業省、厚生労働省、文部科学省編『ものづくり白書』各年号
小林昭［1993］『「ものづくり」の哲学』工業調査会
沢井実［1990］「工作機械」『戦後日本経営史　第Ⅱ巻』東洋経済新報社
ジェトロ編［2013］「工作機械」『ジェトロセンサー』2013年11月号
素形材技術解説書籍委員会編［2001］『ものづくりの原点素形材技術』（財）素形材センター
谷口正治［2005］『入門・資源危機』新評論
十名直喜［2008］『現代産業に生きる技』勁草書房
十名直喜［2012］『ひと・まち・ものづくりの経済学』法律文化社
中岡哲郎［2006］『日本近代技術の形成』朝日新聞社
中川威雄［2006］『図解 金型がわかる本』日本実業出版社
長尾克子［2002］『工作機械技術の変遷』日刊工業新聞
日本工作機械工業会編［2012］『工作機械統計要覧2012』日本工作機械工業会
納富義宝［2002］「構造転換期の日本銑鉄鋳物業」（博士論文）名古屋学院大学大学院
延岡健太郎［2006］『MOT［技術経営］入門』日本経済新聞出版社
藤田喜久雄他［2006.5］「製品開発における手法やツールの活用状況の調査と分析」日本機械学会論集（C編）
藤田泰正［2008］『工作機械産業と企業経営』晃洋書房
藤田泰正［2012］「工作機械産業」浜松商工会議所編『遠州機械金属工業発展史２』浜松商工会議所
藤本隆宏［2006.3］「自動車の設計開発と製品能力」東京大学MMRC デスカッションペー

パー MMRC-J-74
　朴英元・阿部武志［2008.6］「エレクトロニクス製品の製品アーキテクチャとＣＡＤ利用」東京大学MMRCデスカッションペーパー J-223
　朴英元・藤本隆宏［2007.3］「製品アーキテクチャとＣＡＤ利用の組織能力」東京大学MMRCデスカッションペーパー J-161
　矢田浩［2005］『鉄理論＝地球と生命の奇跡』講談社
　渡邉政嘉［2011］「ものづくり企業が海外で勝ち抜くために大切な技術を流出から守る」研究開発リーダー　Vol.7,No.10,2011

　Rolt L.T.C.［1965］"*A Short History of Machine Tools*" Batsford, London（磯田浩史訳［1989］『工作機械の歴史』)」平凡社

## 第２部　グローバル経営とひとづくり

　荒川直樹［1998］『中国で製造業は復活する―東芝大連社の挑戦』三田出版社
　安保哲夫［1991］『アメリカに生きる日本的生産システム』東洋経済新報社
　井手芳美［2013］「中国における日系企業の経営理念と人づくり―H食品の中国現地法人に見る創造的経営に学ぶ」『名古屋学院大学大学院経済経営論集』第16号
　庵原孝文［2008］『日本企業の中国巨大市場への展開』三恵社
　株式会社東芝2013年３月期決算短信
　加護野忠男［1997］『日本型経営の復権』PHP研究所
　河野龍太郎［2014.3.11］「高度成長の終焉」『エコノミスト』92巻12号
　関志雄［2013］『中国二つの罠』日本経済新聞出版社
　経済産業省（2013,14）『通商白書』
　黒岩達也、藤田法子［2002］『開かれた中国巨大市場』蒼蒼社
　小池和男［2013］『強い現場の誕生』日本経済新聞出版社
　小林修［2011.1］「進む中国内陸部への進出」中小企業国際化支援レポート2011年１月号
　小宮和行［1990］『久米さん、オレにも言わせろ』東洋経済新報社
　佐藤正明［1993］『巨人たちの握手』日本経済新聞社
　島田晴雄［1988］『ヒューマンウエアの経済学』岩波書店
　白木三秀［2013］『人的資源管理の基本』文眞堂
　ジェトロ［2013.9.9］「2013年度の日本企業の中国での事業展開に関するアンケート調査」ジェトロ
　ジェトロ・ウエブサイト「国地域別情報」https://www.jetro.go.jp/world/
　関辰一［2012］「投資主導成長が続く中国内陸部」環太平洋ビジネス情報2012 Vol.12
　田中信彦［1996］『中国で成功する人事失敗する人事』日本経済新聞社
　中国経済新論［2013.4.5］「〈二つの罠〉に挑む習近平体制」経済産業研究所
　中国国家統計局［2014］『中国国家統計摘要』中国統計出版社
　程永帥［2012］「中国における日系メーカーのニューリーダーシップ論―「技」「才」「徳」の三位一体化による管理者づくりと経営現地化に向けて」（博士論文）『経営政策専攻博士後期課程研究シリーズ15』名古屋学院大学大学院
　程永帥［2012］『中国における日系メーカーのニューリーダーシップ論』名古屋学院大学大学院
　東京芝浦電気［1977］『東芝百年史』ダイヤモンド社
　十名直喜［1993］『日本型フレキシビリティの構造』法律文化社

十名直喜［2008］『現代産業に生きる技―「型」と創造のダイナミズム』勁草書房
十名直喜［2012］『ひと・まち・ものづくりの経済学―現代産業論の新地平』法律文化社
十名直喜［2013］「グローバル経営下の企業城下町にみる再生への創意的試み」名古屋学院大学総合研究所
トヨタ自動車75年史編纂委員会［2013］『トヨタ自動車75年史』トヨタ自動車
中村圭介・石田光男［2005］『ホワイトカラーの仕事と成果』、東洋経済新報社
丹羽宇一郎［2014.3.11］「米中関係にならって日本も経済で政治を動かせ」『エコノミスト』92巻12号
浜田宏一［2014.4.1］「異次元緩和から1年」日本経済新聞
広瀬幸吉［2008］『人間関係をよくする気づかい術』東京書籍
藤本隆宏［2007］『ものづくり経営学―製造業を超える生産思想』光文社新書
古沢昌之［2008］『グローバル人的資源管理論』白桃書房
真家陽一［2013.9.28］「核心発掘－投資継続、成長取り込め」日本経済新聞
三浦有史［2012］「中国内陸部の産業移転はどこまで進んだか」環太平洋ビジネス情報 2012 Vol.12
宮本雄二［2011］『これからの中国とどう付き合うか』日本経済新聞出版社
守屋洋［1985］『中国古典の人間学』プレジデント社
守屋洋［2008］『右手に「論語」左手に「韓非子」』角川新書
守屋洋［2008］『韓非子』角川新書
安室憲一［2003］『中国企業の競争力』日本経済新聞社
山本七平［1983］『帝王学』日本経済新聞社
山本七平［1991］『人間集団における集団研究』祥伝社
楊光華［2007］『企業道徳建設論』中央文献出版社
吉原英樹・林吉郎・安室憲一［1988］『日本企業のグローバル経営』東洋経済新報社
李年古［2006］『中国人の価値観』学生社
劉東超［2006］『全球化与中国伝統道徳』国際儒学連合会
若松義人・近藤哲夫［2001］『トヨタ式人づくりモノづくり』ダイヤモンド社
Drucker,P.F.［1954］"The Practice of Management" Harper & Row, Publishers NewYork（上田敦生訳［1996］『現代の経営 下』ダイヤモンド社）

# 第３部　地域産業とまちづくり

愛知兄弟社［2004］『あいぼく50年史』
池上惇［2003］『文化と固有価値の経済学』岩波書店
池上惇［2012］『文化と固有価値のまちづくり―人間復興と地域再生のために』水曜社
烏日陶克套胡（ウルトクトフ）著［2006］『蒙古族遊牧経済及其変遷』中央民族大学出版社
エイモリー・B・ロビンス著／山藤泰訳［2012］『新しい火の創造』ダイヤモンド社
王来喜編［2008］『内蒙古経済発展研究』民族出版社
大阪都市経済調査会［2005］「産業支援コーディネーターに関する調査報告書」
加護野忠雄［2008］「伝統産業には「型」を守り続ける仕組みがある」日本ナレッジ・マネジメント学会『「型」と「場」のマネジメント』かんき出版
環境と開発に関する世界委員会［1987］『地球の未来を守るために』福武書店
韓念勇編［2011］『草原的邏輯（1）―警惕新名義下的農耕拡張』北京科学技術出版社
韓念勇編［2011］『草原的邏輯（2）―順応与適度：遊牧文化的未来価値』北京科学技術出

版社
　韓念勇編［2011］『草原的邏輯（3）―探尋另類市場制度』北京科学技術出版社
　韓念勇編［2011］『草原的邏輯（4）―国家生態項目有頼于牧民内生動力』北京科学技術出版社
　基礎経済科学研究所編［2008］『時代はまるで資本論―貧困と発達を問う全10講』昭和堂
　北野正一著［2012］『「グリーン経済」を実践してビジネスチャンスも掴もう！』カナリア書房
　木村修・吉田修・青山浩子著［2011］『新しい農業の風はモクモクからやって来る』商業界
　郝亜明・包智明著［2010］『体制政策与蒙古族郷村社会変遷』中央民族大学出版社
　国立国会図書館調査及び立法考査局［2010］「総合調査報告書―持続可能な社会の構築」
　坂口香代子［2008］「若狭箸工業組合（福井県）日本の伝統工芸を「時流」と結ぶ道を探る　若狭塗箸の今」『Crec中部開発センター 162号』中部開発センター
　社団法人日本漆工協会［2001］『漆工制作への誘（いざな）い』社団法人日本漆工協会
　杉山友城［2005］「箸産業」坂本光司・南保勝『地域産業発達史』同友館
　杉山友城［2012］「地域活性の理論と方法」（博士論文）、名古屋学院大学大学院
　テクシビリグ［2009］「内蒙古草原経済発展研究」中央民族大学・博士学位論文
　十名直喜［2012］『ひと・まち・ものづくりの経済学―現代産業論の新地平』法律文化社
　ドネラH.メドウズ、大来佐武郎監訳［1972］『成長の限界』ダイヤモンド社
　ピーター F.ドラッカー［1991］『非営利組織の経営―原理と実践』ダイヤモンド社
　中村剛治郎［2000］「内発的発展論の発展を求めて」『政策科学　7巻3号』立命館大学政策科学会
　日経BP環境経営フォーラム編［2012］『森で経済を作る―グリーンエコノミー時代を拓く』日経BP社
　野口和雄［2004］「誌上フォーラム「まちづくり条例大集合」のためのアピール」八甫谷邦明編集『季刊まちづくり3号』クッド研究所・学芸出版社
　野中郁次郎・竹内弘高［1996］『知識創造企業』東洋経済新報社
　白明［2014］「内モンゴルの産業発展における林業の重要性―日本の植林活動と森林再生に学ぶ―」『名古屋学院大学大学院経済経営論集第17号』名古屋学院大学大学院協議会
　原田晃樹・松村享［2005］「自治基本条例の制度上の位置づけと策定後の課題」『四日市大学総合政策学部論集』四日市大学
　フリードリッヒ・アーンスト・シューマッハー著／小島慶三・酒井懋訳［1986］『スモール・イズ・ビューティフル』講談社学術文庫
　古橋敬一［2012］「地域創造の視点と実践―まちづくりの新たな展開をめざして」（博士論文）、名古屋学院大学大学院
　本間義人［2007］『地域再生の条件』岩波新書
　港まちづくり協議会［2013］「みなとまちVISON BOOK」
　矢口克也［2010］「『持続可能な発展』理念の実践過程と到達点」「総合調査報告書―持続可能な社会の構築」国立国会図書館調査及び立法考査局、第1部第2章
　山崎朗［1991］「産業論の存立根拠―産業組織論再批判」『越後和典教授退官記念論文集』滋賀大学経済学会編
　ラスキン［1971］『ラスキン　モリス』中央公論社
　レイチェルカーソン著、青樹築一訳［1974］『沈黙の春』新潮社
　Donald E Super［1995］"Life Roles, Values, and Careers" Jossey-Bass

## 終章　創造産業地域の再生と発展

浅見彰宏［2012］『ぼくが百姓になった理由（わけ）―山村でめざす自給知足』コモンズ
池上惇［2012］『文化と固有価値のまちづくり―人間復興と地域再生のために』文化によるまちづくり叢書、水曜社
池上惇［2003］『文化と固有価値の経済学』岩波書店
池上惇・植木浩・福原義春編［1998］『文化経済学』有斐閣
池上惇［1998］「文化システムと社会進化の経済学」進化経済学会編『進化経済学とは何か』有斐閣
池上惇［2001］「文化産業の発展」　後藤和子編『文化政策学』有斐閣
池上惇・小暮宣雄・大和滋編［2000］『現代のまちづくり』丸善
池上惇［1996］『マルチメディア社会の政治と経済』ナカニシヤ出版
池上惇［1986］『人間発達史観』青木書店
泉弘志［2014］『投下労働量計算と基本経済指標』大月書店
海野進［2014］『人口減少時代の地域経営―みんなで進める「地域の経営学実践講座」』同友館
江頭節子［2013］「繊維中小企業における技能継承と人材育成をめぐる課題」『大原社会問題研究所雑誌』652号、年2月
川井田祥子［2013］『障害者の芸術表現―共生的なまちづくりに向けて』文化とまちづくり叢書、水曜社
経済産業省・厚生労働省・文部科学省編［2013］『2013年版ものづくり白書』経済産業調査会
古池嘉和［2011］「地域の産業・文化と観光まちづくり」学芸出版社
厚生労働省［2013］『労働経済白書（平成25年度版）―構造変化の中での雇用・人材と働き方』全国官報販売協同組合
後藤和子［2013］『クリエイティブ産業の経済学』有斐閣
後藤俊夫［2009］『三代、100年潰れない会社のルール（超長寿の秘訣はファミリービジネス）』プレジデント社
佐々木雅幸［1997］『創造都市の経済学』勁草書房
佐々木雅幸［2001］『創造都市への挑戦』岩波書店
佐々木雅幸・川井田祥子・萩原雅也編［2014］『創造農村―過疎をクリエイティブに生きる戦略』学芸出版社
島田晴雄［1999］『産業創出の地域構想』東洋経済新報社
シュティグリッツ、J. 他編著［2012］『暮らしの質を測る』福島清彦訳、金融財政事情研究会
鈴木茂［1998］『産業文化都市の構造』大明堂
鈴木茂［2003］『ハイブリッド型ベンチャー企業』有斐閣
辻幸恵・梅村修［2005］『ブランドとリサイクル』リサイクル文化社大阪編集室
十名直喜［1993］『日本型フレキシビリティの構造―企業社会と高密度労働システム』法律文化社
十名直喜［2012］『ひと・まち・ものづくりの経済学―現代産業論の新地平』法律文化社
十名直喜［2008］『現代産業に生きる技―「型」と創造のダイナミズム』勁草書房
冨澤修身［2013］『模倣と創造のファッション産業史』ミネルヴァ書房
原田保・三浦俊彦［2011］『地域ブランドのコンテクストデザイン』同文舘
福原義春編著［1999］『文化資本の経営』ダイヤモンド社
富士ゼロックス株式会社［2014］「復興に必要な‘連携’を実現・『遠野みらい創りカレッ

ジ構想』にみる企業の力・富士ゼロックス株式会社」日本フィランソロピー協会『フィランソロピー』360号2014年2月

ドネラ H.メドウズ、デニス L.メドウズ、ヨルダン・ランダース著／枝廣淳子訳［2005］『成長の限界・人類の選択』ダイヤモンド社

藻谷浩介［2013］『里山資本主義―日本経済は「安心の原理」で動く』角川書店

守友裕一・大谷尚之、神代英昭編［2014］『福島・農からの日本再生』農文協

矢野恒太記念会編［2014］『日本国勢図会』2014／15年版、公益法人 矢野恒太記念会

横石知二［2007］『そうだ、葉っぱを売ろう！ 過疎の町、どん底からの再生』ソフトバンク

クリエイティブ株式会社；後藤晶子・立木さとみ『いろどり―おばあちゃんたちの葉っぱビジネス』立木写真館、2006年

柳宗悦［1947］『手仕事の日本』岩波書店・文庫版

Baumol, W. J. & W. G. Bowen [1966] "*Performing Arts -The Economic Dilemma*" MIT Press, by the Twentieth Century Fund. Inc. The MIT Press, Massachusetts. (池上惇・渡辺守章監修訳［1993］『舞台芸術－芸術と経済のジレンマ－』芸団協出版、丸善配本)

,Boulding,K. E. [1992] "Towards A New Economics," E.E.

Caves,R. E. [2000] "*Creative Industries, Contracts between Art and Commerce*," Harvard U. P.

M. J.Enright [1997] "*Organization and Coordination in Geographically Concentrated Industries*," in N. R. Lamoreaux and D. M. Raff, eds. "*Coordination and Information, Historical Perspectives on the Organization of Enterprise*," NBER, The University of Chicago Press.

Peacock, A. T. and R. Weir [1975] "*The Composer in the Market Place*" Feber Music, London

Peacock, A. T. [1992] "*Economics, Cultural Values and Cultural Policies*" in R. Towse, and A. Khakee, eds., "*Cultural Economics*" Springer - Verlag, Berlin, 1992

Peacock, A. T. [1992] "*Public Choice Analysis in Historical Perspectives*" Cambridge University Press

Peacock, A. T. [1993] "*Paying the Piper, Culture, Music and Money*" Glasgow U.P.

Porter, M. [1980] "*Competitive strategy: techniques for analyzing industries and competitors*" Free Press (土岐坤・中辻萬治・服部照夫訳［1985］『競争の戦略』ダイヤモンド社)

Porter, M. [1985] "*Competitive advantage: creating and sustaining superior performance*," Free Press (土岐坤・中辻萬治・小野寺武夫訳［1985］『競争優位の戦略――いかに高業績を持続させるか』ダイヤモンド社)

Porter, M. [1990] "*The competitive advantage of nations*" Free Press (土岐坤・中辻萬治・小野寺武夫・戸成富美子訳［1992］『国の競争優位』ダイヤモンド社)

Porter, M. [1998] "*On competition*" Harvard Business School Publishing, 1998 (竹内弘高訳［1999］『競争戦略論』ダイヤモンド社)

Porter, M. [2001] "*Clusters of innovation: regional foundations of U.S. competitiveness*" Council on Competitiveness

Porter, M & Richard E. Caves & A. Michael Spence [1980] "*Competition in the open economy: a model applied to Canada*" Harvard University Press

Porter, M. [2011] Creating Shared Value', "*Harvard Business Review*," Jan.-Feb.,2011. (『D

IAMONDハーバード・ビジネス・レヴュー』2011年6月号、ダイヤモンド社)
 Ruskin,J.［1870］"*The Works of Ruskin*," Library Edition, Vol.30、A. Fleming, 'Industrial Experiments in Connection with St. George's Guild,'．
 Sen, A.［1987］"Commodities and Capabilities", Oxford U.P.
 Throsby, D.［2001］"*Economics and Culture*", Cambridge U. P.（中谷武雄、後藤和子監修訳［2002］『文化経済学入門』日本経済新聞社）

# 索引

**【あ行】**

アウトソーシング ……………… 62, 68, 69, 73, 74
暗黙知………………………… 63, 75, 76, 131, 181
暗黙知経営 ……………………………… 116, 121
鋳物革命……………………………………… 56
鋳物業 ……………………………………… 49, 56
宇宙資源………………………………… 25, 27, 33
沿海発展戦略 ………………………… 100, 103
沿境［内陸］発展戦略 …………… 100, 101, 103
沿江発展戦略 ………………………… 100, 103
欧米型経営 ………………… 120, 121, 123, 124
欧米的「才」 ………………………… 112, 123
小浜論 …………………………… 146, 154, 156

**【か行】**

改革全面深化………………………………… 100
開放型（国際）分業体制 …………………… 150
科学的管理法 ………………………………… 81
影の銀行 ……………………………………… 99
「型」産業論 ……………………………… 26, 28
環境負荷 …………………………………… 67, 91
環境文化革命………………………………… 27, 35
雁行型経済発展 …………………………… 101, 103
キサゲ ……………………………………… 49
技術アウトソーシング企業……………… 69, 73, 75
技術神話 ……………………………………… 23
機能的アプローチ ……………… 27, 31, 147, 207
機能的価値 …………………………………… 31
キャリア論 ………………………………… 157
組み込みソフト ……………………………… 69
グローカル化 ……………………………… 135, 136
経営理念 ……… 128, 133, 134, 138, 139, 140, 141
形式知 ………………………… 63, 75, 76, 131, 181
形式知経営 ………………………………… 116
現代産業論 ……………… 11, 14, 16, 17, 26, 29, 30
現代的地域産業 …………………………… 150
工業経済論 ………………………………… 23, 24

工作機械用鋳物 …………………………… 54
互換生産方式 ……………………………… 80, 81
コーディネーター論 ……………………… 155
5軸マシニングセンタ …………………… 85, 88
固有価値…………………………… 46, 180, 181, 186
固有技術 ………………………… 49, 53, 57, 60

**【さ行】**

3沿発展戦略………………………………… 100, 101
産業革命 ………………………… 25, 31, 90, 197, 204
産業空洞化 ……………………………… 21, 192
産業クラスター論 ………………… 14, 194, 200
産業構造 …… 65, 69, 86, 154, 161, 183, 195, 199
産業構造（タテ型）……………………… 192, 199
産業構造（ヨコ型）………………………… 192
産業システムアプローチ ………… 24, 29, 157
産業システム研究会 ……………………… 17, 30
産業システム論 ………………… 13, 15, 16, 17, 20
産業・生活の地域システム ……… 193, 194, 195
産業組織論 ………………………………… 31
産業と文化の融合 ………………………… 191
産業の3分類 ……………………………… 11, 31
産業の文化的側面………………………… 12, 31
3次元CAD ……………… 63, 69, 71, 72, 73, 74, 75
システムアプローチ ………… 16, 19, 26, 27, 32, 34
持続可能性（Sustainability）… 16, 19, 35, 91, 176, 177, 178, 179, 181, 188
自動車用鋳物………………………………… 53, 54
市民参加型まちづくり …………………… 152, 153
儒家思想 ………………………… 113, 114, 119, 122, 123
熟練（塾達）……………………… 12, 13, 30, 31, 192
循環の原理…………………………………… 32
循環・融合 ………………………………… 16, 19, 34
情報技術 …………………………………… 198, 205
職人…………………………………… 195, 196, 198
職人型産業 ………………………………… 192
職人仕事論 ………………………………… 197

224

| | |
|---|---|
| 職人技 | 56, 59, 192, 197 |
| 食のまちづくり | 151 |
| 人工鉱床 | 56 |
| 人的資源 | 63, 75, 76, 114, 128, 133, 138, 140 |
| 水平型の産業システム | 14, 34 |
| 裾野産業 | 47, 49, 53 |
| ストック資源 | 23, 25, 33 |
| ３Ｄプリンター | 47, 50, 51, 52, 54, 59, 71, 89, 90 |
| 性悪説 | 113 |
| 生活化 | 155 |
| 生業 | 11, 12, 13, 31, 34, 158, 189, 203 |
| 生産システム | 13, 24, 80, 117, 121, 128, 135 |
| 性善説 | 113 |
| 西部大開発 | 101, 103, 163 |
| 積層造形 | 51, 52, 89 |
| 潜在能力 | 118, 121, 133, 140, 180, 181, 186 |
| 草原産業 | 160, 162, 166 |
| 創造産業 | 195 |
| 創造性（creativity） | 16, 19, 35 |
| 装置産業 | 49 |
| 草木国土悉皆成仏 | 33 |

【た行】

| | |
|---|---|
| 体制移行の罠 | 98 |
| 大量生産・大量消費 | 21, 59, 62, 194 |
| 大量生産方式 | 47, 56, 90 |
| 匠の技 | 49 |
| 多能工 | 116 |
| 多品種少量生産 | 13, 46, 47, 58, 59, 86, 121, 195, 199 |
| 単品生産方式 | 47 |
| 地域資源 | 152, 180, 181, 182, 185, 188, 201, 204 |
| 地域資本 | 148, 154 |
| 地域創造 | 179, 180, 181, 182, 186, 187, 188, 189, 202 |
| 地域創造型まちづくり | 180, 181, 186, 187, 188, 189 |

| | |
|---|---|
| 地域ブランド | 60, 199, 202, 204 |
| 智慧の森 | 213 |
| 地球資源 | 16, 19, 25, 26, 33 |
| 地球の生命体 | 25, 27, 33 |
| 地産地消 | 173, 204 |
| 治山治水 | 15 |
| 地方創生 | 15 |
| チームワーク | 121, 129, 130, 135, 136, 137 |
| 中央集権的 | 21 |
| 中国型経営 | 121 |
| 中国的「徳」 | 112, 113, 123 |
| 中所得の罠 | 98 |
| 鋳造業 | 50, 55, 57 |
| 中部台頭 | 101, 103 |
| 長寿企業 | 50 |
| テイラー方式 | 81 |
| 鉄 | 26, 27, 28, 48, 58 |
| 鉄鋼産業論 | 27 |
| 鉄の循環 | 28 |
| 伝統の共同体 | 178 |
| 伝統的工芸品産業 | 147, 148, 154 |
| 伝統的地域産業 | 147 |
| 東北振興 | 101, 103 |
| 都市鉱山 | 56 |
| 取引慣行 | 55 |

【な行】

| | |
|---|---|
| 21世紀型産業システム | 16, 20, 23, 32 |
| 21世紀の新しいアジア主義 | 110 |
| 日中韓ＦＴＡ | 103 |
| 日本型経営 | 117, 120, 121, 124, 192 |
| 日本型産業クラスター | 40, 201 |
| 日本型生産システム | 117 |
| 日本型フレキシビリティ | 23, 24 |
| 日本的経営 | 22, 24, 127, 128, 130, 133, 140, 141 |
| 日本的「技」 | 112, 119, 120, 123 |

人間尊重……116, 117, 119, 121, 123, 129, 132, 139, 140

【は行】

破壊型開発 …………………………………… 161
バンアレン帯 ……………………………… 26, 28
非大量生産方式 ………………………………… 47
平等主義……………… 117, 119, 121, 123, 129
複合(型)経営 ………… 166, 170, 173, 193
2つの罠 …………………………………… 97, 98
部分委託 ……………………………………… 69
フロー資源 …………………………… 23, 25, 33
フロント・ローディング …………………… 71, 75
文化資本 ……………… 193, 194, 195, 202, 206
文化的アプローチ ……………… 27, 31, 157, 207
文化的価値 …………………………………… 31
分業 ……… 31, 147, 149, 150, 151, 154, 191, 199
分離型拡張 …………………………………… 151
分離・分化から再結合・融合化へ …16, 19, 26, 27, 31, 34, 35, 146
閉鎖型分業体制 ……………………………… 147
母性原理 …………………………………… 78, 80

【ま行】

マイコン ………………………………… 62, 67, 68
マシニングセンタ ……………………… 82, 86, 87
まとめ委託 …………………………………… 69, 74
マルチ工作機械 ……………………………… 55

見える化 ……………………………………… 76
無形財 ………………………………… 14, 15, 16, 34
無形の資産 …………………………………… 12
木工機械 ……………………………………… 89
森と海の環境国家 …………………………… 35

【や・ら・わ行】

有形財 ………………………………… 15, 16, 34
ルイスの転換点 ……………………………… 99
6次産業化 …………………………… 166, 168, 171
若狭塗 ………………………………… 147, 148, 154
若狭塗箸 …………………………… 147, 148, 149, 150
技(わざ) …… 12, 49, 56, 112, 119, 120, 122, 123, 124, 125, 157, 158, 206

【A〜Z】

AM技術(Additive Manufacturing：付加製造技術) ……………………………………… 52
CAE ……………………… 69, 70, 71, 72, 73, 74
DMU (Digital Mock Up) …………………… 70
FMS …………………………………………… 86
NC工作機械・NC装置 ……………… 82, 86, 87, 88
NCデータ ……………………………………… 70
RCEP (東アジア地域包括的経済連携) ……… 103
RP (Rapid Prototyping) 法 ……… 52, 71, 73, 74
SECIモデル ………………………………… 181
TPP (環太平洋経済連携協定) ……………… 103

地域創生の産業システム
ーもの・ひと・まちづくりの技と文化ー

発行日　2015年3月1日　初版第一刷発行

編著者　十名 直喜
発行人　仙道 弘生
発行所　株式会社 水曜社
　　　　〒160-0022 東京都新宿区新宿1-14-12
　　　　TEL03-3351-8768　FAX03-5362-7279
　　　　URL www.bookdom.net/suiyosha/
印　刷　日本ハイコム 株式会社

©TONA Naoki, 2015, Printed in Japan　ISBN978-4-88065-353-2 C0036

本書の無断複製（コピー）は、著作権法上の例外を除き、著作権侵害となります。
定価はカバーに表示してあります。乱丁・落丁本はお取り替えいたします。

地域社会の明日を描く——。

## 創造の場から創造のまちへ
クリエイティブシティのクオリア
萩原雅也 著
2,700 円

## 災害資本主義と「復興災害」
人間復興と地域生活再生のために
池田清 著
2,700 円

## 医学を基礎とするまちづくり
Medicine-Based Town
細井裕司・後藤春彦 編著
2,700 円

## 文化資本としてのデザイン活動
ラテンアメリカ諸国の新潮流
鈴木美和子 著
2,500 円

## 障害者の芸術表現
共生的なまちづくりにむけて
川井田祥子 著
2,500 円

## 文化と固有価値のまちづくり
人間復興と地域再生のために
池上惇 著
2,800 円

## 愛される音楽ホールのつくりかた
沖縄シュガーホールとコミュニティ
中村透 著
2,700 円

## 文化からの復興
市民と震災といわきアリオスと
ニッセイ基礎研究所
いわき芸術文化交流館アリオス 編著
1,800 円

## チケットを売り切る劇場
兵庫県立芸術文化センターの軌跡
垣内恵美子・林伸光 編著
佐渡裕 特別対談
2,500 円

## 文化財の価値を評価する
景観・観光・まちづくり
垣内恵美子 編著
岩本博幸・氏家清和・奥山忠裕・児玉剛史 著
2,800 円

## 官民協働の文化政策
人材・資金・場
松本茂章 著
2,800 円

## 公共文化施設の公共性
運営・連携・哲学
藤野一夫 編
3,200 円

## 企業メセナの理論と実践
なぜ企業はアートを支援するのか
菅家正瑞 監修 編・佐藤正治 編
2,700 円

全国の書店でお買い求めください。価格はすべて税別です。